school psychology

シリーズ●学校心理学プラクティス①

別室登校法

学校と適応指導教室での
不登校支援と集団社会化療法

中村恵子 著
Nakamura Keiko

ナカニシヤ出版

巻頭言

　著者の中村恵子氏は，非常に優れたスクールカウンセラーの一人です。優れたカウンセラーの実践方法が多くのスクールカウンセラーに共有されたならば，日本のスクールカウンセリングの実践レベルは数段上がるでしょう。しかし一般的に，優れた実践家のやり方をほかの人が共有するのは難しい。その一つの要因は，優れた実践者は経験を共有するための言葉による表現をもっていない人が多いからです。それぞれの事例と状況に向かい合って柔軟な支援を積み重ねてきたので，支援の内容には個別性があり，それを一般化するのは難しいのです。

　この本は，実践に意欲的に取り組むとともに，いろいろな機会に発言して討議を積み重ね，繰り返し事例を科学論文にまとめてきた著者だからこそ実現できたのです。非常に貴重な本です。

　もちろん，この本に書いてあることを同じように実行すれば，すべてがうまくいくわけではありません。この本の内容は，著者の中村恵子という人の実践・生き方と一体になっているものです。私が考えるこの本の目的は，この本を読んだ人が，著者と出会い実践を追体験して，支援方法と考え方を獲得することで，自分自身の支援に変化が起こることです。

　まだ述べたいことがありますが，ご自分で読んで納得してください。

2022 年 8 月
田上不二夫

目　　次

対人関係ゲーム　目次

交流　ジャンケンバリエーション

ひたすらジャンケン

決められた時間内に次々に相手を探してジャンケンし，何回勝てるかを競う

ギョーザジャンケン

グーが肉，チョキがニラ，パーが皮で，「ギョーザジャンケン，ジャンケンポン」と3人でジャンケン，三種類が揃うまで繰り返し，揃ったら「いただきます」と両手を合わせ，別れて次の3人組を探す

ラッキーセブンジャンケン

「ラッキーセブンでジャンケンポン」と2人でジャンケン，指の数が合わせて7になったら「ラッキー」とハイタッチ，別れて次の相手を探す

交流 王様ジャンケンバリエーション

＊ジャンケン1回勝負
＊ジャンケン3回勝負
＊あいこジャンケン1回勝負
＊あいこジャンケン3回勝負
＊2勝1敗ジャンケン
＊1勝2敗ジャンケン
＊1勝1敗1ひきわけジャンケン
＊あと出しジャンケン（勝ち/負け/あいこ）

交流　デイジーチェーン

1）グループを組んで円座に座り，スターターを決める

2）スターターは①名前，②所属，③このグループで呼んでほしい呼び名を自己紹介する

3）時計回りで「○○と呼ばれる△△さんの隣の□□です」「○○と呼ばれる△△さんの隣の□□と呼ばれる■■さんの隣の◎◎です」と次々に紹介する

4）スターターが全員を復唱し終了，終了時に拍手する

5）すぐに名前が出ないときは皆で助ける

交流　自己紹介バスケット

1）全員で円座に座り，スターターの椅子を一席はずす

2）スターターが円座の中央に立ち，自分の名前と呼び名を告げ，フロア席から呼び名をコールしてもらう
「中村太郎です。タローです」＜タロー＞＜タロー＞

3）血液型，誕生月，好きなお菓子や給食などを紹介し，「コロッケが好きな人」など出されたお題に一致する人は立って別の椅子に座り，同じ椅子には2度座らない

4）座り損ねた人が次の自己紹介と出題をする

交流　先生のヒミツあてクイズ

1）先生が「昨日の晩ご飯」「初恋の人の名前」「小学校の頃に集めていたもの」など，問題を出す

2）生徒はグループで話し合い，順番に一回ずつ質問し，先生がそれに答える

3）最初に当てたグループの勝ち

交流　猛獣狩り（グループを作るゲーム）

1）「猛獣狩りに行こう」二度繰り返す

2）「あっ」「〇〇（動物の名前）」
　その動物の名前の字数でグループをつくる

2文字：イヌ，ネコ，ウシ，クマ，サイ，サル，シカ，トラ，リス，ブタ
3文字：ゴリラ，クジラ，パンダ，ヒツジ，モグラ，ラクダ，アシカ，ウサギ
4文字：アルパカ，イノシシ，オオカミ，カワウソ，シマウマ，スカンク，トナカイ，ライオン，ハイエナ，モモンガ
5文字：アライグマ，インドゾウ，オットセイ，カンガルー，キタキツネ，コウノトリ，ナマケモノ，ハリネズミ，ハムスター
6文字：アフリカゾウ，ジャコウネコ，ツキノワグマ，ナガスクジラ，ハツカネズミ，ミンククジラ，イボイノシシ，チンパンジー

交流 ジャンケンボーリング 2チーム対抗戦

1）2チームに分かれ，守りチームは，一人の大将を奥に，次の列には2人，その次には3人，さらに5人，7人とボーリングのピンと逆順に，間隔を開けて並ぶ

2）攻めチームは，スタートラインからどんどん走っていき，1列目の誰か一人とジャンケンをする

3）勝てば2列め，さらに勝ったら3列めと進み，大将に勝ったら1得点。負けたら，元のスタートラインに戻り，また1列めからジャンケンをする

4）高得点のチームが勝ち

交流　探偵ゲーム

1）「探偵ゲームシート」を用意し，全員に配布する

2）自由に歩き回り，出会った人とジャンケンし，勝った人がシートの中から，「はい」になりそうな質問を選んで一題だけ問う

3）問われた人は「はい」「いいえ」で答え，「はい」の場合シートにその人の名前を書き込む

3）次に負けた人が一題を選んで問う

4）10題の該当者欄を早く埋めることができた人の勝ち

交流　あるくまジャンケン

1）クマ，キツネ，キジが登場する。
　クマは「ガォー」と吠えて両手を上にあげる
　キツネは「コンコン」と鳴いて両手を胸の前につける
　キジは「ケーン」と鳴いて両手を後ろに尾をつくる
　＊クマはキツネに，キツネはキジに，キジはクマに勝つ

2）2グループに分かれ各1列に並び，うしろ側を陣地にする

3）「あるくまジャンケン，ジャンケンポン」の合図で
　クマ・キツネ・キジのどれかになる

4）勝った人は，負けた人を自分たちの陣地に連れて行き，相手全員をつかまえたチームが勝ち

協力　凍り鬼

1）参加者の1～2割の鬼を決める

2）参加者は，「お助けカード」「助けてくれてありがとうカード」をそれぞれ5枚ずつ作って持参する

3）鬼にタッチされたら，その時のポーズで凍りつく

4）味方にタッチされたらゲームに復帰できる

5）タッチする時に「お助けカード」と「助けてくれてありがとうカード」を交換する

6）多くのカードを交換できた人が拍手で表彰される

アメリカでの学校心理学と日本の実情

第1章

1 学校心理学とは何か

　学校心理学は，アメリカで発展した応用科学です。学校心理学（school psychology）の専門家は，スクールサイコロジスト（school psychologist）で，その役割は，特別なケアを必要とする児童生徒への個別支援です。

　その第一の役割期待は，特別支援教育のコンサルテーションです。スクールサイコロジストは，医師と並び発達障害の診断を行なうことができる専門職で，特別支援教育の専門家なのです。スクールサイコロジストの最も重要な役割は，発達検査の実施と診断です。しかし，アメリカでも投薬は医師にしかできない業務独占なので，ADHDなどの薬物治療は，スクールサイコロジストから医師にリファーされ，医師が薬を処方します。

　スクールサイコロジストは，教育委員会に所属していて，学校からの要請で学校におもむき，WISCなどの発達検査を実施します。そして，スクールサイコロジストが検査結果に基づいて個別支援計画（IEP）を策定すると，学校は保護者を含めて関係者を招集し，会議を開いて子供の特別支援教育の可否やその処遇を決定します。特別支援教育の専門家であるスクールサイコロジストには，個別支援計画の策定とともにスペシャルエデュケーション・ティーチャーや保護者へのコンサルテーションが期待されているのです。

　第二に期待されるのは，不登校や学力不振など学校適応の危機に陥った子供に対する個別支援（カウンセリング）と，その問題解決です。

　日本では，それはスクールカウンセラーの仕事ではないかと思われますが，アメリカでのスクールカウンセラーは，日本と異なり，子供の学校適応に責任を負うのが仕事です。その問題が，学習のつまずきやクラスメイトとのトラブルなど学校環境との折り合いの問題だと判断された場合には，スクールカウンセラーがカウンセリングを行ないます。そしてその結果，スクールカウンセラーからみて，子供自身の発達上の歪みや偏りなど個人の生物学的な問題に起因すると判断された場合はスクールサイコロジストに，家庭環境の問題だと判断された場合にはスクールソーシャルワーカーにリファーすることが決められているのです（National Association of School Psychologist, 2001）。

　全米スクールサイコロジスト協会によると，スクールサイコロジストの役割は，主に発達上の問題に対する(1)本人，(2)教師，(3)保護者への支援です。(1)本人への支援とは，発達に課題を抱えた子供に対する特別支援の教育計画の策定とカウンセリングによる学校適応支援です。(2)教師への支援とは，スペシャルエデュケーション・ティーチャーに対する個別支援計画の策定とコンサルテーションで，教育の個別最適化を図ります。(3)保護者への支援では，コンサルテーション（指導助言）ならびにカウンセリングで，保護者の教育力を高め，家庭での教育環境の調整を行ないます。

　こうして行なわれる教育環境の調整は，発達に歪みや偏りのある子供への誤った対応による二次障害を防ぎます。本人の状態にフィットさせた個別支援計画を策定することで，教育効果が高まる

ことが期待されているのです。

2　スクールサイコロジスト不在の日本での学校心理学の専門家

　それでは，残念ながらスクールサイコロジスト不在の日本で，学校心理学の専門家とは誰なのでしょうか？

　スクールサイコロジストの第一の役割である特別支援教育のコンサルテーションは，日本では心理職ではなく，教員から選抜された特別支援教育コーディネーターが担っています。また，発達障害の子供に対する個別指導計画の策定は，学級担任の役割です。発達障害があっても特別支援学級に入級しない子供は，通常学級に在籍しているので，小学校でも中学校でも，学級担任がその個別指導計画を作成し，一斉授業の中で指導が行なわれます（文部科学省，2011）。

　個別指導計画作成をめぐり，アメリカの教育システムとの最大の違いは，作成者に求められる資格要件です。スクールサイコロジストは，法律で資格要件が決められていますが，日本の特別支援教育コーディネーターには教員であること以外には特段の資格要件がなく，校長に任命されることでその役割を担います。さらに，個別指導計画を作成する学級担任にも，特別支援教育についての資格要件はありません。

　第二に，学校適応の危機に対する個別支援（カウンセリング）については，教育相談として担任や養護教諭が担い，教師からの要請でスクールカウンセラーが担う場合もあります。

　高原（2017）によると，アメリカをはじめ先進国では，授業を担当するティーチング・プロフェッショナルと，支援職であるヘルピング・プロフェッショナルの分業体制で生徒指導が成立しています。ヘルピング・プロフェッショナルとは，スクールカウンセラーやスクールサイコロジストなどで，その役割は子供支援とティーチャーに対するコンサルテーションです。通常学級の子供に対し，発達障害のスクリーニングをするのはスクールカウンセラーで，その発達検査をして診断し，個別支援計画の策定をしてスペシャルエデュケーション・ティーチャーのサポートをするのがスクールサイコロジストなのです。

　これに対し，日本では担任という教育のスペシャリストが授業の他に学級経営での集団指導と個別支援，通常学級に存在する発達障害傾向の子供の個別指導計画作成とマルチで対応しています。

3　日本の就学指導率と世界一低い教師の授業効力感

　2019 年から 2020 年にかけての 1 年間で，アメリカで特別支援教育を受けた児童生徒は，全体の 14 パーセントでした（National Center for Education Statistics, 2021）。

　日本では，2020 年度に特別支援教育を受けた児童生徒は，全体の 5.3 パーセントでした。特別支援学校に 0.8 パーセント，特別支援学級に 3.1 パーセント，通級指導教室に 1.4 パーセントという内訳で構成されています（文部科学省，2021a）。

　しかし，現実の疫学調査では，ADHD（注意欠陥多動症）が約 10 パーセント，ASD（自閉スペクトラム症）が約 3 パーセント，知的障害が約 2 パーセント，学習障害が約 4.5 パーセントの出現率を示しており（文部科学省，2012a），ここから約 3 分の 1 の重複率を引いても，全体の 15 パーセントくらいが特別支援の対象ということになります。そう考えると，アメリカの特別支援対象の 14 パーセントは，なんと見事な成果であることでしょう。そして，日本の特別支援教育の対象は，なんと狭き門であることでしょう。

　それでは，日米の該当者数の 3 倍近い差異は何を意味しているのでしょうか。その回答の 1 つは，

発達障害がスクリーニングされずに教室で一斉授業を受けている子供の存在です。2012 年の報告では，担任が通常学級の中で発達障害の可能性があると感じている児童生徒は，6.5 パーセントに上っています（文部科学省，2012a）。疫学調査と現実の就学指導率を見比べると，これはごく控えめな見積りに過ぎません。近年の発達障害児の急激な増加率を考えると（第 2 章に詳述しました），その数字はさらに増加していることが予測され，それは教師の負担となって授業効力感を直撃しているものと思われます。

2018 年の OECD 国際教員指導環境調査（国立教育政策研究所，2019，2020）での日本の教師の特徴は，参加 48 か国のうち労働時間が突出した最高値であるのに対し，指導効力感の低さが突出した最低値を示していることでした（表 1-1, 2）。

日本の教師の週あたりの労働時間は 56 時間と圧倒的に世界一を記録していながら，授業や個別相談などの生徒に対する直接指導時間は平均を下回っていました。授業時間は，アメリカの教師の 56 パーセントに過ぎないのに，授業準

表 1-1　OECD 国際教員指導環境調査　労働時間（中学校 46 か国）

週あたりの教師の仕事時間	日本	アメリカ	平均時間
仕事時間の合計	56.0	46.2	38.3
授業時間	18.0	28.1	20.3
授業準備や採点*	12.9	12.5	11.3
生徒への指導・相談	2.3	3.4	2.4
連絡・書類作成など事務業務	5.6	2.6	2.7
学校運営業務への参画	2.9	1.7	1.6
課外活動の指導	7.5	3.0	1.9
職能開発活動	0.6	1.7	2.0

*「授業の計画や準備」と「生徒の課題の採点や添削」の合計時間を筆者が算出した
**16 項目の質問から抜粋して作表した

表 1-2　OECD 国際教員指導環境調査　効力感（中学校 46 か国）

教師の自己効力感 （13 項目から抜粋）	日本	アメリカ	平均%
生徒に勉強ができると自信を持たせる	24.1	82.8	86.3
勉強にあまり関心を示さない生徒に動機付けする	30.6	64.4	72.0
生徒が学習の価値を見いだせるように手助けする	33.9	73.9	82.8
様々な指導方法を用いて授業を行う	48.0	85.8	85.5
生徒のために発問を工夫する	50.8	85.8	88.7
生徒を教室のきまりに従わせる	61.9	88.4	89.9
学級内の秩序を乱す行動を抑える	60.0	83.7	86.1

備にはそれを上回る時間を要し，書類作成に要する時間は 56 時間と平均 38.3 時間に比して突出した世界最高値を示しました。逆に突出した最低時間を示していたものは，専門性獲得のための職能開発活動で，週あたり平均時間 2 時間に対して 0.6 時間でした。

質的な問題として深刻度が高いのは，教師の指導効力感の低さです。「秩序を乱す，または騒々しい生徒を落ち着かせる」など 13 項目に対する指導課題に対する効力感を問うもので，日本の教師はそのすべての項目で 46 か国の平均に対して極端な最低得点を示しました。平均得点の半分にも及ばなかった項目だけでも「勉強にあまり関心を示さない生徒に動機付けする」「生徒が学習の価値を見いだせるように手助けする」など 8 項目にも上っています。

「生徒に勉強ができると自信を持たせる」では「かなりできている」「非常にできている」と回答した日本の教師が 24.1 パーセントであるのに対し，47 回答国の 46 番目はチェコの 68.1 パーセントと大差があり，日本の教師の効力感だけが圧倒的に低いのです。中学校の 4 分の 3 以上もの教師が生徒の学習効力感にはたらきかけることができないと考えているのです。

日本の教師のこの指導効力感の低さは，通常学級の中に 2012 年時点でさえ 6.5 パーセントもの発達障害傾向の子供が存在していることを考えると理解が可能です。たとえば 35 人学級の中に 2 〜 3 人の発達障害の子供がいて，これ以外にも発達障害傾向や，落ち着きがなかったり学習不振の多様な問題の子供たちに対する一斉授業をしなければいけないのだとしたら，教師の指導効力感は

低くならざるをえないでしょう。しかし，担任が作成する個別指導計画が奏功していれば，教師の指導効力感がこれほど極端に低いはずがありません。日本の就学指導の遅れは，指導効力感に象徴される一斉指導での教育力の低下に加え，担任の個別指導計画作成による事務作業の増大という悪循環につながっています。しかも，時間をかけて作成された個別指導計画が教育効果と結びついていない非効率性が上記の調査に如実に示されているのだといえるでしょう。

4　アメリカのスクールサイコロジストに求められる資格要件と役割

　このような日米の教育システムの差異の背景には，各専門職の養成課程に決定的な違いがあります。スクールサイコロジストの資格には，博士課程に該当する高次の養成課程が求められ，次の2つのコースのいずれかが選択されます。

(1)スペシャリストコース（教員経験者のステップ）

　4年生の大学でスペシャルエデュケーション・ティーチャーの学士資格を取得し，教職経験をした後に，大学院2年課程＋1年のスーパービジョン（SV）付きインターン（1,200時間）を修了するコース（大学4年＋教職経験＋大学院3年の約10年養成）

(2)博士課程コース（教員未経験者のステップ）

　スペシャルエデュケーション・ティーチャーの経験を持たずに大学院3年課程＋1年のSV付きインターン（1,200時間）を修了するコース（大学4年＋大学院4年の8年養成）

　いずれにせよ，スクールサイコロジストには，博士課程に該当する専門性が必要で，精神医学，発達検査，学習理論を含めた特別支援教育などの修得が求められます（National Association of School Psychologist, 2021）。

　スクールサイコロジストの就職は，よほどの大規模校なら常勤職員のポストもありますが，多くは教育委員会に採用されて教育委員会に出勤し，主に小学校に派遣され，複数の学校を担当します（石隈，1999）。

5　アメリカでのスクールカウンセラーの資格要件と役割

　教育委員会に所属し，複数の学校に派遣されるスクールサイコロジストに対し，スクールカウンセラーは，常勤職として学校に所属しています。アメリカの学校の管理職は，学校全体を管理・監督する学校長，それを補佐する副校長とスクールカウンセラー長の三役で構成されているのです。副校長は，教務と規律指導に対する，スクールカウンセラーは生徒の学校適応に対する，教師は子供たちの学力獲得に対する責任者なのです（高原，2006）。

　スクールカウンセラーは，その資格要件として教職経験を求める州が多く，それに加え大学院の2年課程が必須です。大学院の修士課程では，主にカウンセリング技法を学び，子供と青年期のカウンセリングやキャリアカウンセリング，教育評価などを修得します。

　スクールカウンセラーの主な仕事は，生徒の学校適応支援にあり，学業支援，進路選択支援，個人的・社会的発達支援の3領域にかかわるという全米の統一基準に則っています（American School Counselor Association, 2003）。

　教職＋修士課程がスクールカウンセラー，教職＋博士課程がスクールサイコロジストで，いずれも教師のコンサルテーションを前提にした支援者支援システムとしての専門職の資格要件がつくられているのです。

6　日米のスクールカウンセラーの役割と教育システムの違い

　ここまでお読みいただき，アメリカで実践されている学校心理学は，アメリカの教育制度を土台にできあがっており，そのまま日本に当てはめることが難しいことがご理解いただけたでしょうか。

　しかし，敗戦後の日本の教育改革を行なったGHQは，当初アメリカの教育制度を日本に導入する計画を立てていました。軍国主義教育を牽引した教師一強体制を緩めるために，GHQがスクールカウンセラーポストの創設を命じ，それが民主主義教育の象徴となるはずだったのです（澤田，1987）。

　ところが日本は，満州事変以来の軍事教育と敗戦後の国家的疲弊で，アメリカでも10年を要する高次な心理臨床家の大量養成に見通しが立たず，文部省はこれに教員を充てました。和製スクールカウンセラーとして生徒指導主事というポストが創設され，教育委員会を通して校内で最も優秀かつ人格高邁な教師を人選するように司令を出したのです。1964年のことでした（中村，2021に詳述）。

　その翌年，極力予算を押さえて和製スクールカウンセラーを養成するために，「生徒指導の手びき（1965，文部省）」が発行され，マニュアルとして全国の小中学校に配信されました。生徒指導主事の主役割は，ガイダンスとカウンセリングで，ガイダンスは集団指導，カウンセリングは教育相談，サイコ・エデュケーションは道徳，キャリアカウンセリングは進路指導と和訳されました（森嶋，2004）。

　しかし，少年非行全盛の1970年代を経て，現場の生徒指導主事に求められる主役割は圧倒的に生活指導にあり，本来の役割であったはずの道徳や教育相談，進路指導の役割は，校務分掌として分散され，和製カウンセラーは最終的に教育相談係という新設ポストが担う地味な役割となりました（文部省，1981；大野，1997）。

　日本での心理職によるスクールカウンセラーは，相次ぐいじめ自殺問題（朝日新聞山形支局，1994；豊田，1995）に対する学校や文科省批判の高まりを受け，当時，文部科学省の前身の科学技術庁長官だった河合（2008）を中心にして1995年に創設されました（第3章にも記述）。

　スクールカウンセラーの資格要件は，当時河合が理事長を務めていた心理臨床学会での学会資格である臨床心理士が採用され，専門性の担保がはかられました。それ以外には精神科医，大学教員という高次な資格を加え，全国154校を対象にスクールカウンセラー調査研究事業が開始されるに至りました。

　ところが，GHQの司令が発令された1947年から約半世紀を経過していても，そのような高次な資格では，とうてい日本全国には行き渡りませんでした。また，十分な議論なく設定された資格要件への不満や反発も湧き上がっていました。そのため，その資格要件には，大学・短大卒業＋5年以上の臨床経験や，地域によっては，学校心理士やガイダンスカウンセラーなど，臨床心理士以外の学会認定資格も加わりました。そして，心理職の国家資格として公認心理師が誕生した2018年以降は，以下のとおり多様な資格で構成されているのが日本のスクールカウンセラーの実情です。⑴公認心理師，⑵臨床心理士，⑶精神科医，⑷大学の学長，副学長，学部長，教授，准教授，講師，助教，またはその職にあった者，⑸大学院修士課程＋1年以上の臨床経験，⑹大学・短大卒業＋5年以上の臨床経験。このいずれかに該当すれば，スクールカウンセラーとして採用されるのです。

　そして，ヘルピング・プロフェッショナルとして学校経営の一翼を担うアメリカとの最大の違いは，日本でのスクールカウンセラーが会計年度ごとに単年度契約で採用される非常勤職員だということです。年間 20 ～ 35 週，1 週 5 ～ 7 時間のパートタイマーに過ぎず，1 学校に対して多くても1 週に 1 日しか勤務がありません。教職経験を経たアメリカのスクールカウンセラーが，子供の学校適応に責任を負い，副校長と並んで管理職を担うのに比べ，パートタイマーとして身分も職務内容もあまりにも違う役割となりました。大学院を修了してパートタイマーとして採用されるスクールカウンセラーのキャリア形成とは，一体どのようなものだと想定されているのでしょうか。

7　日本の特別支援教育の資格要件

　それにしても，日本でのスクールサイコロジスト役割の一翼を担うスクールカウンセラーは，アメリカ同様大学院修士課程修了の資格職として定着しつつあります。

　これに対し，資格要件に大差があるのは特別支援教育の専門家です。スクールサイコロジストが，博士課程を修了して発達障害を診断できる専門職であるのに対し，日本の特別支援教育コーディネーターには資格要件がありません。教員免許状の種別を問わず教員として採用され，校長の任命を受ければ，校務分掌として特別支援教育コーディネーターになることができるのです。

　アメリカでは，スペシャルエデュケーション・ティーチャーも大学の特別支援教育の専門コースを修了していることが資格要件です。しかし，日本の特別支援教育の担当教員は，特別支援教育コーディネーター同様，校長に任命される校務分掌であるため，必ずしも障害児教育の専門家とは限りません。

　また，その選出に特別支援教育の知識や経験も問われません。本人が特別支援教育に適性や関心を見出し，配置転換を希望する場合もありますが，学級担任のような集団指導に苦手感を抱き，消去法で特別支援が選択される場合も決して少なくありません。

　さらに，正採用の教員ではなく単年度採用の講師が任命される場合も散見されます（鈴木他，2019）。現状での特別支援学級の担任のうち，特別支援学校教諭免許状の保有者は，小学校で 33％，中学校で 28％という実情なのです（文科省，2021）。

　担当者の専門性の担保がないまま，文科省からの専門的な要求は高まるばかりで，教師の職務環境は過酷さを極めているとしかいいようがありません。この乖離が OECD 国際教員指導環境調査での指導効力感の極端な低さを招いています。身につけていない専門性を要求される仕事は，どれほど苦しいことでしょう。教師という仕事の専門性に対する自己評価の低さも，精神疾患による休職率の高さも，日本の教育臨床の特徴といえるのです（文科省，2020）。

8　アメリカでの就学指導システム

　日米の担当者の資格要件の差異は，残念ながら特別支援教育の質に直結しています。

　アメリカでの義務教育期間は，小学校の準備期間として幼稚園 1 年間の K（Kinder）＋小学校＋中学校＋高校の 13 年間です。幼稚園は小学校に併設されており，義務教育の開始とともに子供の能力についてのアセスメントが行なわれます。子供の学習の遅れについては，幼稚園や学校での行動観察とスクールカウンセラーの知能テスト＆学力テスト管理でダブルチェックされます。そして，発達障害関連の問題が発見されると，スクールカウンセラーが教育委員会のスクールサイコロジストにオファーします。

　オファーを受けたスクールサイコロジストは，学校にやってきて対象児の発達検査を行ない，検

査レポートを作成します。検査レポートが提出されると，学校では会議を開いて処遇を決定します。

　そのケース会議は，学校に開催義務が，保護者に出席義務があり，子供自身も 14 歳以上になったら自ら参加する権利が与えられます。保護者は，セラピストや医師など，自分で雇った専門家を自由裁量で同伴でき，会議では保護者と学校が納得できるまで支援方法が話し合われます。その結果として，スペシャルエデュケーション・クラスが選択される場合も，通常クラスとリソースルームとの抱き合わせが選択される場合もあり，それは日本と同様です。決定的な違いは，この一連の手続きがすべて個別障害者教育法（IDEA）に基づく法律的な義務と権利として行なわれていることです。不合理に通常クラスに留め置くことは，子供の成長可能性を阻害するので，法的な罰則義務を伴っているのです（National Center for Education Statistics, 2021）。

　なお，アメリカでの個別支援開始の平均学年は小学 1 年です。

9　日本の就学指導システムの実情

　日本の学校での発達障害のスクリーニングは，一斉指導で授業を担当する学級担任に一任されています。担任が発達障害に精通している場合や，特別支援教育コーディネーターが協働で行動観察に当たってくれる恵まれた学校の場合を除くと，指導力に自信のない担任ほど子供の発達障害を指摘することに苦しみます。その子供の学習の遅れが，授業者としての自分自身の教育力に起因しているかもしれないと思うと，子供側の問題だけを取り上げるわけにいかなくなり，結果的に問題に蓋をする選択がされてしまうのです。

　それは，管理職も同様です。保護者のクレームや学級の荒れようから子供の問題が察知されている場合も少なくないのですが，教師側に問題が所在している場合，担当教員を保護者の批判から守るために，子供の問題そのものを土俵に上げないという，臭いものに蓋をする選択がされがちです。また，アメリカとは異なり支援内容や専門性を担保する法律はありません。

　それに加え，日本の学校風土の特徴として，与えられた学級で弱音を吐かず，取りこぼしを出さないことが教師として卓越しているという価値観を担任や管理職が持っている場合も就学指導率の低さを招きます。このような価値観の担任は，「自分の学級は大丈夫」と評価されることを優先し，個々の学習習得状況はともあれ子供たちを教室の中で座らせておくことに注力している事例も少なくありません。

　他方，担任がリベラルであっても，管理職のリスク管理が強い場合も担当者は発信力を失います。相談した管理職から，受診を勧めて発達障害ではなかった場合や特別支援に対する保護者の抵抗など，ネガティブな状況がシミュレーションされると，前線の教師は学級の子供の問題を打ち明けられなくなってしまいます。各学校での就学指導率の高低は，特別支援教育に対する管理職の信頼度と価値観に起因するといっても過言ではありません。管理職が特別支援教育に高い信頼を寄せている場合は，特別支援教育そのもののステータスと就学指導率がダブルで上がります。無論，その逆もあります。苦労して就学指導に漕ぎ着けても，その後に提供される特別支援の質によっては，むしろ保護者のクレームや不登校を招く場合も少なくないのです。

　そのため，教職員の異動時期には，特別支援に高い専門性を備えた教員配置を神頼みしている管理職がいる一方，その専門性を重視しない管理職も存在し，特別支援教育の評価は管理職の価値観という曖昧な主観に規定されています。勉強して専門性を備えた教師の立場や居心地は，管理職との組み合わせに大きく影響されるのです。高い専門性を備え，問題を洗い出す力を持っていることが，組織の中では出る杭となって打たれてしまう事例も決して少なくありません。

　そして，発達障害のスクリーニングの停滞の背景には，教師だけでなく，子供自身や保護者の価

値観の問題も大きく影響しています。多国籍の異民族が集まって建国されたアメリカでは，個人の能力や特性はそれぞれ異なっているのだから，教育でも，個別に評価をして，それぞれの能力に合致したプログラムを作成しないと子供がかわいそうだと考えます。これに対し，単一民族で，学区内の地縁的なつながりが深い日本では，皆と同じように，同じことをさせてあげないとかわいそうだと考えます。そのため，通常学級とは異なる環境で別個のプログラムが用意される特別支援教育には，子供自身も保護者も抵抗を持ち，回避されることが少なくありません。

　以上のように，(1)担任の価値観とスクリーニング力の問題，(2)特別支援教育の専門性の問題，(3)管理職の価値観とマネジメントの問題，(4)保護者や本人の抵抗の問題が複合的に絡み合い，日本の特別支援教育の対象は深刻度の高い"特殊教育"に限られがちな現状にあるのです。

10　日本の学校での特別支援教育の質的な問題

　ところで，1993年から導入された通級指導の活用率が，小学校と中学校で大きく異なっています。2017年度の調査（文部科学省，2019）では，通級指導を活用している児童生徒が，小学校で1.5パーセント存在しているのに対し，中学校では0.3パーセントと5分の1に激減しています。

　その要因には，上述のように思春期の子供自身が級友と異なる行動を避けるという同調性の問題もあります。しかし，鈴木他（2019）は，担当教師の専門性の問題をとらえました。鈴木他が調査をした県で，通級指導の担当教員16名のうち，最も多かったのは特別支援が担当経験1年目の教員でした。また，その中には教員経験自体が初年度という講師も含まれており，必ずしも担当者の専門性が確保されているとはいえない状況だというのです。

　ところが，通級指導は，ASDやADHD，LDなど多様な障害をもつ多様な状態の子供を1時間単位で指導する難しい役割で，特別支援教育の中で最も専門性を問われるポストなのです。標準知能でありながら，能力に顕著な凸凹を抱える子供も少なくなく，低い方の能力や学習性無力感に対策しながら高い方の能力を引き出そうとすると，その指導に高い技術と工夫が求められるのは説明するまでもありません。そのような専門的な役割に，担任も特別支援教育も経験しない新人講師が充てられていた場合，その苦戦は察するにあまりあります。同僚の教師は，自分のクラスの子供に発達障害の可能性を認知していても，オファーをためらうことになるでしょう。

　さらに別の問題として，日本の特別支援教育のスクリーニングでは，発達障害の子供を医療機関や専門機関に紹介し，そこで発達障害の診断や個別指導に対する医師の意見が求められます。しかし，そのプロセスの中でもいくつかの問題が生じています。1つは，発達検査を依頼できる専門機関がたやすく得られない地域が存在することです。

　そして最も重大な問題は，発達障害に精通し，発達検査の結果を読み取れる教師が不在の場合です。そのような場合は，せっかくの検査結果も一個人情報として金庫にしまいこまれてしまい，個別指導計画に反映することができません。

　すると，発達の偏りや歪みの問題が十分に理解されていないため，本来支援対象のはずの子供を拾い出すことができず，不適切な指導による二次障害をつくってしまうリスクが高まります。さらに，本人や保護者に対し，個別指導での教育の可能性や一斉指導でのリスクを伝えられず，受診を含め就学指導を停滞させる悪循環を起こします。

　特別支援教育の就学率が低い学校は，このような構造的な問題を抱えているのです。日本全体の調査で，特別支援学校教諭免許状を獲得している教員は，特別支援教育担当者の約3割ですが（2020），発達検査の読み取りができる教員は，1割とも1パーセントともそれ以下とも囁かれる実情にあるのです。

　小学校で通級指導を受けた子供と保護者が，中学校でも継続指導を望むかどうか，それは各小学校で提供される特別支援の質に影響されているといえるでしょう。教師の専門性は，完全に個人の資質と努力に依存しており，大学や医療など地域資源の専門性にも規定されるので，残念ながら個人差に加えて地域差も大きく影響しています。

　診断が可能な有資格のスクールサイコロジストが学校を訪問して発達検査を行ない，処方箋として個別指導計画が提供されるアメリカの特別支援教育システムを紹介すると，ほぼ例外なく教師たちの垂涎の的となり，異口同音に羨望が語られます。そのくらい日本の特別支援教育にかかわる教師たちは，組織的な支援や育成を求めています。

　子供が抱えている学習上の課題を見逃さないように，法的な強制力で支援チームを組織し，その構成員として専門性を担保されたスクールサイコロジスト，スクールカウンセラー，スペシャルエデュケーション・ティーチャーという特別支援教育システムの全体像がアメリカでの学校心理学プラクティスなのです。

11　日本の教育臨床での学校心理学

　それでは，日本の学校心理学に対する役割期待はどこにあるのでしょうか。

　日本の教育臨床では，アメリカのスクールサイコロジストの中核的役割である特別支援教育のコーディネーターを担っているのは教師です。また，スクールカウンセラーの中核的な役割であるクラス編成や進路選択支援を担っているのも教師です。そして，これらのいずれの役割も，日本では心理学ではなく教育学の中に位置づけられています。

　日本に学校心理学を紹介した石隈（1999）は，学校心理学という応用科学は学校生活を送るすべての子供のために開かれていると説きました。そして，すべての子供を対象にした予防的・開発的支援を一次的援助サービス，苦戦している一部の子供を対象にした支援を二次的援助サービス，特別な教育ニーズのある特定の子供を対象にした支援を三次的援助サービスと命名しました。子供の支援ニーズの深刻度によって，援助サービスを三段階に分けて説明したのです。

　このうち，すべての子供を対象にした一次的援助サービスは，担任はじめ教師が行なう日常的な指導の中に織り込まれているあらゆる配慮です。アメリカのスクールカウンセラーが提供するガイダンスやモラル・エデュケーション，スクールサイコロジストによるサイコ・エデュケーションなどが該当します。日本の教育に置き換えると，道徳，学級活動，特別活動，学校行事，クラブ活動，進路指導，教育相談週間などがこれに当たります。

　二次的援助サービスは，発達障害の子供や登校渋りなど学校適応に苦戦が予測され，配慮を要する子供に対して提供される支援です。アメリカでは主にスクールカウンセラーが扱う適応支援で，日本では主に担任が行なうトラブル解決の個別支援です。養護教諭が，休み時間に羽を休めにくる子供たちを保健室でケアし，教室に送り出しているような場合も該当します。いずれも集団適応の範囲におさまっている子供に対する個別支援だといえます。

　三次的援助サービスは，継続的な個別支援で，いよいよ本格的なスクールサイコロジストの出番です。発達に問題のある子供に対しては，発達検査をして発達障害を診断し，個別指導計画に基づく特別支援教育が展開されます。また，不登校のような深刻な学校不適応を起こしている子供や保護者に対する個別支援も行なわれます。

　日本の教育臨床においても，不登校の支援は重要かつ喫緊の課題です。不登校は，少子化に反して増加の一途をたどる日本の教育臨床最大の問題であり，その支援には個別の「児童生徒理解・教育支援シート」の作成が求められています（文部科学省，2018a）。特別支援教育と並び，個別の教

育支援計画の作成を求められているのは，不登校に対してだけで，さらにスクールカウンセラーやスクールソーシャルワーカーなどの支援職とのチーム支援も法的に求められています（文科省，2016）。不登校は，担任の努力だけで解決する場合もありますが，深刻化するほどチーム支援が必要となり，多様な立場で力を尽くすことが求められるのです。

　つまり，心理職を加えた学校心理学を活用する支援として，現在の日本で最も求められているのは不登校に対する支援だといえるでしょう。そこで本書では，不登校に対する支援に焦点を当てて日本型の学校心理学を論じます。

協力　たし算トーク

1）0から9まで3通りずつ準備された「はなしの種」を用意する（その場で集団の嗜好に合わせ作るのもよい）

2）グループごとにスターターを決め，指0本から5本まで6通りの出し方でジャンケンをし，全員の指の数を足した一桁の数のお題に沿って時計回りに答えていく

3）同じ数が出た場合，2回めは2段目に，3回めは3段目に移行する

4）「はなしの種」は，メンバーが傷つかないようにナンセンスで心理的侵入度の低い質問を吟味する

＊「はなしの種」は p.146 に掲載

協力　聖徳太子ゲーム

1）4名グループに分かれ，リーダーを決める

2）各グループで4文字の単語（メンバーの数）を考えて決める

3）1人が1文字を担当する

4）リーダーの合図で，4人全員が一斉に声を揃えて発声する

5）グループ対抗で1分間相談し，その単語を当てる

協力　蛇じゃんけん

1）机を利用し，教室内にくねくねした道を作る。（屋外でくねくねとした線を引いてもOK）

2）2チームに分かれ，道の両端から一人ずつ歩いていく。

3）お互い道の途中で出会ったら，じゃんけんをして，勝ったほうはそのまま道を進む。負けた方は，また自分のチームの列に戻って後列に並ぶ。

4）相手チームのスタート地点にたどり着いたチームが勝ち。

協力　チョークリレー

1）グループをつくり黒板をグループごとに仕切る

2）黒板の上に3（4～5）文字のお題を書き，メンバーは離れたところでグループごとに列をつくる

3）しりとり方式で次の3（4～5）文字を書き，次の人にチョークを渡す

4）答えが浮かばない人は，頭の上で両手で×をつくり，合図に気づいたら皆で答えを教えあう

5）制限時間内に最もたくさん書いたグループが優勝

日本の教育臨床の課題となった不登校と特別支援教育

第2章

1 子供の数は過去最少，不登校は過去最多

　日本の不登校の児童生徒数は，いまや20万人に迫る勢いで，増加の一途をたどっています。2013年から2020年までの8年をみると，毎年子供の数が減少して過去最低を記録するのに反し，不登校は過去最多を更新し続けているのです（文部科学省，2021b）（図2-1）。

　2020年度の不登校児童生徒は，小学校で63,350人，中学校で132,777人を数えました。これだけを読むと，そんなものかと思うかもしれませんが，実に深刻な数字なのです。そもそも，文部省が不登校施策を喫緊の課題と提示し，不登校統計を年間30日以上の欠席に統一したのは1991年のことでした。その1991年に約1パーセントだった中学校の不登校は，急激な上昇カーブを描いて2001年に約3パーセントに達し，そこから横ばいを続けて2012年からまた上昇し，2020年ではいよいよ4パーセントに達してしまいました。中学校の不登校率が1パーセントを超えた1991年から，教育臨床での喫緊の課題が30年も継続し続け，この間に適応指導教室やスクールカウンセラー，スクールソーシャルワーカーなど，さまざまな施策と膨大な予算が投入され続け，なお上昇を続けているのです。

　他方，小学校の不登校は，2012年まで0.3パーセント水準に抑えられてきましたが，それ以降上昇し，2020年度は1パーセントに達しました。1991年での喫緊の課題時の累乗倍ともいうべき深刻度です。2012年と比較すると，この8年間で小学生の不登校は3倍以上に，中学生は約1.5倍に膨れ上がっていたのです。

　学年別に見ると，小学校では学年が上がるにつれて不登校が増加し，6年では1年時の6倍に膨らみます。そして，中学1年では，小学6年の2倍強に跳ね上がるのです。小学6年から中学1年にかけて不登校が急激な増加を遂げるこの現象は，文部科学省国立教育政策研究所（2003）が「中1ギャップ」と命名して注目を集めました。

　しかし，中学1年から2年にかけての急勾配の不登校上昇をご覧ください（図2-2）。中学校入学後，不登校は2年時にピークを迎えます。1年時の約4割増しの数字です。不登校は，小学校でも毎年4割から5割ずつ連続して増加し，ピー

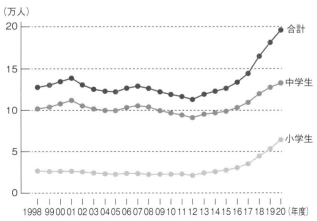

図 2-1　小・中学校の「不登校児童生徒数」の推移

出所：文科省「令和2年度 児童生徒の問題行動・不登校など生徒指導上の諸課題に関する調査」を基に東洋経済作成

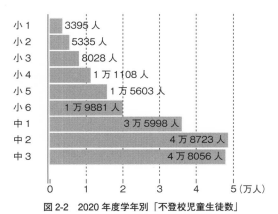

図2-2　2020年度学年別「不登校児童生徒数」
出所：文科省「令和2年度 児童生徒の問題行動・不登校など生徒指導上の諸課題に関する調査」を基に東洋経済作成

クを迎えた中学2年と3年だけで，約10万人もの生徒が不登校に陥っています。

「問題行動・不登校」統計の基礎データとなる文部科学省の調査は，毎年5月に実施されますが，現実の中学校での不登校は，6月と9月に高波を迎えます。4月に新しい学級編成になり，5月の連休を経て学級の人間関係が固定した頃が6月です。夏休みが明ける9月は，小中学生の自殺率がピークを迎える時期でもあります。2020年度は，自殺時期に2つのピークが出現しました。6月と8月です。新型コロナウイルス対策で，新学期が6月に設定され，授業時間確保のために夏休みが繰り上げられて8月末から始業されたのです。子供たちの自殺は，明らかに学校の始業時期と連動していることがわかります。学校生活の中での子供たちに，一体何が起きているのでしょうか。

文部科学省国立教育政策研究所（2003）が「中1ギャップ」を発表した時代は，小学校の不登校率は0.3パーセント水準で，それを問題にする人はいませんでした。不登校といえば中学校での問題だったのです。小学校でも問題にせざるを得なくなったのは，2013年から上昇に転じたためです。2013年の0.36パーセントから2016年に0.54パーセント，2018年に0.7パーセント，2020年に1パーセントと，急激な増加を見せているのです。

不登校率が横ばいを続けていた2012年の小学校での不登校率は0.31パーセントで，6年の不登校は6,920人なのに対し，中学1年の不登校は21,194人と，約3倍の増加を遂げることが「中1ギャップ」命名の所以でした。ところが，小学校の不登校率が増加するにつれ，2020年になるとその差は2倍に縮まりました。今後も不登校の低年齢化が進んでいくのだとしたら，ギャップはさらに縮むでしょう（図2-3）。不登校という現象の中で，何かが構造的に変化しているのだとしか思えません。

2　少子化の背景にある出産年齢の上昇

不登校と同様に，母数が減っているのに右肩上がりを続けているものに，出産の高年齢化があります。その背景には，女性の高学歴化や所得の低迷と，それに伴う結婚年齢の上昇があります。た

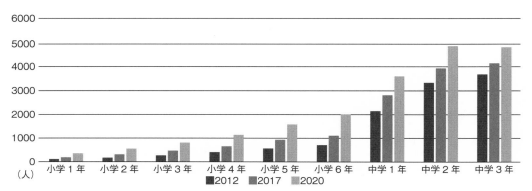

図2-3　2012・2017・2020年の学年別不登校数

とえば1980年と2015年の平均結婚年齢を比較すると，1980年での妻は25.2歳で，夫は27.8歳なのに，2015年での妻は29.4歳で，夫は31.1歳と上昇し，それ以降2021年までほぼ同水準を保っています（日本少子化対策機構，2021）（図2-4）。

　一方，母親の第1子平均出産年齢は，1980年での25.7歳から上昇を続けて2015年で30.7歳になり，それ以降は同水準で推移しています（厚生労働省，2021）。母親の出産年齢の上昇に伴い，2021年の子供の出生数は過去最小の約80万5千人となりました。ところが，年齢別出産数に注目すると，出産数の大幅な減少に反して45歳以上の層だけが増加しています。

　子供の出生数を1985年，2015年，2020年で比較してみると，2020年では1985年の6割弱になり，減少の一途をたどっています。出産年齢のピークは，1985年では圧倒的に25〜29歳にありましたが，2015年以降の出産ピークは30〜34歳となり，20代の出産数の減少と40代以上の出産数の増加によって，美しい山型の正規分布がつくられています。2020年では，分布の形は同じですが，出産数が減って山が小さくなりました。日本の女性のライフスタイルは，完全に変化を遂げているのです（図2-5）。

　1985年は，日本のバブル景気の始まりでした。1985年に男女雇用機会均等法が成立し，高学歴女性の社会進出が本格化しました。しかし，わずかにその5年後には金融引き締めでバブルが崩壊し，就職氷河期が到来したのです。就職氷河期以降は，高学歴なら安定した就職が保証されるという学歴神話が一気に崩れました。大学院修了者も含め，正規雇用率が低下し，非正規雇用が増えたのです。大学や大学院を卒業しても非正規雇用で待遇される若者が増え，世の中は，正規雇用の安定組を勝ち組と称するようになりました。勝ち組に対する負け組は非正規雇用群で，2020年の男性労働者の16.8パーセントを占めています。

　バブル崩壊後の日本の景気回復は低迷し，労働賃金も低迷を続けて今日に至りました（図2-6）。

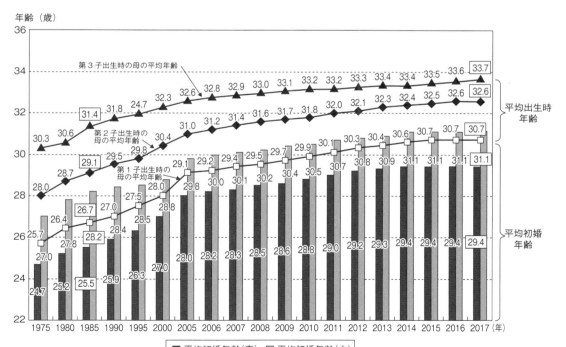

図 2-4　人口動態
出所：厚生労働省「人口動態統計」

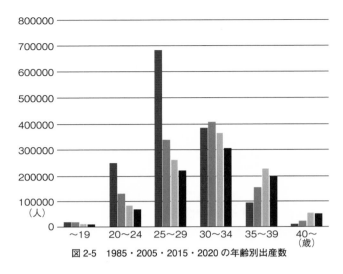

図 2-5　1985・2005・2015・2020 の年齢別出産数

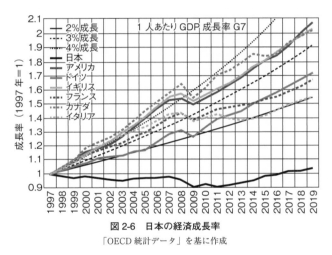

図 2-6　日本の経済成長率
「OECD 統計データ」を基に作成

1997 年での 30 代男性の所得最頻値は 500 ～ 699 万円でしたが，10 年後の 2007 年には 300 ～ 399 万円に減少しました。非正規雇用による平均収入の激減とともに男性の生涯独身率は急増し，結婚年齢も上昇していきました。1985 年には，男女ともに約 4 パーセントだった生涯独身率が，2021 年の男性で 25.7 パーセント，女性で 16.4 パーセントに跳ね上がりました。男性の独身率が上がると，必然的に女性の独身率も上がるのです。そして，女性の就労率は，男女雇用機会均等法ができた 1985 年での 53.6 パーセントから 2021 年の 70.6 パーセントに増加しています。

1980 年代の大卒女子は，24 歳になるとクリスマスケーキと称され，売れ残らずに無事結婚して専業主婦になることが一般的でした。24 歳くらいまでに結婚できなければ，子供を 20 代のうちに産むことができないから，子供は若いうちに産んだ方が良いに越したことはないと，親族はじめ知人一同に叱咤激励されました。若い時は家計が苦しくても，やがて給料が上がって生活が楽になるから，まずは子づくり優先と，世の中全体から異口同音の叱咤激励を受け続けていたのでした。

しかし，1997 年から日本はデフレーションに陥り，収入は上がるどころか下がってしまいました。1 時間あたりの労働者が生み出す労働対価は，アメリカの半分でしかなく，欧米先進国の水準に追いついていけません。簡単に子供をつくってしまった場合，将来を楽観できる見通しが立たなくなってしまいました。バブル崩壊後の長い景気低迷期の日本では，結婚生活を維持し，子供を育てるためには，女性も働いて家計を支える時代となったのです。

3　妊婦の高齢化と発達障害出現率の上昇

さて，発達障害の出現率を高める要因として，卵子と精子の老化が関係していることはすでによく知られています（Yoshizaki et al., 2021）。その先駆けとして，カリフォルニア大学で 490 万人を対象に 10 年に渡って行なわれた大規模な疫学調査は，世界の発達障害研究に強烈な衝撃を与えました（Shelton et al., 2010）。その調査で，遺伝子以外の要因で自閉症の出現に影響するものは，母親と父親の年齢であることが報告されたのです。両親の年齢，人種，経済力（保険の種類），学歴などのうち，リスクファクターとして有意差を示したのは，母親ならびに父親の年齢だけでした。

　最も低リスクだったのは，25歳未満の若い母親でした。そして，40歳以上の母親群が自閉症の子供を出産する確率は，25歳未満群の約1.5倍にも上りました。25歳未満群から，母親の出産年齢が5歳上がるごとに自閉症児の出現リスクは約18パーセントずつ上昇するというのです。

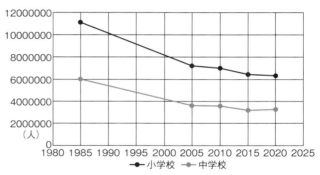

図2-7　児童生徒数の推移

　父親の年齢にも同様のリスクが出現しました。父親の年齢が5歳上がるごとに自閉症児の出現リスクは約11パーセントずつ上昇するのです。25歳未満の母親との組み合わせだけを抽出すると，父親が40歳以上の場合，20代群の父親と比較すると，出現リスクは2倍以上に上ります。

　さらに，発達障害の出現に直接的な影響を与える要因として，出生時の低体重も指摘されています。新生児の通常体重よりも未熟な状態で生まれてくるほど，脳の発育不全が予測されるからです。

　母体年齢の上昇は，受胎や子宮内での胎児の成長にも影響し，不妊，流早産，多胎児，先天性奇形，染色体異常，低出生体重のリスクを高めます（Berkowitz et al., 1990; Martin, 2008）。父親の年齢の上昇は，統合失調症（Brown et al., 2002），神経認知機能障害（Saha et al., 2009），流早産（Nybo Andersen et al., 2004），低出生体重（Reichman & Teitler, 2006）などのリスクを高めます。

　卵子や精子の老化が進行するにつれて，細胞の免疫力が低下し，異常をきたしやすくなるという生物的な限界に直面してしまうのです（Sartorius & Nieschlag, 2009）。

　また，人工授精も発達障害の出現率を高めます。日本での不妊治療の最多年齢は35〜40歳の女性ですが，母体年齢に関係なく人工授精による受精卵に染色体異常が散見されているのです。受精卵を子宮に戻す着床前検査を行なった医師は，患者17人の42受精卵のうち34個に染色体異常が発見されたことを報告しています（大津・宇都宮，2016）。そして，この着床前検査は，研究として行なった検査で，通常の不妊治療では行なわれていないのだそうです。受精卵42個のうちわずか8個しか正常に育っていないのなら，80パーセント以上の受精卵は染色体異常を持っていて，無事に誕生しても，その子供には発達の歪みが出現することになります。

　出産年齢が上がるほど，不妊治療率も上がるので，高齢出産には多様なリスクファクターがはたらき，子供の発達障害の出現率が高まってしまうのだといえるでしょう。

　1993年までの日本産婦人科学会では，妊娠適齢期の20代に比べて母子ともにリスクが高いことから，30歳以上を高齢出産と定義し，妊産婦のカルテに「高」を丸で囲んだマル高スタンプが押されていました。それは，1993年に30歳から35歳に修正され，やがて「年齢差別」との批判からマル高スタンプは押されなくなりました。

　出産ピークが20代だった1985年から，30代にシフトした2005年までの20年で，児童生徒数は17,085,555人から10,823,873人と約6割に減少し，毎年過去最小数を更新し続けています（図2-7）。時代が変わっても生物的な生殖年齢のピークは20代に変わりなく，カルテにマル高スタンプが押されなくても，適齢期を超えればリスクが増大してしまうのです（厚労省, 2019）。

4　児童生徒数の減少と特別支援教育ニーズの増加

　出生率の低下に反して，不登校とともに増加の一途をたどっているのは，特別支援教育のニーズ

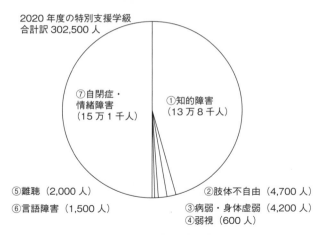

2020年度の特別支援学級
合計訳302,500人

⑦自閉症・
情緒障害
（15万1千人）

①知的障害
（13万8千人）

⑤難聴（2,000人）
⑥言語障害（1,500人）

②肢体不自由（4,700人）
③病弱・身体虚弱（4,200人）
④弱視（600人）

図2-8 特別支援学級の構成

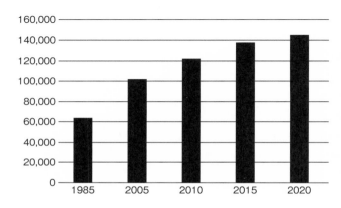

図2-9 特別支援学校の在籍者数

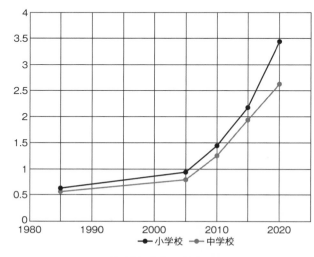

図2-10 特別支援学級の児童生徒の割合（%）

です。日本の特別支援教育には，小中学校から独立して小学部から高等部までつながっている特別支援学校と，小中学校の中に存在する特別支援学級と通級指導教室があります。

小中学校での特別支援学級とは，子供が個々の能力に応じた教育を受けることができるように，学校内に設置された少人数のクラスです。1人の担任が担当する学級には子供8人までという基準があり，それを超えると担任が加配されて2つの学級に分かれます。学校を設置する市区町村教委によっては，ここに予算をつけて支援員を配置するので，教職員1人に対し子供8人より少人数での手厚い個別支援が行なわれているのが通例です。

特別支援学級は，以下の7つの障害種別ごとに学級があります。(1)知的障害，(2)肢体不自由，(3)病弱・身体虚弱，(4)弱視，(5)難聴，(6)言語障害，(7)自閉症・情緒障害で，このうち(1)知的障害と(7)自閉症・情緒障害学級の在籍者が全体の95パーセントを占めています。(7)自閉症・情緒障害学級は，自閉スペクトラム障害（ASD），ADHDなどの発達障害や，緘黙，それに類似する意思疎通や対人関係など集団適応に困難な子供を対象としています（図2-8）。

通級指導教室とは，通常の学級に在籍する発達障害（ASD, ADHD, LDなど）や緘黙など情緒障害の子供が，1週に1回から数回「通級による指導」という個別指導を受ける教室です。

そのすべてにわたり，対象者が増加の一途をたどっているのです。特別支援学校の在籍者数は，1985年から2005年の間に約6割の増加を記録しました。子供全体の母集団が6割も減少しているのに，特別支援学校では児童生徒数が6割も増加するという驚異的な増減を示しました。

在籍者数は1985年の2倍以上になりました（図2-9）。2017年には全国に3,430もの教室不足が生じたほどです（文科省，2017a）。

また，小中学校の特別支援学級の在籍率は，1985 年から 2005 年までは 1 パーセント未満を保っていましたが，2005 年から 2010 年にかけての 5 年で 0.89 パーセントから 1.4 パーセントと 1.5 倍以上の急伸を示しました。その背景には，通常学級の中で増加の一途をたどる発達障害の問題に対策するため，2007 年に特別支援教育コーディネーターが創設され，発達障害への対策が文科省をあげてのプロジェクトとなったことが大きく影響しています。発達障害児は，それ以降も上昇をたどり，2020 年の特別支援学級の在籍率は，3.1 パーセントと 1985 年の 5 倍以上に達しました（表 2-1：図 2-10）。

表2-1　特別支援学級の児童生徒数と割合

		小学校	中学校	合　計
1985年	在籍者数	69,629	34,363	103,992
	児童生徒数	11,095,372	5,990,183	17,085,555
	%	0.61	0.57	0.61
2005年	在籍者数	67,685	29,126	96,811
	児童生徒数	7,197,458	3,626,415	10,823,873
	%	0.94	0.8	0.89
2010年	在籍者数	101,019	44,412	145,431
	児童生徒数	6,936,376	3,558,166	10,551,542
	%	1.44	1.25	1.38
2015年	在籍者数	139,536	61,967	201,493
	児童生徒数	6,425,754	3,190,799	9,616,553
	%	2.17	1.94	2.09
2020年	在籍者数	216,738	83,802	300,540
	児童生徒数	6,300,693	3,211,219	9,611,912
	%	3.44	2.61	3.13

さらに，1993 年から開始された通級指導教室の利用も増加しました。2005 年に 0.36 パーセントだった利用率は，5 年ごとに約 1.5 倍の増加をたどり，2020 年では 1.39 パーセントと，約 4 倍に増加しています（文科省，2021b）。

児童生徒の総数が 2020 年は 1985 年の 56 パーセントと，約半数近くまで激減しているなかで，発達障害の急増は，教育臨床だけでなく我が国の将来にわたる危機的な重大課題なのです。

5　小学校と中学校で落差のある特別支援教育体制

ところで，特別支援学級の在籍率は，小学校で 3.4 パーセントですが，中学校では 2.6 パーセントです。この落差は一体どうなっているのでしょうか。知的障害学級の子供が中学校入学を機会に通常学級を選択するのは考え難いので，情緒障害学級に在籍している知的な遅れが少ない子供たちが，中学校では心機一転，通常学級で奮起しようと決意しているのかもしれません。

また，通級指導教室の利用率も，小学校で 1.9 パーセントなのに対し，中学校では 0.5 パーセントと極端な落差を示しています（文科省，2021a）。通級による指導の対象も，情緒障害学級同様に発達障害や緘黙など集団適応に困難を示す子供たちですから，小学校で特別支援の対象だった彼らのうちの相当数が個別指導の機会を失ってしまうのです。

日本の特別支援の特徴は，小学校と中学校に落差があることです。そして，小学校と中学校で落差をつくっているものの筆頭といえば，「中 1 ショック」に象徴される不登校の急増です。現実の不登校の高波は 6 月と 9 月に来ますから，個別支援の機会を失った発達障害傾向の子供たちが，学級集団の中でじわじわ不適応に陥っていくのだと考えることはできないでしょうか。

改めて整理すると，2020 年度の日本の中学校での不登校率は 4 パーセントです。中学校の特別支援学級の入級率は 2.6 パーセント，通級指導率が 0.5 パーセントで，これらを合わせると 7.1 パーセントになります。小学校の不登校率は 1 パーセントで，特別支援学級の入級率は 3.4 パーセント，通級指導率は 1.9 パーセントで，合わせて 6.3 パーセントです。7.1 パーセントと 6.3 パーセントという接近した数字は，特別支援教育から洩れた子供たちが不登校に陥っていくことを仮定すると，非常に納得できる数値として迫ってきます。

私が知っている小学校には，不登校の子供を受け入れる校内支援室があります。そこでは，10

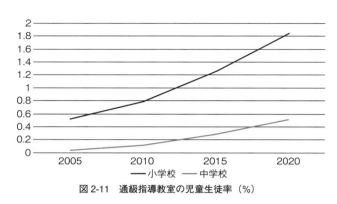

図 2-11　通級指導教室の児童生徒率（%）

人近い子供たちが不登校を克服して，毎日通って来られるようになりました。彼らの特徴は，全員が発達障害の傾向をもっていることです。それは，不登校の子供を受け入れ，個別の指導をしているうちにわかってきた特徴でした。

　心理的な問題で不登校に陥った子供は，本人や保護者のカウンセリングと学校の環境調整を行なうことで，不適応を解消させることができます。適応とは，子供と環境との折り合いの問題なので，学校と家庭という環境を調整し，本人に介入して誤学習の解除や行動修正ができれば解消されるのです。しかし，発達障害のような，個人の内的適応に歪みや偏りを抱えている子供は，学級集団での一斉指導に適応を続けることに無理が生じてしまうのです。

6　文科省がとらえる不登校の原因

　それでは，文科省は不登校の原因をどのようにとらえているのでしょうか。児童生徒の問題行動等生徒指導上の諸問題に関する調査（文科省，2008, 2012b, 2017b, 2021b）の結果を表 2-2 にまとめました。学校環境と家庭環境，そして個人の内的適応の問題に分けてとらえることが可能です。

　いずれの年次統計でも圧倒して大きな割合を示しているのは，本人の「無気力・不安」です。小学校では約 54 パーセント，中学校では約 50 パーセントを占めています。不登校とは，学校不適応の結果として発生するので，「無気力・不安」が生じるのは，学校不適応の要因というより，その結果と考えた方が妥当な内容です。しかし，子供が不登校に陥る以前から教師が彼らに「無気力・不安」を感じていたのだとしたら，そこにはさらに発達障害などの根源的な要因が存在していることを視野に入れなければいけません。

　不登校の原因として「学業の不振」も，小学校では約 14 パーセント，中学校では約 21 パーセントと無視できない大きな割合を占めています。それなら，教師は一体いつから彼らの学業上の不適応に気づいていたのでしょうか。文科省（2012a）の調査では，担任が通常学級の中で発達障害の可能性があると感じている子供は，全体の 6.5 パーセントに上ります。担任が認知する発達障害傾向の中に，学業不振の子供たちが含まれているのだとしたら，不登校に陥る以前に対応することはできなかったのでしょうか。

　つまり，「無気力・不安」や「学業不振」を不登校の結果ではなく要因ととらえるのであれば，さらにその背景に発達障害を予測することは矛盾が生じないというか，むしろ自然です。

　また，発達障害の圧倒的な要因として，その遺伝率は 80 パーセントを超えています（安藤，2011）。卵子や精子が若くて活動的であっても，元々の遺伝子に素因がある場合は，発達障害の最大発生要因となるのです。「親子の関わり方」の問題を指摘するのは，小学校で約 32 パーセント，中学校では約 15 パーセントに上りますが，発達障害の子供の親の 8 割に同様の傾向が存在しているリスクを考えれば，これもまた矛盾なく理解が可能になります。

　さらに，「いじめを除く友人関係をめぐる問題」も，小学校で約 20.5 パーセント，中学校では約 28 パーセントと報告されています。これについて，注目すべきは「当該児童生徒と一定の人的関係のある他の児童生徒が行う心理的又は物理的な影響を与える行為であって，当該行為の対象と

表2-2　文部科学省がとらえる不登校の要因

		2006		2010		2015		2019	
		小学校	中学校	小学校	中学校	小学校	中学校	小学校	中学校
学校環境	いじめ	3.2	3.8	1.9	2.3	0.6	0.5	0.7	0.5
	いじめを除く友人関係をめぐる問題	12.2	19.7	10.8	16.2	26.4	28	20.5	28
	教職員との関係をめぐる問題	3.3	1.6	3.3	1.6	2.7	2.2	4.5	2.2
	学業の不振	2.8	9.8	6.6	8.7	19.8	24.4	14	21.4
	道路に係る不安	−	−	0.4	1.2	4	4.8	1	4.8
	クラブ活動・部活動等への不適応	0.3	2.4	0.2	2.3	2.3	2.9	0.3	2.9
	学校のきまり等をめぐる問題	0.6	3.4	0.7	2.8	4.4	5	2.3	5
	入学・転編入学・進級時の不適応	3.6	3.6	2.7	2.8	7	7.4	5.3	7.4
家庭環境	家庭の生活環境の急激な変化	9.7	5.3	9.9	4.7	−	−	6	4.6
	親子の関わり方	17.8	9.3	19.1	8.7	−	−	31.9	15.3
	家庭内の不和	5.7	4.6	5.6	3.7	−	−	3.8	3.7
	家庭に係る状況	−	−	−	−	57.5	32	−	−
個人の内的環境	生活リズムの乱れ・あそび・非行	−	−	1.2	11	1.3	7.6	20.1	13.9
	無気力・不安	−	−	50.6	43.7	62.3	60.3	53.9	49.6
	病気による欠席	8.8	7.2	8.9	7.4	−	−	−	−
	意図的な拒否	−	−	4.9	4.4	−	−	−	−
	その他本人に関わる問題	37.8	36.2	7.9	6.7	−	−	−	−
上記に該当なし		15.5	8.6	10.4	4.3	22.5	14	22.5	14

(注1)　2005年の調査から「いじめ」の質問項目が設定された
(注2)　2020年は新型コロナ感染症でのソーシャルディスタンスなど変則的だったので，比較対象群として2019年度を選択した
(注3)　2006・2010年の調査では「親子の関わり方」は「親子関係をめぐる問題」と設問されている
(注4)　2010年の調査では「無気力」「不安など情緒的混乱」と項目分けされているが，両方の合計を「無気力・不安」に記述した
(注5)　設問の項目が変化し，該当年に設定されていない場合は「−」と表示した
(注6)　「学校環境」「家庭環境」「内的環境」は筆者が群分けした

なった児童生徒が心身の苦痛を感じているもの」という2013年に制定されたいじめ防止法の定義です。「攻撃」という文言に対する解釈や指導が担当教師によって異なるので，被害児の苦痛だけに注目するためそれ以前の定義からわざわざ「攻撃」の文言を外して再定義されているのです。

　ところが，不登校の要因調査では，2013年以降も「いじめ」と「いじめを除く友人関係をめぐる問題」という項目は並列されています。不登校の要因となるような友人関係であれば，そこに心身の苦痛が伴うのは必定です。それなのに，わざわざいじめの定義に反する文言を調査対象としている点についても，子供側のコミュニケーション能力に焦点化して問題をとらえると，必ずしも統計の矛盾とはいえなくなるのです。もしかしたら，わざわざ「いじめとはいえない」と別枠でくくりたくなるような対人関係が展開しているのかもしれません。

　さて，1995年のスクールカウンセラー調査研究事業の導入時の文部省は，不登校を「こころの問題」だととらえ，「こころの専門家」であるスクールカウンセラーに「こころの居場所」を求めました。それは，いじめについても同様で，いまなおその知見に変化はありません（文科省，2016）。しかし，不登校とは学校不適応の結果ですから，学校環境との関係すなわち級友・教師・学習との関係としてとらえるべき問題です（中村・田上，2018b, c）。もちろんいじめも同様です。関係性の問題に対して，不適応を起こした個人の「こころの問題」という一方向だけからとらえても，解決の図りようがないのです。

7　教育機会確保法と不登校という学校評価のバロメータ

　「義務教育の段階における普通教育に相当する教育の機会の確保等に関する法律（略称：教育機会確保法）」という長い名前の法律が，議員立法として成立し，2016年に発布されました。議員立法とは，担当省庁ではなく，国会議員によって法律案が検討され，成立した法律のことをいいます。文科省に直接訴えることを諦め，不登校父母の会やフリースクールを中心とする国会議員への根気

強い運動が結実された法律でもありました。

　不登校児童生徒に対するそれまでの文科省の施策は，市区町村立の適応指導教室の設置による「こころの居場所」が中心でした。しかし，適応指導教室は地方での定員割れが目立つ一方，都市部では定員オーバーで空き待ち期間が長いなど，地域によって極端な環境差がありました。その中には，定員の3倍近くの待機者がいて，1人の子供に対して1週1日程度しか通級を提供できない地域もありました。

　また，不登校の子供支援についての校内支援体制も，学校単位や教師単位での個人の努力に委ねられていたため，学校ごとの環境差が大きく，当事者の支援ニーズに応えられているとはいい難い状況だったのです。

　教育機会確保法（文科省，2016）の目的は，文字どおり不登校児童生徒の教育機会確保の推進です。基本理念をざっくりまとめると，表2-3に集約されます。第一の理念は，不登校を未然防止するためのすべての児童生徒を対象にした「魅力ある学校づくり」です。いじめ，暴力行為，体罰を許さない学校づくりと一斉指導の中で個々の学習状況に応じた指導・配慮が掲げられています。第二項目以下は，不登校を起こしてしまった子供への支援で，状況に応じて個別に対応するというものです。第三には，そのための別室登校など学校環境の整備が推奨されています。第四は，不登校という深刻な学校不適応の子供のためのチーム支援として，スクールカウンセラーやスクールソーシャルワーカーと連携した校内支援体制の強化が示されました。そして第五が適応指導教室やフリースクールなど学外施設との連携です。

　これに伴い，学習指導要領にも不登校児童生徒への配慮項目が新たに加筆されました。「個々の児童生徒の実態に配慮した教育課程を編成し，指導方法や指導体制の工夫改善に努める」というものです。学校外の施設で，教科書以外の教材を用いて教育活動が行なわれても，それを登校と認められることになったのです。

　教育機会確保法には，従来の法律とは異なる革新的な3点が特筆されます。第一に，明治の学制以来一貫して掲げられてきた学級単位での一斉指導の枠組みを外し，学級以外の教室での個別指導と，その校内指導体制の必要が法律として明示されたことです。それは，不登校の子供支援というファクターから，学級での一斉指導の限界が示されていると言い換えることが可能です。

　第二に，学校不適応を起こした子供に対し，個別の支援を行なうにあたり，スクールカウンセラーやスクールソーシャルワーカーという教師とは異なる専門職との連携の必要が明示されたことです。教師が手を尽くしても不登校に陥ってしまった個々の事案に対応するには，教師以外の専門職も加えて支援チームを形成し，個別の教育活動を再構成しようというものです。

　そして第三に，本法律の革新性の決定打は，フリースクールへの登校が指導要録上の出席と認められるようになったことです。学校として認可を受けていない民間団体への登校が義務教育として認められるわけですから，別室登校が認められるようになり，教育委員会が雇用している支援職と連携するなどとは次元が違う，明治の学制以来の大革命なのです。

　保護者にすれば，学校の教育体制に納得できなければ，より納得できるフリースクールを探せば良いのです。つまり，「不登校」は，学校不適応の結果から，「学校」への登校を選択しない結果という概念の大転換が起きることになるわけです。このパラダイムシフトは，フリースクールが林立する都市圏を中心に，すでに静かな波を作りつつ

表2-3　教育機会確保法の概要

目的	不登校児童生徒の教育機会の確保の推進
基本理念	（1）不登校防止のための魅力ある学校環境
	＊いじめを許さない学校づくり
	＊個々の学習状況に応じた指導・配慮
	（2）不登校の子供に応じた個別支援
	（3）そのための学校環境の整備
	（4）SC・SSWと連携したチーム学校体制整備
	（5）適応指導教室・フリースクールとの連携
	不登校特例校での教育課程の弾力化

あります。それが2016年以降に跳ね上がった不登校率に投影されているのだとしたら，不登校率は公教育への信頼度を可視化するバロメータともいえるでしょう。

　「学校」が，民間のフリースクールと比較され，その教育の質を問われる時代がやってきたのです。

協力　伝言ゲーム

1）何人かのチームをつくり，お題（問題文）をスターターに渡す

→聞くだけでも面白い文章や紛らわしい単語をお題に入れるなど，間違えても楽しめるようにする

2）スタートの合図で，スターター小声で次の人にお題を伝え，次々に伝言する

3）最後の人が伝言の内容を黒板に書く

4）最もお題に忠実に伝言したグループが優勝

→口頭の伝言ゲームだけではなく，絵で行う伝言ゲームを取り入れながら飽きないようにする。

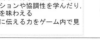

・年齢や能力に関係なく，簡単に行うことができる
・小集団でのコミュニケーションや協調性を学んだり，仲間と協力する楽しさなどを味わえる
・言葉や文章を覚えて相手に伝える力をゲーム内で見ることができる

協力　ジェスチャー伝言ゲーム

1）チームを組み，列を作る。先頭の人以外は後ろを向きお題が見えないようにする。

2）先頭の人がお題を確認したら2番目の人の肩を叩き振り返らせる。声を一切出さずジェスチャーだけで制限時間内にお題を伝える（1人20秒ほど）。

3）列の最後尾の人にまで同じように伝え終わったら出題者へ答えを伝える。

4）最後尾の人が正確に答えを伝えることができたら成功。

→お題の内容は簡単なものから難しいものまで用意するのがいい

協力　まちが絵さがし

1）正しい絵を廊下に貼り，各グループに10箇所の間違い箇所が潜む「まちが絵」と鉛筆を配る

2）鉛筆はバトンで，バトンをもっている人だけが正しい絵を2分間見に行ける（全員が必ず1度は見にいく）

3）まず作戦タイムをつくり，グループごとに分担や順番を決める

4）用意スタートで第1陣がスタートし，2分後に終了の合図でグループにもどり，バトンの鉛筆でまちが絵を特定する。第2陣，3陣と繰り返し，最初に10箇所の間違いがわかったチームの優勝

協力　大根抜き

1）集団を2グループに分け，各グループでお百姓さん役数名と大根役とを決める

2）大根役の子どもたちは背中合わせに座り，両腕を絡ませてスクラムを組む

3）お百姓さんが円座の子どもの足を大根に見立てて引っぱる

4）引き抜いた大根（子ども）マイナス引き抜かれた大根の数が多いグループが優勝する。大根たちは腕を強く絡ませあうほど抜かれにくく，お百姓さんがたくさんの大根を抜くほど得点される

＊お百姓さんも大根もスクラムの強さを競う

いじめ自殺事件の増加と
追い詰められる教師たち

第3章

1　不登校の増加といじめ自殺の増加　2011年大津市中学2年男子の場合

　子供の減少に反して増加する教育臨床の課題で，不登校と密接に結びついている現象として，いじめ自殺も見落とすことができません（図3-1, 2）。約3％を維持していた不登校率が横ばいから上昇に転じた2012年は，滋賀県大津市での中学2年男子Aくんの自殺事件が，新聞やテレビで連日のように報道された年でした（毎日新聞，2012；読売新聞，2012a, b；東京新聞，2012, 他）。

　Aくんは，2年の夏休み明けの9月早々から，同じクラスの男子4人の憂さ晴らしの対象になり，10月半ばに自宅マンションから飛び降り自殺を図りました。事件後に保護者の依頼で行なわれた生徒アンケートには，休み時間ごとにトイレに呼び出しての暴行，一方的なプロレスごっこ，顔に落書き，成績カードや教科書類を破く，万引きや金銭上納の強要，自殺の練習などなど，多くの目撃情報が寄せられていました。それは，刑事事件として告発され，捜査の結果，27件の犯罪行為が検討され，暴行，器物損壊，窃盗で13件が立件される凄惨な内容でした。

　しかし，その生徒アンケートは開示されませんでした。学校は，家庭環境の問題が原因だと教委に報告しました。いじめの当事者に対しては，人権擁護の立場からの教育的配慮によって聞き取りは行なわれず，本件の調査は3週間で打ち切られていました。

　遺族は，弁護士に相談し，2012年2月に同級生3人と保護者ならびに大津市を相手に提訴しました。警察にも被害届を4度提出しましたが，死亡による本人不在を理由に受理されませんでした。この膠着を動かしたのはマスコミでした。2012年7月に，警察の不受理や，いじめグループの親族に警察OBや当該校のPTA会長が存在することが報道されたのです。すると事態は一転して被害届が受理され，滋賀県警は積極的な捜査に乗り出し，当該校と市教委が強制捜査の対象となりました。

　その後，当該校では保護者説明会が開催されましたが，終始あいまいな説明に保護者が詰め寄り，校長がいじめを認めると，これにPTA会長が憤慨するなど，その紛糾ぶりはSNSに拡散され，内外の注目と批判を集めました。

　批判の焦点の1つは，事件後傷病休暇で不在となった当時の担任の指導内容についてでした。生徒アンケートによると，Aくん自身は泣きながら担任に繰り返し相談していたそうです。9月の学級では，馬乗りでAくんの顔に落書きする男子生徒を引き離して注意しましたが，10月の担任は，目の前でAくんを殴る当該生徒を見ながらそのまま職員室に移動してしまったというのです。他方，A

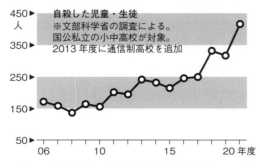

図3-1　児童生徒の自殺者数の推移（東京新聞，2021）

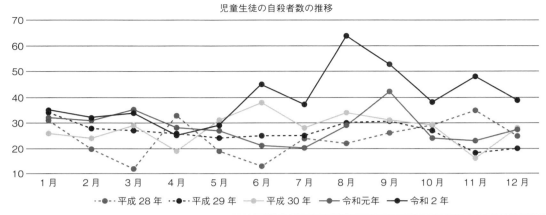

児童生徒の自殺者数の推移

凡例: ···■··· 平成28年　─■─ 平成29年　── 平成30年　─●─ 令和元年　─●─ 令和2年

年度	1月	2月	3月	4月	5月	6月	7月	8月	9月	10月	11月	12月	計
平成28年	31	20	12	33	19	13	24	22	26	29	35	25	289
平成29年	34	28	27	26	24	25	25	30	31	27	18	20	315
平成30年	26	24	29	19	31	38	28	34	31	29	18	28	333
令和元年	32	31	35	28	27	21	20	29	42	24	23	27	339
令和2年	35	32	34	25	29	45	37	64	53	38	48	39	479

（出典）厚生労働省『自殺の統計：地域における自殺の基礎資料』（暫定値）を基に文部科学省において作成

＜ポイント＞令和2年8月における児童生徒の自殺者数は64人で，前年同月と比較して約2倍。

図3-2　児童生徒の月別自殺者数の推移（厚生労働省，2021）

くんの傷を見かねた養護教諭が事情を聞き取り，担任に指導依頼をしたため，双方の保護者を呼んで状況が確認されましたが，それ以上に踏み込んだ指導はなく，その6日後にAくんは自宅マンションから飛び降りるにいたりました。

2　いじめの定義といじめ判断の難しさ

　遺族のいじめ裁判は勝訴しました。加害生徒のうち2人が保護観察処分に，校長は減給処分となり，依願退職しました。教頭は訓告，学年主任は厳重注意処分，担任は減給処分となりました。

　これを受けた大津市では，市長直属の組織として大学教員4人と弁護士2人で構成される第三者調査委員会を設立し，調査を進めました。段ボール10箱分の資料と関係者への聞き取り調査の結果，調査委員会は，自殺の原因は家庭ではなくいじめにあると結論を出しました（大津市立中学校におけるいじめに関する第三者調査委員会，2013）。そして，報告書の冒頭で，2006年の文部科学省によるいじめの定義の問題点が指摘されました。

　「当該児童生徒が，一定の人間関係のある者から，心理的・物理的な攻撃を受けたことにより，精神的苦痛を感じているもの」という定義にしたがうと，いじめであるためには，その行為が「攻撃」かどうかが問題になってしまうのです。当事者が「遊び」であっていじめではないといってしまえば，その対象から外れてしまいます。大津市での調査報告は，この点を鋭く指摘しました。

　いじめられている子供の立場では，学校という逃げ場のない継続的な人間関係の中で，報復を恐れて「いじめ」や「攻撃」だといえるわけがありません。

　Aくんの場合も，「大丈夫か？」という教師の問いかけに「大丈夫」と答え続けました。Aくん自身がいじめと主張せず「大丈夫」と答え，加害グループとは友達でいたいと語っていたことが「いじめとはいえない」という学校判断に帰着しました。当事者が「仲間どうしの遊び」と言い切る関係に，教師は「いじめ」だと踏み込むことができなかったのです。しかし，その結果として起きた自死事件はあまりに酷く理不尽でした。

　その前年に報道された群馬県桐生市での小学6年女子のいじめ自殺の衝撃も，人々の記憶に焼きついていました。小学生の自殺という事件の低年齢化と，当該女児が「先生には言っても無駄」だと，担任や学校体制に対する失意を繰り返し語っていたことが報道されていたのです。この事件を受け，2010年11月に，当時の文部科学大臣は「学校がいじめの兆候を早期に把握して対応することが重要だ」と，学校と教委に対する意識改革の必要を語り，それは報道を通して国民に届けられました。そして，早くも翌年に起きた大津事件だったのです。累積された過去のいじめ自殺事件も掘り起こされ，テレビ，雑誌，新聞，SNSなどで報道され，学校と教委と文科省への批判が殺到しました。

3　いじめ防止対策推進法の制定

　この世論の高まりと大津市第三者委員会の提言を受け，いじめ防止推進法が議員立法として成立しました。2013年4月のことでした。

　第一の特徴として，いじめの定義から「攻撃」という文言が外されました。「当該児童生徒と一定の人的関係のある他の児童生徒が行う心理的又は物理的な影響を与える行為（インターネットを通じて行われるものも含む）であって，当該行為の対象となった児童生徒が心身の苦痛を感じているもの」という定義で，指導者が注目すべきは，相手との関係性によって，その子供が心身の苦痛を感じているかどうかだけなのです（表3-1）。

　いじめ防止推進法の第二の特徴として，その対応にあたり「複数の教職員，心理，福祉等の専門家その他の関係者により構成される組織を置くこと」および犯罪行為の場合には警察署との連携によるチーム支援を掲げ，担任だけでの対応に限界とアラームを発していることです。

　第三の特徴として，「重大事態」を設定し，学校から教委を経由した地方公共団体の長への報告義務が課されました。重大事態とは，①生命，心身又は財産に対する重大な被害が及んでいる場合，②相当期間の欠席を余儀なくされた場合のことです。

　しかし，「重大事態の解説（文科省，2013）」によると，①生命被害とは，自殺または殺害の場合で，財産被害とは累計100万円オーバー，精神被害とは精神性疾患の発症に対する医師の診断書が求められます。②相当期間の欠席とは30日以上のことで，重大事態に対する判断は，学校または教委によって行なわれます。つまり，仮に生徒が自殺しても，いじめと立証することができなけれ

表3-1　文科省いじめの定義

設定年	1986	1994	2006	2013
いじめの定義	①自分より弱い者に対して一方的に，②身体的・心理的な攻撃を継続的に加え，③相手が深刻な苦痛を感じているものであって，学校としてその事実(関係児童生徒，いじめの内容等)を確認しているもの	①自分より弱い者に対して一方的に，②身体的・心理的な攻撃を継続的に加え，③相手が深刻な苦痛を感じているもの。 なお，個々の行為がいじめに当たるか否かの判断を表面的・形式的に行うことなく，いじめられた児童生徒の立場に立って行うこと	当該児童生徒が，一定の人間関係のある者から，心理的，物理的な攻撃を受けたことにより，精神的な苦痛を感じているもの。 個々の行為が「いじめ」に当たるか否かの判断は，表面的・形式的に行うことなく，いじめられた児童生徒の立場に立って行うものとする	当該児童生徒と一定の人的関係のある他の児童生徒が行う心理的又は物理的な影響を与える行為(インターネットを通じて行われるものも含む)であって，当該行為の対象となった児童生徒が心身の苦痛を感じているもの
背景となった事件	1986　中野区富士見中葬式ごっこいじめ自殺事件	1993　山形マットいじめ殺人事件 1994　愛知いじめ恐喝自殺事件	2006　新潟ズボン下ろしいじめ自殺事件	2011　大津市学級崩壊いじめ自殺事件

ば，重大事態にもならず，単なる事故として扱われるしかないのです。

　また，重大事態として，自治体の長まで報告されるには，長い報告経路をたどります。担任から学年主任，さらに教頭から校長へと報告が上がり，学校から市教委に報告されます。そして，どの段階でも報告者がその指導内容を問われることは必須です。報告を受ける立場では，「どんな指導をしたの？」と聞かないわけにいきません。しかし，報告する方は，問題が未解決であるほどそれを我が身への攻撃のように感じます。問題が解決しなければ教師としての指導力を問われることになり，指導に自信がないほど，問題はなかったということにするしかなくなってしまうのです。Aくんの担任も，殴られている A くんを見て見ぬふりをして職員室に戻りました。教師としてどれほど心で泣いていたことでしょう。

　そして，当該事例は第三者委員会に「学級崩壊だった」ことを指摘されました。それは，担任の指導力もさながら，学年主任⇒教頭⇒校長という管理職の指導力も，学校を指導する立場の市教委⇒県教委の指導力も問題にされる由々しき事態です。重大な問題が認知されていながら解決にいたらず，なおかつその未解決な状態が認知されているのは，どの立場にとっても許されることではありません。

　こうして，未解決な状態で報告することがはばかられる構造的な問題が生じます。どの立場でも，もはや自分だけの問題ではなくなるからです。よほど追い詰められる事態にならなければ，なんとか自力で対応しようとするか，それがダメなら気づかない選択をする以外になくなっていくのは，むしろ当然のなりゆきかもしれません。

　学校体制としての解決見通しなしにいじめを報告するのはあまりに不甲斐なく，申し訳がたたないと感じる管理職も少なくありません。大津での事件校の校長は辞職し，教頭は訓告処分を受けました。訓告を受けた教頭は，校長に昇進できたのでしょうか。当該校は，教頭が 2 人体制の大規模中核校で，文科省の道徳教育実践推進事業の指定校でした。よほどのエリートでなければ，そのような中核校の管理職には抜擢されないはずです。校長には，退職後の栄誉ある展望も広がっていたことでしょう。

　いじめの定義から「攻撃」が消去されても，いじめの報告には，教師評価という高いハードルがそびえていることも忘れるわけにいきません。

4　いじめ防止対策推進法のその後　2018年名古屋市中学2年女子の場合

　いじめ防止対策推進法が成立した 2013 年以降も，小中学生の自殺は後を断たず，いじめと自殺の因果関係が認定されるための労苦には計り知れないものがありました。

　2018 年 1 月 5 日，名古屋市の中学 1 年女子 B さんが自宅マンションから飛び降りて死亡しました。B さんは，前年の 9 月に父親の転動で関西から転校し，11 月に運動部に入部しました。当日は，部活動の合宿が予定され，集合場所で，「帰れ」「お前の居場所なんかない」などと罵倒された B さんは，合宿に参加せずに帰宅し，マンションから飛び降りたというのです。

　しかし，自殺の原因がいじめだと認定されるには，3 年以上の年月を要しました（FNN プライムオンライン，2021）。

　遺族はすぐに調査を依頼しましたが，名古屋市教委常設の第三者委員会は，事故の翌年の 2019 年 4 月に「いじめ行為があったとは認められない」と答申しました。父親は，その結果に不服を申し立て，再調査を要求してマスコミへの公表に踏み切りました。すると，本事件はメディアの注目を集め，一連のプロセスが報道対象となりました。

　第三者委員会の答申にあたり，学校は生徒を対象にした二度のアンケートを行なったそうです。

いずれも父親からの要請によるものでした。初回のアンケートは記名式で，いじめが遠回しに記述されていました。そこで，父親が無記名でのアンケートを求めると，具体的ないじめの目撃情報が寄せられました。しかし，それにもかかわらず，学校が作成した報告書は部活動での心身の疲労の蓄積が原因で「自殺の要因は特定できない」というものだったのです。

マスコミが注目するなかで，大学教授や弁護士を招聘した「名古屋市いじめ問題再調査委員会」が設置されました。その調査の結果，市教委は「いじめを含むさまざまなストレスが複合した結果」だったと，自殺の要因としていじめを認定し，市長も自宅を訪ねて謝罪しました。事故から3年7か月が経過した2021年8月6日のことでした（不登校情報センター，2021）。

5　子供ファーストを妨げる学校組織の責任とプライド

2018年の1月6日，名古屋市教委に出勤した高原（文春オンライン，2021a）は，事故直後でまだ調査をしていない段階なのに，管理職が「自殺があったが，あれは家庭の問題です」というのを聞き，結論ありきで問題が扱われていることを直感したそうです。高原は，取材に対し，果敢にも実名報道に踏み切ることで，いじめ自殺事件の背後に潜む学校と教委の組織としての問題を提起しました。子供の自死事件が発生するたびに，学校ではなく本人自身や家庭での問題に引きつけようとする力がはたらいているというのです。それは，自殺に限らず，学校で発生するすべての問題での子供ファーストを妨げる重要な課題です。

高原（2006）は，高校教師を経てアメリカで学び，スクールカウンセラーを担っていた海外経験を評価され，2014年に編成された「なごや子ども応援委員会」の首席指導主事として市長直々に招聘されました。それは，名古屋市教委の中にスクールカウンセラーとスクールソーシャルワーカーならびにスクールポリスという支援職チームを組織し，学校で発生する問題に対し，支援職チームを派遣して組織的に対応しようという他に類を見ない画期的な政策です。

110中学校で構成される市内の学区を11ブロックに割り，ブロックごとに常勤のスクールカウンセラー，スクールソーシャルワーカー，スクールサポーターと，非常勤のスクールポリスが配置されました。常勤のスクールカウンセラーとスクールソーシャルワーカーは，2014年の11人から2018年には104人に増員され，事件後の2021年には全中学校配置となりました。スクールカウンセラーは，児童生徒と保護者および教職員の心理的問題に，スクールソーシャルワーカーは家庭訪問や子育て支援に，スクールポリスは徘徊や暴力に対応します。スクールサポーターは，学校からの要請を受けて支援職を派遣する連絡調整役を担っています。

「なごや子ども応援委員会」が組織される前年には，2013年に名古屋市で起きた中学2男子のいじめ自殺に対するマスコミの注目がありました。その事件も，いじめと自殺の因果関係が認められないという答申が行なわれ，保護者の申し立てによっていじめと認定された反転事例だったのです。マスコミ報道のたびに名古屋市教委と学校に押し寄せる批判のなかで，アメリカの学校視察を経て市長自らが構想した新規事業が「なごや子ども応援委員会」でした。そのブレインとして高原（2016）が招聘され，組織が形成されたのです。

このような斬新なコンセプトに基づき，日本では希少な常勤職のスクールカウンセラーを配置していた中学校での2018年の自殺事件とその顛末は，日本の教育関係者に衝撃を与えました。「なごや子供応援委員会」は，日本の旧来のシステムを打破し，いじめを未然防止する施策の象徴だったはずでした。

2018年の事案をいじめと認定した2021年，教育施策として「なごや子ども応援委員会」の大幅な増強が図られ，市内の127中学校全校に常勤のスクールカウンセラーが配置されました。水谷・

高原（2017）は，支援職の役割について，すべての子供のニーズに対応することであり，すべてとは「all」ではなく「every」であることを強調しています。

6　2021年旭川市中学2年女子の場合

　2021年2月に自殺した中学2年のCさんは，2019年の中学入学早々に知り合った先輩グループから裸体の撮影を要求され，動画がSNSで共有されました。先輩グループは，動画の拡散を脅迫材料に要求をエスカレートさせ，男女の集団で囲み，自慰行為や性器の動画を撮影しました。1年の6月，Cさんはそれらの動画の削除と自死を交換条件に，グループが撮影する中，川に飛び込み，自殺未遂を図りました。川に向かう道すがら，携帯から学校に「助けて」と電話をしたそうです。通報を受け，駆けつけた警察は，取調べの結果，加害生徒を少年犯罪として厳重注意処分にしました。一方，学校では，一連の問題は仲良しグループでのじゃれあいやトラブルであっていじめとは立証できないと，母子家庭での養育環境の問題に付しました。思いあまった母親は，弁護士に相談しましたが，学校は弁護士の同席には応じず，情報も開示されませんでした。

　川から引き上げられたCさんは，救助後，精神科病院に入院しました。退院後の母子は転居しましたが，転校後もPTSDに苦しんだCさんは家庭に引きこもり，2021年2月の氷点下17度の夜に家を出て，その6週間後の3月末に氷の遺体として発見されたのです。検死では，失踪当日の低体温症による死亡が推定されました（報道ステーション, 2021; 文春オンライン特集班, 2021）。

　2021年4月，当該校では，報道で事件を知った保護者たちの要望で保護者会が開催されました。保護者に今後の対策を問われた校長は，登下校時にできるだけ大人が見守り，声をかけてほしいと呼びかけました。SNS上の拡散恐怖に被害の深刻さがあるにもかかわらず，人的な見守りを訴える校長の感覚のズレに保護者会は紛糾しました。連綿と繰り返されたいじめ否認や事実の隠蔽に「守りたいのは子供ですか？学校ですか？」と，怒号と悲嘆と学校不信が飛び交いました（文春オンライン特集班, 2021）。

　その保護者会の当日，東京では衆議院の代表質問で本事件が問題になっていました。その日の保護者会開催が遺族に知らされておらず，弁護士の同席も情報開示請求も退けられていることが文部科学大臣に向けられました。文科省の答弁は，市教委と学校の対応の遅れを指摘するもので，責任は学校と教育委員会に付されました。

　旭川市教委が，本件をいじめ防止対策推進法による重大事態と認定したのは，その翌日のことでした。本件は，市教委が組織した第三者委員会によって調査されることになりました（Wikipedia, 2021）。調査は，2021年12月現在継続中で，なお結論が待たれています。

7　いじめ報道と1995年のスクールカウンセラー創設

　このCさんの事件は，2020年度に発生した中学生184件の自殺事件の中の氷山の一角に過ぎません。コロナ禍の2020年11月には，東京都町田市の小学6年女子がタブレットへの書き込みいじめから自殺しました。そのタブレットは，コロナ感染症対策として，子供各人に学校から配布されたものでした。この事件では，遺書にいじめが綴られていたにもかかわらず，自殺との因果関係は調査しなければわからないとの学校回答で，いじめはあったがすでに解決済みなので，自殺との関係性は不明という結論が導かれました。

　女児の死は保護者会で報告されましたが，その理由には触れられず，後日のPTA集会で女児の両親がいじめを綴った遺書を残して自殺した顛末を語ると，保護者たちは激しい学校不信に包まれ

ました。学校は，事実に触れずひたすら穏便に対応し，この事件が重大事態として報告されたのは，児童の死から3か月後，マスコミ報道後のことでした。それは校長の栄転決定後でもあり，保護者の不信は膨らみました。

　子供の自殺がいじめと認定されるためには，いまや，弁護士に相談してマスコミにリークし，世論に訴えることが必須であるかのような様相です。そして，日本の教育行政の中で革命と称されたスクールカウンセラーの誕生も，マスコミのいじめ報道から生まれました。

　1994年11月，愛知県西尾市の中学2年男子Eくんがいじめ自殺を図りました。それは，同級生グループからの暴行という点で大津での事件に酷似していますが，当該生徒の家庭が裕福だったため恐喝も加わり，被害額はわかっているだけで110万円余と凄惨を極めました。自宅の裏庭で首吊り自殺をしたEくんは，克明な状況報告と家族への謝罪と感謝を記した遺書を残しました。

　しかし，学校は，それを突然死として市教委に届け，全校集会では生徒に口止めがされました。これも大津事件と同様です。それを聞いたEくんの父親がマスコミにリークして遺書の公開に踏み切り，その新聞報道によって市教委の調査が開始されたのです（毎日新聞，1994; 豊田，1995）。

　そして，その1か月後に，当該校からほど近い中学校でも中学1年男子のいじめ自殺が起き，入学直後からのいじめの証言が続々と新聞に掲載されました（中日新聞，1994ab）。

　さらにその前年には，山形県で中学1年男子が繰り返されるいじめの延長で，体育館用具室の中でマットに逆さ吊りにされ，窒息死した状態で発見されました（朝日新聞山形支局，1994）。

　これらの事件は，いずれも弁護士が介入し，新聞やテレビで連日報道され，世論の批難は文部省の教育施策に向けられました。そのため文部省は，1995年当時京都大学教授で後に文化庁長官を務めた河合（2008）の全面協力により，スクールカウンセラーの創設に踏み切りました。河合が理事長を務めていた心理臨床学会での学会資格である臨床心理士がスクールカウンセラーとして採用され，その専門性が担保されたことは第1章で紹介したとおりです。

　スクールカウンセラーは，年間36週1日8時間勤務の非常勤職員として導入され，「こころの専門家」として，子供たちの「こころの居場所」となることが期待されました。

8　スクールカウンセラーの導入と「空白の10年間」

　世論の高まりから，急ごしらえで成立したスクールカウンセラーには，創設当初からさまざまな批判が相次いでいました。臨床心理士は，アメリカのクリニカルサイコロジストに該当し，主に病院で精神疾患の患者を対象に心理検査やサイコセラピー（心理療法）を行なう役割です。精神疾患を発症した「病んでいる自我」を回復させる役割なのです。

　筑波大学でカウンセラー養成の社会人大学院創設メンバーだった國分（2006, 2021）は，そのカウンセリングコースで臨床心理士を養成することに徹底して反対を唱えました。本来のカウンセリングとは，健全な自我に対し，環境に対する適応上の問題を扱うもので，サイコセラピーではないし，カウンセリングの概念そのものを誤解させかねないと主張したのです。スクールカウンセラーとは，学業に関する問題（意欲が湧かない，授業についていけない），進路の問題，性格や社会性の問題（友人ができない，自分で自分のことがわからない）など，学校適応上の問題を対象にするもので，神経症圏に対するサイコセラピーは本来的な役割ではないと，繰り返し熱く語りました。いわく，スクールカウンセラーの役割についての不十分な議論で導いた施策ゆえの錯綜が教育臨床を歪めかねないと，日本のスクールカウンセラーの在り方に心配を寄せ続けていました。

　アメリカでスクールカウンセラーを務めていた高原（2006）も，同様の心配を寄せました。日本のスクールカウンセラーの標準的資格である「臨床心理士」が，アメリカのクリニカルサイコロジ

ストとは異なり，病院臨床だけでなく学校臨床を担うことによって，汎用的な漠然とした資格になり，むしろ専門性を拡散させてしまうのではないかというものです（水谷・高原，2018）。

　本来，専門職とは強固な専門性に基づいた役割であるはずなのに，「スクールカウンセラー活用調査研究事業」のように，まずは心理学の専門家を送り込んで，何ができるかやってみてもらいましょうと，探索的に事業を開始することに問題があるのです。最大の問題は，1995 年に開始された「スクールカウンセラー活用調査研究事業」の調査研究の結論が未だ発表されておらず，スクールカウンセラーのガイドラインが整備されていないことです。これでは，スクールカウンセラー自身も，受け入れる学校も，どんな役割期待なのかわからず錯綜する方が当然です。

　他方で，日本の学校教育の歴史を翻って考えると，GHQ の教育改革で創設された相談教師（学校カウンセラー）を担った生徒指導主事も 1964 年に「生徒指導主事調査研究事業」として開始され（文部省，1965），その結論も未だ発表されていないのです。ガイドライン不在の専門性に対する曖昧な位置づけが，國分（2006）や高原の憂いを深めました。

　水谷・高原（2018）は，現状の日本のスクールカウンセラーの曖昧な専門性に対し，専門職として教師と協働するというより，教師の方針にしたがって協力する役割に過ぎないと評価しています。非常勤のスクールカウンセラーに対し，常勤の教師がケースのマネジメントをするのは当然ですが，もし教師に心理的・福祉的な専門性が備わっていなければ，どんなに優秀なスクールカウンセラーであっても活用にいたらないのです。1995 年のスクールカウンセラー活用事業開始当初は，高次な専門家であるスクールカウンセラーにケースマネジメントが求められる傾向もありましたが，本格的に大学院での臨床心理士養成が始まり，若い新卒のスクールカウンセラーが増えるにつれ，マネジメントの主体は教師に移行しました。つまり，チーム支援の質を握るのは教師なのです。

　国立教育政策研究所生徒指導研究センター総括研究官として中 1 調査の実施にあたった滝（2009）もまた，スクールカウンセラーが導入されてからの効果について，「空白の 10 年間」という辛辣な評価を発しました。十分な議論を経る余裕なく，とにもかくにもスクールカウンセラー活用事業を具現させたのは，1993 年以降のいじめ報道と教育行政に対する激烈な批判にあり，その役割期待はいじめと不登校への対策だったのです。

　ところが，1991 年に 1 パーセントだった不登校率は 2001 年に 3 パーセントに増加し，いじめ自殺も，全国を舞台にわずかにシチュエーションを変えては繰り返し，確実に深刻度を増しています。滝（2009）は，不登校により家庭で過ごしている児童生徒を学校内の相談室に配置されるスクールカウンセラーが対応することに無理があると考え，家庭訪問して支援するスクールソーシャルワーカーの創設と配置に腐心しました。

9　支援職の導入はいじめ・不登校を抑止できたのか

　しかし，スクールソーシャルワーカー活用事業が開始された 2008 年から 10 年余が経過した 2020 年の統計では，不登校率もいじめ自殺も過去最高値を更新しています。スクールカウンセラーの導入もスクールソーシャルワーカーの導入も，いじめや不登校の抑止になっていないのです。

　スクールカウンセラー予算の無駄を嘆いた滝（2009）が問題にしたのは，不登校に対応するのはスクールカウンセラーなのかスクールソーシャルワーカーなのかという専門性の種別でしたが，高原（2017）は，専門職を受け入れる学校体制を問題にしました。日本では明治の学制発布以来，学校は教師の独壇場で教育活動のすべてを担っており，他職種にリファーする余地がなく，協働の文化が育っていないというのです。

　欧米の先進国では，学校職員は教員と支援職がほぼ半々で構成されています（文科省，2015; 図

3-3）。高原（2017）によると，どの国を見ても，授業を担当するティーチング・プロフェッショナルと，支援職であるヘルピング・プロフェッショナルが半分ずつ存在しているというのです。この異職種での協働体制が問題の抱え込みを抑止するのです。ところが，日本での学校基本調査で挙げられた教員以外の専門スタッフとは，養護教諭，事務職員，図書館司書，栄養教諭，給食調理員と用務員で，児童生徒の指導と支援は教師の独占業務であることがわかります。このような単一職種構成が教師集団の凝集性を高め，弁護士などの専門職の同席や情報開示を拒むなど，教師だけが責任を負う閉鎖的な学校風土をつくり出しているのかもしれません。

　また，支援職の雇用が単年度契約でしかないという問題も，さまざまな課題をつくっています。スクールカウンセラーが創設された1995年，その時給は5,000円に設定されました。当時の最低賃金は611円でしたから，破格の報酬です。それは，欧米での専門職待遇を意識した設定で，学校組織にも専門職に対する敬意と尊厳をもって受け入れてもらおうという配慮でもありました（河合，2008）。アメリカのスクールカウンセラーは，教職経験を経て大学院で心理学を学んでいることが資格要件なので，教師より高額の報酬が設定されるのは当然のことなのです。

　1995年創設当初のスクールカウンセラーは，学校職員の一員ではなく，高い専門性をもって教師の指導助言を行なう協力者の役割でした。ところが，スクールカウンセラー活用事業初年度の全国配置154校から，次第に事業規模が拡大され，大学院新卒の若いスクールカウンセラーが大量採用されるようになると，矛盾が生じ始めました。社会人1年目のスクールカウンセラーも，臨床心理士でさえあれば同等の条件で採用されるのですが，事業開始当初のマンパワーとは完成度がまったく異なっていました。そして，非常勤職員に対する教育システムもありませんでした。

　よほど環境に恵まれないと，専門職であるはずのスクールカウンセラーやスクールソーシャルワーカーは教師のパートナーとして育成されません。また，臨床心理士が病院臨床を前提に養成されることも，教師のパートナーとして育たない要因でもありました。

　学校は，1週に5～7時間しか勤務しない支援職を育成する余力はないし，第一，教師とは専門性が違うのです。そして，ベテランのスクールカウンセラーも非常勤なので，後進の育成の余力はありません。都道府県及び政令指定都市の教委の中にスクールカウンセラーやスクールソーシャルワーカーのスーパーバイザーは存在しますが，彼らが新人の教育係を担い，系統的な人材育成ができているかというと，とてもそのような手厚いシステムが作られているとは思えません。

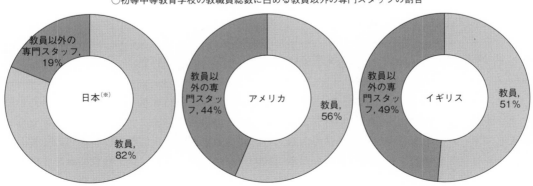

○初等中等教育学校の教職員総数に占める教員以外の専門スタッフの割合

出典：文部科学省「学校基本調査」（平成27年度），"Digest of Education Statistics 2014"，"School Workforce in England November 2013"
※1　日本は小・中学校に関するデータ
※2　日本における専門スタッフとは，養護教諭，養護助教諭，栄養教諭，事務職員，学校栄養職員，学校図書館事務員，養護職員，学校給食調理従事員，用務員，警備員等を指す
※3　アメリカにおける専門スタッフとは，ソーシャルワーカー，医療言語聴覚士，就職支援員等を指す
※4　イギリスにおける専門スタッフとは，司書，メンター，医療及び看護職員等を指す

図3-3　学校の専門職の構成

　そうなると，児童生徒に問題が発生しても，教師だけでなんとかするしかありません。いじめ事件のような深刻な問題が発生した場合，スクールカウンセラーが学校事件・事故の処理ワーカーとして学校に送りこまれても，学校の常勤職員以外はあくまで応援部隊に過ぎず，責任を問われるのは教師なのです。非常勤のスクールカウンセラーには，責任の取りようもありません。結局，問題解決にいたらない事案については，教師はお互いに責任が飛び火しないように問題に蓋をして，気づかなかったことにする以外に道がないのです。

10　生徒指導主事の創設と学校カウンセリングの蛇行

　日本では，明治の学制以来，教師だけが学校での唯一無二の教育専門職でした。戦後の教育改革では，GHQ が教師と並立するヘルピング・プロフェッショナルを導入しようとしましたが，予算も大学での教育体制も準備がかなわなかった日本は，該当者を教師の中から抜擢することで急場を凌ぎました（中村，2021）。それが 1964 年に施行された生徒指導主事調査研究事業でした。

　当初の文部省は，やがて人的資源と予算に見通しが立ったら，生徒指導主事を相談教師（学校カウンセラー）として，教務部とは独立した支援職に組織する予定でした。それまでは「校内でも能力が高く人格円満な教師を抜擢」し，和製スクールカウンセラーの業務マニュアルとして「生徒指導の手びき（文部省，1965）」が全国の小中学校に配布されていたのです。それは，当時の研究者の知見を集めて編纂された，日本初の画期的なカウンセリングの専門書でもありました。

　「生徒指導の手びき（文部省，1965）」の編纂は，GHQ にスクールカウンセラーポスト創設を命じられた 1947 年から，17 年もの期間を要しました。しかし，「生徒指導の手びき」は，カウンセリングとは何かや実践者の心構えについての概要を説明しているに過ぎず，肝心なカウンセリング技法に踏み込めていないのです（詳細は中村（2021）第 2 章をご参照ください）。

　この当時の予算では，研究者の給費留学期間は 2 年間しか許されず，短期間の学びの中で翻訳がかなったのは，カウンセリングの初歩中の初歩である傾聴技法が精一杯だったことと思われます。アメリカで，カウンセラー養成に要する期間は，ほぼ 10 年といわれます。カウンセリングの中核は問題解決のためのトリートメント技法で，話を聞くための傾聴技法の後に学ぶ上級篇なのですが，当時の日本の留学生はそこに到達する前に帰国を余儀なくされたのです。アメリカの大学教育で教えられるカウンセリングの目的とは「問題解決」です。そして，その前段階として話を聞くための技法を学びます（Hill, 2004）。その話を聞くための技法の紹介が「生徒指導の手びき（文部省，1965）」でした。

　それでも，「生徒指導の手びき（文部省，1965）」は，教育相談（カウンセリング）のバイブルと絶賛されました。東京大学でも東京教育大学でもカウンセリングの教科書として用いられたほど，当時の日本では画期的な専門書として登場したのでした。

11　学校カウンセラーとして誕生した生徒指導主事の軌跡

　日本の教育臨床にとっての不幸は，「生徒指導の手びき（文部省，1965）」がカウンセリング（教育相談）の手引き書の役割を果たしていたことです。生徒指導主事には，相談教師（学校カウンセラー）として学校中の問題児の対応が期待されました（小泉，1973）。しかし，職務マニュアルとして配布された「生徒指導の手びき」には，問題解決技法が存在しないのです。

　そこに記述されている方法論としては，「叱責や懲戒を与えず，子供の環境をよく聞いて，自身の自己指導力に訴えることが肝要です」「処置に際しては，支持・助言，手に負えない場合は紹介で，

解決困難な場合は毎週1回30〜50分の継続面接をする」ことと記述されていますが，手びきには，肝心な紹介先も継続面接の方法も触れられていないのです。そして，「一般の学校における教育相談では，専門的に勉強した教師が学校にいるとは限らないし，それほど専門的な心理療法を用いることはないであろう」と教育相談の解説頁が終了するのです。

　問題解決方法のないマニュアルでは，どれほど優秀な生徒指導主事が相談教師に抜擢されても，解決に導く困難は想像に余りあります。1960から1970年代の少年非行全盛期に，校内暴力に立ち向かわざるをえなかった教師たちは，このマニュアルに従っていたのでは問題が解決しないと，生徒指導主事自身からの突き上げで教育相談（カウンセリング）離れを起こしました。

　こうして，スクールカウンセリングの和訳であった生徒指導は，学校生活の秩序を保つ生活指導へと変化を遂げ，その主力技法であった教育相談は，生徒指導主事から独立して教育相談係が担うことになりました。ヘルピング・プロフェッショナルとしての業務が分断され，専門性が拡散されていきました。文部省から1981年に出版された「生徒指導の手引き」では，生徒指導部が校務分掌の一部となり，1965年発刊の「生徒指導の手びき」は廃刊となりました。

　このような歴史的な変遷を経て，アメリカやヨーロッパで分業されている授業と適応支援が，日本ではいずれも教師の仕事になったのです。特に，相談教師（学校カウンセラー）である生徒指導主事の抜擢に際しては，当時の文部省（1965, 1981）が「校内でも能力が高く人格円満な教師」を求めました。その結果，教務部から独立した支援職として創設されたはずの生徒指導主事は，時代の流れとともに次代の管理職候補の登竜門として，GHQの意図からかけ離れた役割へと変貌を遂げることにもなりました。

12　日米の子供支援システムの違いと課題

　さて，東京都で指導主事を務めた小泉（1973）は，教育相談について，体の一部だけを撫でて見たことのないゾウを想像するごとく「まことに苦難の歴史だった」と述べています。当時の生徒指導主事には「生徒指導の手びき（文部省, 1965）」の配布だけで，学校中の問題児の治療が求められていたというのです。

　1968年にアメリカの学校視察に随行した小泉は，アメリカの学校システムに対するカルチャーショックを次のように語っています（小泉, 1973）。

　「スクールカウンセラーになるためには，教職経験を4，5年やって，大学院で学び，州によってはキャリアカウンセリングのために他の職業経験を持っていることが必要です。これだけの資格を持った人が行なうのは，授業の単位をどのように取ったらよいかの相談や，職業指導と軽い相談だけで，問題児を治してはいけないのです。学校に問題児がいたら，教育委員会に連絡をすると，スクールサイコロジストかスクールソーシャルワーカーが派遣されます。問題児の検査やアセスメントやカウンセリングをするのは，博士課程を出たスクールサイコロジストだけなのです。一方，日本では教師が教育相談係になると，学校で一番困る問題児を治す役割を期待されます。そして，そのためには教師が自発的に勉強するだけで，組織的にトレーニングする機関は存在しません。日本の教師は，実に無理なことを訓練も受けずにやっているのです。アメリカでは博士課程を出ないとやらせない問題児の治療を，日本では“相談係だから”と扱うことの無理さ加減に，非常に混乱しているのです」。

　半世紀前に小泉（1973）が指摘した，役割が創設されてもその質を担保するシステムが存在しないため，担当者の苦悩と機能不全を招いてしまうという問題は，そのまま現在に引き継がれていないでしょうか。ほぼ半世紀を経て高原（2017）も，まったく同じことを指摘しています。生徒指導

主事，教育相談係，スクールカウンセラー，スクールソーシャルワーカー，特別支援教育コーディネーター，そして最も万能を期待される担任教師も管理職も，質的に機能するためにどのような教育システムが担保されているのでしょうか。

　さて，2020年度の自殺数は，小学生7人，中学生184人と，それぞれ前年比2.1倍，1.56倍と急激な増加を示しています。2020年度は，コロナ感染症対策でソーシャルディスタンスが叫ばれ，いじめ案件が激減した喜ばしい年であるはずなのに，自殺と不登校が急増しているのです。この現象は，学校という組織に対する信頼失墜による子供や保護者の学校離れともとらえることが可能です。そして，子供たちを支える教職員や学校システムの金属疲労の結果ととらえることも可能です。

　日本で「責任を取る」とは，潔く辞職することです。そのルーツは，封建時代から続く武士道の切腹文化にあるといわれます。しかし，本当に責任を取るためには，問題解決のための方法論を編み出す以外にありません。日本の教育臨床が，この方法論の獲得に失敗し続けてきたのは，各時代で求められてきた新制度の箱ものづくりにいそしむ一方で，質的充実を図るための人材育成が行なわれてこなかったからではないでしょうか。

協力　子鳥おに

1）5～6人でグループをつくる

2）両手で前の人の肩に手を置き，たて1列になる。1番前が親鳥，2番目以降が子鳥

3）グループの数と同じおにを決める

4）おにがつかまえるのは，各列最後尾の子鳥

5）おには子鳥にタッチしたらその子鳥の後ろにつながり，自分自身も子鳥になる

6）自分の子鳥がタッチされたら親鳥がおにになる

協力　カモーン

1）5～6人でチームになり，縦列を作ってスタートラインに並ぶ

2）チームからジャンケン役を一人決め，スタートラインから3メートルくらい距離をとり，それぞれ別のチームの前に立つ

2）第1走者は，ジャンケン役のところに走っていきジャンケンをする

3）勝ったらジャンケン役の後ろを回ってチームに戻り，第2走者にタッチし列の後ろに並ぶ

4）負けたら「カモーン」と仲間を呼び，チームは前列の人の肩に両手をかけて走って合流，呼んだ人を先頭に皆でジャンケン役を回り陣地に戻る

5）勝てるまで何度でも繰り返し，全員がジャンケンを終えたら終了

＊人間関係ができていないと負けた人の緊張が高まるので，「交流」「協力」が十分できるようになってから活用すると盛り上がる

協力　ジャンケン列車

1）自由に歩き回り，先生（リーダー）の笛が鳴ったら，近くにいる人とジャンケンする

2）奇数の時は3組でジャンケンし，必ず皆がジャンケンできるように工夫する

3）負けた人は勝った人の両肩に手を置き，つながる

4）さらに自由に歩き回り，笛の合図で近くの先頭の人どうしがジャンケンする

5）負けたら，列ごと勝った列に連なり，最後の1列になるまで繰り返す

協力　木とリス

1）鬼を一人決め，残りの人は3人組をつくる
3人のうち2人は向かい合って手を合わせて木を作り，1人はその間に入ってリスになる

2）全員ができたら，鬼は3つのセリフのどれかを叫び，皆に加わり，リスや木になる
①「オオカミが来たぞーー」
　木は動かずにリスだけが他の木に移動する
②「きこりが来たぞーー」
　リスは動かず木だけが他のリスのところに移動する
③「嵐が来たぞーー」
　全員が移動し，新しいチームをつくる

3）あぶれてしまった人が次の鬼になる

集団社会化療法の理論

第4章

---

1 集団社会化療法の誕生と背景理論

[1] 集団社会化療法と集団社会化理論

　集団社会化療法は，個人と集団との関係性の質的向上を通して個人の集団適応を促進する支援方法です。集団適応とは，個人と集団との相互作用で達成され，集団の中で個人が育つという共通原理をもつハリス（Harris, 1995, 1998）の集団社会化理論と田上（2003）の対人関係ゲーム・プログラムを結びつけたもので，筆者が命名しました。

　社会適応は，家庭や学校，職場など個人が帰属する社会的集団への適応によって達成されます。ハリス（Harris, 1995）は人間の社会性について，各人が帰属する集団の適応様式を自ら学び取って身につける本能的な学習行動だと考え，そのプロセスをグループソーシャライゼーション（group socialization; 集団社会化）と命名しました。人類は，集団を形成して守り合うことで外敵から身を守り，200万年の歴史を発展させてきた社会的動物だからです。

　集団社会化理論（Harris, 1995, 1998）の特徴を以下にまとめます。

その1：集団の魅力度が帰属欲求に直結する

　特定の集団に帰属したいという動機は，その集団が好きで，所属することを誇りに思えるほど高まります。魅力度が高いほど，自ら積極的に集団の行動様式や価値観を察知して身につけ，その集団との同一化が図られます。その集団との同一性（アイデンティティ）が獲得されると集団適応が達成されますが，これに失敗すると集団不適応が起こり，社会での居場所を失うことになるのです。

その2：同質性の高さが集団の魅力度に比例する

　帰属動機のキーワードは同質性です。自分と似たような嗜好や価値観であるほど集団への帰属動機は高まります。逆に，自分とは相入れない価値観のメンバーが目立ち，好まない活動が繰り返されると，その集団への同一化は志向されず，アイデンティティを喪失して集団不適応に陥るか，集団との距離を保つことで擬似適応を図ります。

　また，どんなに魅力的な集団でも，自分には歯が立たない能力差がある場合は，自らの能力の限界に直面して自己嫌悪に陥り，集団帰属が負担になります。逆に，自分よりも能力が低いと感じる場合も自尊感情が満たされず，欲求不満に陥ります。たとえば，不本意な大学に入学した学生が，その大学では心を閉ざし，なじもうとしないのは，自分をその大学の学生たちと同質だと認めたくないからです。第1志望の入学生が積極的にその大学になじもうと努めるのは，その集団に加われたことが誇らしく，集団との同一性を高めたいからです。

その3：集団は異質をはじき同質性を高める

　集団適応は集団への同一性獲得によって達成されるので，結束力の強い集団ほど高い同質性をもっています。そのため，グループはそれぞれに独自の共通性をつくり出して同質性を高め，異質をはじく性質をもっています。時には共通の敵をつくることで結束します。共通の敵が存在すれば，

自分たちは味方どうしとしての強烈な共通性をもつことができるので，グループの結束は飛躍的に高まるのです。それは，標的いじめの構造でもあり，合唱コンクールの原理でもあります。

その4：人は集団に合わせて振る舞い，成熟度の高い者がリーダーを担う

人は，家庭や学校，職場，サークルなど，複数の社会的集団に帰属して生活しています。集団適応とは，その集団の行動様式に同一化することなので，それぞれの集団に応じて言動を使い分けます。子供が，家庭と学校で態度や言葉遣いを変えるのは，集団適応の結果といえるのです。また，成熟度の高い者が優位に立ち，グループのカルチャーを発信するリーダー役を担います。

その5：社会性は集団適応プロセスで獲得され，やがてそれが個性となる

成人期の職業集団と同様に，学齢期の集団の中には不文律の階層が存在しています。親和性，公平性，成績，人気度など，子供なりに多面的な観点から評価して成熟度の高い者ほど集団内の階層が高く，個性に応じてリーダー，ボス，クイーン，ブレイン，ボケ，パシリなどさまざまな役割が与えられます。集団の中で期待される役割が自分の居場所をつくるので，子供によっては自身のキャラクターを変化（キャラ変）させてでも，仲間から与えられる役割をまっとうしようと努めます。こうして集団での規範や振る舞い方や自分の役割を取り込み，内在化することで，グループソーシャライゼーションが進みます。先進国の子供たちは，義務教育が開始されると，こうして級友との関係の中で社会化されていくのです。

[2]　グループソーシャライゼーションと対人関係ゲーム

日本でも，ハリスの研究とほぼ同時期に，田上（2003）がクラス遊びによる集団の成熟と個人の集団適応に注目していました。その発見は，「田上塾」という長野の教育実践研究会での小学校の教師の発表がきっかけでした。「くまがり」（p. 63 参照）というグループ対抗のクラス遊びを繰り返しているうちに子供どうしの交流が深まり，孤立児との関係が好転すると当該児も親和的に変化し，個人と集団の両方が見違えるような変化を遂げたというのです。

くまがりとは，1つの集団を2チームに分けて勝敗を競うチーム戦です。クマは大将で，各チームから2人ずつ選出されます。残りのメンバーはキツネとキジに分かれ，クマはキツネを，キツネはキジを，キジはクマをつかまえる三つ巴の関係です。そして，それぞれの陣地にはボールなどのお宝を起き，大将のクマをつかまえるか，お宝を奪うことができたチームが勝つのです。

子供たちは，ゲームを繰り返すうちにさまざまな作戦を編み出すようになりました。強いメンバーだけを集めて能力の偏ったチームをつくっても，勝敗が明らかだとさっぱり面白くありません。強さが拮抗するから白熱して面白いのです。子供たちは，互角に戦えるチーム分けの方法や，味方メンバーの弱点をどうやって強みに変えるのかを考えるようになりました。昼休みにくまがりをするために，朝からチームを決め，休み時間は作戦会議に熱中しました。キツネとキジがチームを組んで行動したり，足の早い子供を集中的にキジにして突撃部隊をつくったり，運動が苦手な子供をクマにしてお宝を守らせ，それをキツネチームが守ったり……。

チームとしてどう戦うかという作戦会議のうちに，子供たちの思考の中で，主語は「私」から「皆」に変化を遂げました。くまがりでの味方チームになったとき，メンバー各人を戦力としてどう生かすかを考えるようになっていたのです。運動ができて機転が利くメンバーは，どのチームになっても，いてくれるだけで戦力です。勝敗の決め手は，運動や集団遊びが苦手なメンバーをどう戦力として生かすかにかかっていました。チーム戦なので，全員を戦力として活用し，うまく役割分担できた方が有利になるのです。子供たちが，日常的にメンバーをゲームにどう生かすかを考えるようになると，級友どうしの長所探しが定着し，学級の人間関係が親和的に変化しました。また，敵をつくらず，集団参加が苦手なメンバーを上手に生かせる子供が尊敬を集め，リーダーとして信

頼されるようになりました。「くまがり」を楽しむために，メンバーの生かし合いが，学級集団の規範となったのです。親和的な子供や，孤立児の生かし方のうまい子供がモデルとして級友の内面に取り込まれていきました。

　こうして，くまがりが白熱するにつれ，クラスには相手を思いやれる子供が増え，攻撃児も孤立児もいなくなりました。そして，教師や保護者や他のクラスから仲の良さを褒められたり，羨ましがられたりするにつけ，彼らは自分たちのクラスが誇らしく，ますます結束を強め，結果的にますますクラスを好きになって好循環を起こしていったのです。

[3] 田上による効果別「遊び」の分類

　クラス遊びは，学級集団と同時に個人を変容させる力をもっていました。特別な介入をしているわけでもないのに，学級集団と個人の質を同時に変容させていたのです。それは，個人を対象にしたセラピーやカウンセリングをはるかに超える重層的な効果で，東京教育大学の大学院時代から不登校の子供のプレイセラピーを手がけてきた田上の血を沸き立たせました。

　一体何が彼らを変化させるのか，田上は「遊び」の研究に着手しました。1993 年に信州大学から筑波大学に移った田上は，東京地区でも「金塾」という実践研究会を主催しました。田上は，長野と東京の研究会に集う教師やスクールカウンセラーなどの実践者を集め，ブレーンストーミングで思いつく限りの遊びを書き出しました。そして，それぞれにどんな効果があるのかを検討すると，効果別に次のように 5 分類されました（田上，2003）（表 4-1）。

⑴交流する遊び

　身体接触や自己開示や協働のない関係性の低い遊びです。たとえばジャンケンは，身体接触や会話がなくても，相手の顔が見られなくても，「ジャンケンポン」などのかけ声とともにグーかチョキかパーを出せばゲームが成立し，本人が消極的でも参加していれば交流が叶います。自由度も低く，自分たちで考えたり話し合う余地もなく，ルールに従ってゲームを行ない，交流を繰り返しているうちに親和感が高まるのです。

⑵協力する遊び

　級友の力を借りて，助けたり助けられたりする内容から構成されています。たとえば「凍り鬼」

表4-1　対人関係ゲームの分類と特徴

ねらい	代表的ゲーム	ゲームの性質と特徴
交流する	ジャンケン，カードゲーム，ボードゲーム，デージーチェーン，クイズ他	1. 個別に行動しているが，結果として多くの級友と交流する 2. 本人が消極的でも，級友がかかわってくれれば成り立つ 3. 運動反応や発声などの反応で不安や緊張を逆制止する
協力する	カモーン，手つなぎ鬼，伝言ゲーム，大根抜き，凍り鬼，蛇ジャンケン他	1. 単独では成り立たず，級友の力を借りて助け合う 2. 助けたり助けられたりする
役割分担し連携する	くまがり，けいどろ，王様（王女様）ドッチ，くま・きじ・きつね他	1. グループ全体がひとつの目標達成を目指す 2. 目標達成のプロセスで，各人がその一翼を担う 3. 仲間の役に立ったり，人に必要とされる経験をする
折り合いをつける	新聞紙タワー，割りばしスタンド，友達モンタージュ他	1. グループ全体がひとつの目標達成を目指す 2. 目標達成のプロセスで，有効な他者の考えを取り入れる 3. 人と折り合い，自分と折り合い，協力して目標を達成する
心をかよわす	よいとこさがし，ありがとうシャワー，背中にメッセージ他	1. 相手に心をかけるという2人の世界を経験する 2. 相手の良さをフィードバックする 3. 自分の良さをフィードバックしてもらい，お互いの良さを味わう

は，鬼にタッチされたらその時のポーズで凍りついて固まっていなければいけない鬼ごっこです。味方にタッチされると氷が溶けてゲームに戻れます。タッチして級友を助けた子供は，相手に「お助けカード」を渡し，ゲームが終わるとそのカードは「ありがとう」のメッセージを添えて本人に渡されます。ゲームを繰り返すうちに，鬼から逃げて捕まらないことより，鬼につかまっても級友を助けたり助けられたりする方が楽しいことに気づきます。①の交流する遊びに比べ，関係性の課題にはタッチなど身体接触が加わりますが，自己開示や協働はありません。自由度も低く，ルールに従ってゲームを行ないますが，助けたり助けられたりしているうちに関係性は深まります。

(3)役割分担し，連携する遊び

　与えられた目標達成を目指して勝敗を競う遊びです。たとえば「くまがり」では，「相手チームのクマをつかまえるかお宝を奪う」という目標が，すでにルールに組み込まれています。チームは，この目標を達成するために，役割分担や連携を学びます。②の協力する遊びに比べ，自由度が高く，与えられた目標達成のための方法に工夫を加えることを前提にしており，作戦会議で役割分担や連携ができたチームが有利に展開します。

(4)折り合いをつける遊び

　グループごとにひとつの目標達成を目指す課題解決的な遊びです。ゲームには課題が与えられ，それを達成するために最初から作戦会議を行ない，グループごとに設定されるゴールを目指して役割分担することが求められます。たとえば，「割り箸スタンド」では，各グループに与えられる割り箸30膳と輪ゴムを使い，本を乗せるスタンドを製作して高さを競います。グループごとに，最も高いスタンド製作を目指して知恵を絞ります。運動が得意な子供だけではなく，工作系が得意な子供の活躍を期待するバリエーションでもあります。関係性も自由度も高く，作戦会議と協働を前提とする難易度の高い創造遊びです。

(5)心を通わす遊び

　仲間の良さを相手に伝え，自分の良さもフィードバックしてもらい，お互いの良さを味わう遊びです。たとえば「ありがとうシャワー」は，級友各人のカードを作成し，それぞれにしてもらってうれしかったことを「〜してくれてありがとう」と付箋に書いて各人のカードに貼り付けます。子供たちは，それぞれに付箋の貼られたありがとうカードを受け取ります。子供は，カードを作成するときにも相手の良いところを考えますが，自分の良さが綴られたカードを読むことで，さらに相手の良さに思いを馳せることができます。このような心を通わせ合う経験は，個人の自尊感情とともに学級全体の求心力を高める効果を期待できます。

[4] シェイピングでの対人関係ゲーム・プログラムの誕生

　田上（2003）は，対人行動を含む遊びを「対人関係ゲーム」と命名しました。効果別に整理された対人関係ゲームの5分類は，関係性と自由度が低い順に分類されているので，学級集団の関係性の成熟段階としてアセスメントが可能です。担任が，③役割分担し，連携できるクラスを育てたいのであれば，その前提として②協力し合う力が必要で，そのためには十分な①交流が求められます。また，効果的な③役割分担をしようとすれば，子供たちはお互いをどう生かし合うか考えるので，おのずと④折り合いをつけられるようになり，⑤心を通わすことができるクラス集団がつくられるのです。担任は，自分のクラスの状態がどの段階にあるのかを見立て，集団の状態に応じてゲームを選択し，ゲームを組み合わせることで集団の問題に応じたプログラムを作成するのです。

表4-2　対人関係ゲームの特徴と難易度

ねらい	関係性			自由度		
	身体接触	自己開示	協働	目標協議	方法協議	役割協議
1 交流する	×	×	×	×	×	×
2 協力する	○	○	○	×	×	×
3 役割分担し連携する	○	○	○	○	○	○
4 折り合いをつける	○	○	○	○	○	○
5 心をかよわす	○	○	○	×	×	×

（左側：易　下方向：難）

　実践研究を積み上げているうちに，うまくいかない事例も集まりました。子供たちのノリが悪く，盛り上がってくれない場合です。その多くは，「協力するクラスになってほしい」「役割分担し，連携できるようになってほしい」などの担任の願いから，初回から協働や役割分担が求められる難易度の高いゲームが選択されていました。級友間に十分な交流が図られる前に，身体接触や作戦会議が求められても，子供たちはむしろ不安と牽制から緊張を高め，不完全燃焼のゲームに不全感を残してしまうのです。

　逆にうまくいくのは，①交流するゲームを日常的に繰り返し，②協力するゲーム⇒③役割分担し連携するゲーム⇒④折り合いをつけるゲームへと段階的にステップアップさせていく場合でした。つまり，対人関係ゲームの効果別の5分類は，集団の成熟プロセスであり，子供の社会化のプロセスでもあったのです。

　こうして①交流するゲームから順送りにゲームの関係性や自由度を高めていく，シェイピング法によるスモールステップでの対人関係ゲーム・プログラムが開発されました（田上，2010）。

[5] 対人関係ゲームによる不安の拮抗制止効果

　交流するゲームの代表的遊びに「ジャンケン」が挙げられます。それではなぜ，関係性も自由度も低いジャンケンが級友間の交流を促進できるのでしょうか。

　それは，知らない相手とかかわることで生じる不安や緊張を拮抗制止する力が働くからだと田上（2003）は考えました。拮抗制止とは，不安反応と同時に逆の作用が生じる反応を起こさせることで不安を制御し，抑制しようというものです。考案者のウォルピ（Wolpe, 1954）は不安・緊張に対する拮抗反応として，身体的緊張を緩める呼吸法のような筋弛緩法の他に，声を出したり身体を動かして不安・緊張を紛らわせる主張反応と運動反応を挙げました。

　ジャンケンでは，「ジャンケンポン」という発声が主張反応に該当し，腕を振って繰り出す「グー」「チョキ」「パー」が運動反応に該当します。また，緊張を伴う相手ではなく，「グー」「チョキ」「パー」のどれを出すのか手元に注意を向けていればゲームが成立して交流ができてしまうのです。さらに，「楽しい」という不安と対極にあるポジティブな情動を伴うことが不安・緊張を拮抗制止できる最大の強みです。

　この効果は，すべてのゲームに該当し，それゆえに対人関係ゲームは認知行動療法の拮抗制止法として活用することが可能です。

[6] 対人関係ゲーム・プログラムとグループソーシャライゼーション

　対人関係ゲームの独創性は，「遊び」を媒介に集団に介入することにあります。支援者は，個人の不適応を問題にしていても，学級集団全体が楽しめるプログラムをつくり，いかにもレクリエーションとして興じます。集団の中での孤立は，本人にも学級集団にも緊張が生じます。ゲームを楽しむポジティブな経験の中で，孤立児に対する緊張がほぐれて受け入れ集団が親和的になると，当事者の子供も緊張が解けて親和的になります。そして，その好循環の中で個人の集団適応が達成されるのです。

　その集団適応のプロセスは，ハリス（Harris, 1998）の説くグループソーシャライゼーションそ

のものでもあります。クラス遊びという意図的に構成された場面で，ルールに沿った目的や行動様式を共有し，経験を共にすることでお互いに歩み寄り，集団としての同一化が図られるのです。集団適応とは，個別の指導やカウンセリングで個人だけを変えようとして達成できるものではありません。

　ハリス（Harris, 1998）と田上（2010）の共通点は，学齢期の集団づくりを人間の適応課題としてダイナミックにとらえ，子供自身が本来的に備えている人間関係調整力に注目しているところです。ハリス（Harris, 1995）は，学齢期の子供たちが学校の中で同質の仲間を探り当て，凝集性の高い仲間集団を形成するプロセスを本能的行動ととらえました。田上（2010）は，集団の成熟プロセスについて，野生動物の集団行動や狩りでの役割分担をイメージし「群れづくり」だと説きました。集団づくりとは，理屈やテクニックで大人が外から与え導くような表層的なものではなく，子供たちの内側に備わっている根源的なパワーで達成されるものだという本質的な観点が一致しているのです。

[7] 集団社会化療法の発想の背景

　ハリス（Harris, 1998）は 1994 年に犬と留守番中の自宅で，少年非行の論文（Moffit, 1993）を読んでいて，「非行少年が違法行為をするのは，大人のような高位の地位と権力を手に入れるためである」というくだりに「ちょっと待って」と心の中で叫んだのだそうです。ハリスは，それを「非行少年が違法行為をするのは，仲間の中での高位の地位と権力を手に入れるためである」と心の中で「大人」を「仲間」に修正し，それまで何年にもわたり悶々と温めてきた子供の適応機制について，マジシャンの花束のようにパッとひらめいたというのです。子供の行動に最も大きな影響を与えるのは，親ではなく仲間で，集団内で期待される自身の役割を担うことで社会化が達成され，集団との同一化を果たすのだと。仲間集団への適応が学齢期の子供にとっての社会的適応であるのだと一気に理論化されたのだそうです。

　筆者は，2019 年に犬と留守番中の自宅でハリス（Harris, 1998）を読み，「人は集団の中で社会化される」というくだりに「ちょっと待って」と心の中で叫びました。筆者はハリスのグループソーシャライゼーション・セオリーを反芻し，「田上先生と同じことを語っている」と棒立ちになり，マジシャンの花束のようにパッとひらめいたのです。

　「人は集団の中で社会化される」という同じ原理で，ハリス（Harris, 1998）は文献研究によって「グループソーシャライゼーション」という集団適応のメカニズムを解き明かしました。田上（2003）は，実践研究によって「対人関係ゲーム・プログラム」という集団適応の支援方法を編み出していました。そして，集団適応に対して，ハリス（Harris, 1998）に実践研究はなく，田上（2003）に文献研究はありませんでした。それなら，ハリス（Harris, 1998）の理論と田上（2003）の方法論を結びつければ，集団適応を促進するカウンセリング理論が創設されるではありませんか。筆者はそれを「集団社会化療法」と命名しました。ハリス（Harris, 1998）との出会いから数時間後のことでした。田上との出会いからは 15 年後のことでした。

2　集団社会化療法の基本理論

[1] 集団社会化療法での個別療法

　遊び研究に着手してからの田上は，「対人関係ゲーム」の理論化をライフワークと自称し，その研究に余念がありませんでした。筆者は，認知行動療法を学びたくて田上に師事したはずなのに，2004 年の田上は「認知行動療法は，カウンセラーが子供個人の内面的な適応能力を改善している

に過ぎず，現実の学校適応にはなおハードルがあるけれど，この技法は個人と集団の両方を変化させ，学校適応に直接はたらきかける力をもっている。それができたら対個人の学校カウンセリングはもはや過去の産物になるはずだ」と断言し，対人関係ゲームの研究に没頭していたのです。

　筆者は，その意味がわからないまま，田上の実践研究グループに加えてもらいました。初めてその意味に目覚めたのは，スクールカウンセラーとして担当した事例での顕著な効果ゆえでした。

　中学3年のアカネさんは，不登校に陥った1年の後半から相談室に登校し，学級との関係が途切れていました。相談室には4人の女子が登校していましたが，アカネさんは相談室でのいじめ標的となってふさぎこみ，欠席がちでした。相談室の女子は，学習をせず教師の言うことを聞かないという暗黙のルールで結束し，高校進学を意識して学習を始めたアカネさんを無視やあてこすりで攻撃したのです。そのため担任は，アカネさんに進学準備も含めて学級への復帰を勧め，2人の級友にサポートを依頼しました。3人は小学校での遊び仲間で，お互いに親和感を持っていましたが，中学校での接点はなく，3人だけの時間を与えられると緊張でギクシャクし，アカネさんはますます欠席がちになってしまいました。

　スクールカウンセラーとして介入した筆者は，トランプでの対人関係ゲームを媒介にまずはアカネさんとの関係づくりをしました。筆者と仲良くなったアカネさんは，本当は仲良くなりたいサポートグループの2人に対し，緊張で萎縮してしまう悩みを打ち明けました。そこで筆者は，アカネさんとともにスクールカウンセラー室に2人の級友を迎え，昼休みにトランプなどの対人関係ゲームを行ないました。ゲームを挟むと3人はあっけなく打ち解けてはしゃぎ，翌日の昼休みも一緒に過ごす約束をしました。初日こそ筆者が彼らを盛り立てましたが，ゲームに興じ始めてからの3人は急速に親密になり，翌日からは自分たちで約束して毎日一緒に給食を食べ，昼休みをゲームでともに過ごし，やがてアカネさんは2人に誘われて教室に戻っていきました。それは，初回の対人関係ゲームからわずか2週間での変化でした（中村・田上，2008b）。

　アカネさんが不登校に陥った中学1年の秋から，その回復には保護者と教師がどれほどの苦心を重ねたことでしょう。そして，アカネさんに対する説得や教育相談では誰も導けなかった学級復帰を，サポートグループの2人の級友は，たった2週間でやすやすとやってのけたのです。筆者は，この劇的な変化に立ち合い，仲間集団との関係に介入する「対人関係ゲーム」の絶大な効力に震撼したのです。その手法は，個人の認知や行動ではなく，個人とグループとの「関係」に介入する関係療法（システムズアプローチ）です。カウンセラーはアカネさんの認知にも行動にも介入していないのに，級友グループとの関係が親密になることでアカネさんの認知と行動は急転直下，適応的な変化を遂げたのです。級友グループとの関係がギクシャクして疎遠な間のアカネさんの認知と行動はネガティブであり続けましたが，級友グループとの関係が好転して仲間形成が叶うと，いとも簡単にポジティブに転換したのです。

　ハリス（Harris, 1998）の理論どおり，学齢期の子供の最大の発達課題は学級集団への適応にあり，田上の予言どおり，「個人と集団の両方を変化させ，学校適応に直接はたらきかける」対人関係ゲームの効力に筆者は舌を巻きました。

[2] アカネさんが経験したグループソーシャライゼーション

　筆者は，対人関係ゲームがアカネさんの内面にどんな変容を起こしたのか本人に尋ねました。アカネさんは，筆者の質問に考えこんでは言葉を探し，ていねいに答えてくれました（中村・田上，2008）。

　「2人は，（担任の）先生に言われてつきあってくれているのだと思っていました。でも，ゲームで自分が何か言うたびに大笑いしてくれて，（カウンセラーが振り出す）次の約束も義理って感じ

ではなく楽しそうで，昼休みのゲームも本当に楽しそうにしてくれるから，自分と同じように楽しいと思ってくれていて，迷惑だけではないのかもしれないと思えて，自分からも誘えるようになりました。クラスでは，キミカさんがいろいろ助けてくれたし，キミカさんのやりかたをお手本にしていました。2人がいなかったら教室に戻れなかったし，戻れても楽しかったとは思えません。将来，子供が生まれたらキミカという名前にしたいです」。

　このアカネさんの振り返りは，見事なほどグループソーシャライゼーションのプロセスが体現されています。学級とアカネさんを結びつけるサポートグループとして，担任が選んだ2人は小学校での遊び仲間でした。しかし，不登校に陥った1年生後半から学級との接点を拒んできたアカネさんは，自分自身を学級集団からの異端だと感じていました。そのため，グループの2人を自分とは異質だととらえ，「先生に言われてつきあってくれる」に過ぎないと，緊張と不安を募らせていたのです。ところが，昼休みのゲーム場面で「大笑いして」「楽しそうにしてくれる」2人に対し，「自分と同じように楽しいと思ってくれているのかも」とアカネさんは同質性を見出すことができました。これがアカネさんの不安と緊張を緩めました。

　ハリス（Harris, 1995）は，集団の魅力度の高さについて，自分との同質性が見出されることにあると説いています。同質性を見出せるからこそ，そのグループに同一化しようという帰属欲求を抱くことができるのです。

　同質性を見出したアカネさんは，2人のグループに同一化をはかろうと自分からも接近を試み「自分からも誘えるように」変化しました。サポートグループ認知が異質から同質へと変化を遂げた結果の変化といえました。ゲームの中でアカネさんの発言に笑い，2人の発言でも笑い転げ，一緒に声を合わせて大笑いする場面は，3人の共感性を引き出しました。その一体感がアカネさんからの接近を促し，2人の級友もまたアカネさんを引き寄せては同一化を進め，その結果急速に親密になったのです。

　そして，学級に復帰したアカネさんが2年ぶりの集団生活の中で「キミカさんがいろいろ助けてくれ」「キミカさんのやりかたをお手本に」したくだりは，学級集団の中での適応的な行動様式の所在を物語っています。「2人がいなかったら教室に戻れなかったし，戻れても楽しかったとは思え」ないのは，アカネさん単独では学級の行動様式や価値観に合わせた振る舞いができないからです。そしてアカネさんは，キミカさんの振る舞いをお手本にして身につけ，学級集団との同一化を図り，集団適応を果たしました。アカネさんは，キミカさんとの関係について，「将来，子供が生まれたらキミカという名前にしたい」と表現しています。まるで胎児のように自分自身の内側に取り込み，同一化が図られていることがわかります。

　アカネさんの一連の行動は，集団に同質性や魅力を感じるほど，自ら積極的に行動様式や価値観を身につけ，その集団との同一化を図るというハリス（Harris, 1995）のグループソーシャライゼーションそのもののプロセスだといえるでしょう。

　本事例は筆者にカルチャーショックを与え，それ以来「対人関係ゲーム・プログラム」は筆者の子供支援の主力技法となりました。対人関係ゲームを用いて支援者と対象児との親密な関係をつくり，その支援者を触媒にやはりゲームで対象児と教師や仲間グループとの関係を結びつけるのです。支援者は，対象者の社会化レベルにフィットした対人関係ゲームを選択してプログラムを作成し，「楽しい」経験を共有できるようにゲームを盛り上げます。すると，その共通体験から共感が生まれて同一化が進み，関係は疎遠から親和的に変化するでしょう。

　このように，個人を対象にして，対人関係ゲームを媒介に支援者との関係形成からスモールステップで関係形成の範囲を拡大し，教師や級友との関係形成へとステップアップさせていく方法を，筆者は個別療法と命名しました。

[3]　集団社会化療法での集団療法

　「田上塾」での実践研究を支えてきた岸田（2015）は，小学4年クラスでの「対人関係ゲーム・プログラム」の成果を報告しました。そのクラスは11月になると級友間の人間関係が軋み，集団なじみが苦手な児童から孤立し始め，登校を渋る子供も出現しました。

　そこで，当該校の研究主任を務めていた岸田は，若い担任のスーパーバイザーを担い，4週で5回構成の「対人関係ゲーム・プログラム」を計画しました。そのクラスでは，体育や学活でも対人関係ゲームが活用されており，子供たちの希望で「凍り鬼」が3回連続で実施されることになりました。「凍り鬼」は1人5枚のお助けカードをもらい，鬼にタッチされて凍っている級友にタッチしてカードを渡すと，タッチされた子供の氷が溶けてゲームに復活することができます。そして，助けられた子供は，ゲーム終了後カードにありがとうメッセージを書いてタッチしてくれた級友に返却するというルールでした。

　初回の「凍り鬼」では，情緒障害学級から交流学習をしているケンタくんがタッチされて凍りついているところに岸田が駆けつけ，「助けてーー」と一緒に手を振ると，気づいた男子に助けられて氷が溶けました。活動の振り返りで，ケンタくんは「3回助けてもらえて嬉しかった」と発表し，その3人に「ありがとう」を記したメッセージカードを届けました。引っ込み思案で欠席がちだったアイカさんは，すぐにタッチされてつかまりましたが，岸田や担任の助っ人で，つかまるたびに助けられました。振り返りの会でのアイカさんは，話し合いそっちのけでたくさんのカードにメッセージを書き，1枚ずつ相手に渡してははしゃいでいました。タッチされた後の2人の明るく無邪気な喜びようは級友の印象を変え，休み時間に声をかける子供が増えました。

　2回目の「凍り鬼」では，助け合いで交わされたメッセージカードが学級内の植木に飾られることになりました。皆のメッセージカードが吊るされた植木は「ありがとうの木」と名づけられ，クラスのシンボルになりました。凍り鬼での担任は，岸田をモデルに凍っている子供たちの助っ人に奔走していました。

　優秀で自他に厳しく，学級でのできごとに批判的なユカリさんは，初回では逃げ切ることに終始していましたが，2回目ではタッチされて凍り，ミナミさんに助けられました。その後，タッチされて凍りついたミナミさんを助けようとしてまたタッチされて凍り，するとまたもやミナミさんに助けられてはまた助けを繰り返し，ゲーム後に2人が何枚ものカードを交換した時にはデュオを組んで踊り出し，はしゃいでいたのだそうです。その後のユカリさんは，ミナミさんと一緒にいることが増えました。

　3回目の「凍り鬼」では，捻挫で歩けなくなった級友も参加できるように，子供たちが話し合い，「お助け島」という独自のルールが作られました。捻挫の級友の「お助け島」につかまっていると，1人1回30秒の休憩が許されるというものです。捻挫の級友は，孤独でつまらない見学どころか，何人もの級友につかまられて嬉しい悲鳴でした。

　2回目以降のケンタくんは，タッチされると岸田先生がいなくても「助けてーー」と手を振り，たくさんのカードをもらいました。鬼になったアイカさんは，先生の後ろに隠れて級友にタッチするおとり作戦を編み出し，人気者になりました。ユカリさんは，ミナミさんのグループと交わるようになり，級友に対する緊張が和らぐと，自他への批判も消えてしまいました。

　「凍り鬼」での交流は，学級に変化を起こしました。ケンタくんとアイカさんとユカリさんは，担任や岸田が心配を寄せていた孤立児でした。ところが，「凍り鬼」での彼らは，それぞれ自分を助けてくれる級友の出現が嬉しく，メッセージカードを届けたり，助けられたり助けたりしているうちに級友との関係に変化が起きました。1人の級友との関係の変容は，周囲にも波及しました。相手の対応が変われば，お互いに対応が変化してやがてクラス全体が親和的に変わっていきました。

［4］ 対人関係ゲームを通して起きたグループソーシャライゼーション

　岸田（2015）の事例でのユカリさんに注目すると，学級内でのできごとに批判的で自他に厳しかった様子から，級友との関係に一定の距離があり，学級集団への帰属に満足していなかったことがわかります。そのためか，初回の「凍り鬼」でのユカリさんはひたすら逃げ回り，級友との交流は見られませんでした。

　ところが，2回目のゲームでは，タッチされて凍りついたユカリさんをミナミさんが助けました。すると，その後タッチされて凍りついているミナミさんを発見したユカリさんは，危険を冒してミナミさんを助けたのです。それまでひたすら逃げ回って交流を避けていたユカリさんが，危険を冒してもミナミさんを助けたのは，凍ってしまった自分にタッチしてくれたミナミさんの接近が嬉しかったからに違いありません。ミナミさんに応えてユカリさんが助け返したことで，2人に交流が生まれました。

　そして，ゲーム場面で助けたり助けられたりを繰り返すなかで，「楽しい」ポジティブな感情と経験を共有し，2人の間に一体感が生まれていました。同じ相手に何枚ものありがとうメッセージを記入し，それを交換した2人が手を取って踊り出したのは，その一体感の象徴だったといえるでしょう。

　また，ユカリさんの学級適応が促進された背景には，ミナミさんとの交流以外にも学級風土に対するユカリさん自身の評価を見逃すわけにいきません。初回の「凍り鬼」では，ケンタくんとアイカさんの大はしゃぎに同質性を見出し，彼らを受け入れて声をかける級友が増えました。2回目の「凍り鬼」では「ありがとうの木」にメッセージカードが飾られ，助け合いがクラスのシンボルになりました。3回目は，捻挫の級友が参加できる新しいルールが創設されました。自他に厳しいユカリさんにも，このような変容は好ましく評価され，学級集団の魅力度が高まっていたゆえに，3回目の「凍り鬼」を経て，ユカリさんはミナミさんのグループへの適応を求めてグループソーシャライゼーションが促進されたのです。

　学級集団を対象にした集団療法の特徴は，ゲームでの交流や協力が学級システムの全体を変容させることです。システムとは部分の集合体で，その特徴は各パーツがもつそれぞれの機能とは別に，集団全体としての新たな機能を備えていることです（森，2001）。そのため，個々の機能を理解するだけでは全体の機能は理解できず，全体の機能だけでも個人を理解できません。集団理解のためには，個人と全体の両方に対する理解が必要です。

　本事例では，個人として優秀なユカリさんの論理性は，学級集団の中では必ずしもポジティブに作用せず，孤立を招いていました。級友の振る舞いの異質性が目につくと厳しく指摘するユカリさんは，級友たちにとっても異質な存在に映り，悪循環が生じていたのです。しかし，「凍り鬼」以降のユカリさんの振る舞いは，級友の認知を変えることとなりました。個人と集団の両方が相互作用し合ってユカリさんの集団適応が促進され，学級システム全体が変容してクラスの結束が達成されたのです。

［5］ 集団社会化『療法』には，症状を鎮静する問題解決効果があるのか

　筆者が田上に「集団社会化療法」の構想を相談したのは2019年の秋でした。再度相談したのは2021年の冬でした。田上は，「対人関係ゲーム・プログラム」のような「プログラム」とは予防的・開発的な内容を指し，「療法」とは症状を回復させる方法なので，それを目的にした方法論ならかなっていると語りました。

　「対人関係ゲーム・プログラム」の適用範囲は，個人と集団の両方です。学級集団を対象にする場合は，学級開きから予防的・開発的に活用することが可能です。また，岸田（2015）の事例のよ

うに，孤立や不登校傾向などの子供を視野に入れてプログラムを作成し，問題解決的に介入することも可能です。

　個別支援の場合は，中村・田上（2008b）のように対象者はすでに学校不適応に陥り，学級集団の中で過ごす健康度が損なわれています。なかには，教師との関係も損傷され，支援関係の構築に困難を伴う子供も少なくありません。学齢期は，身体的成長と精神的成長の非同時性から不安定になりやすく，その心理面の特徴には，刺激に対する過敏性，不安，感情の両極性などがあげられます。心理的な葛藤が起きると，精神機能が未熟であるほど強い防衛反応が起こり，不登校や家庭内暴力などで行動化されたり，頭痛や腹痛などで身体化されたり，うつ病の低年齢化も目立っています（大熊，2013）。

　中村・田上（2008b）でのアカネさんは，別室登校の4人グループのいじめ標的となって欠席がちでふさぎこんでいました。ところが，その抑うつ状態は，対人関係ゲームを用いてサポートグループの級友との関係が疎遠から親密に変化することで回復を遂げました。

　中村・小玉・田上（2013）でのフユミさんは，中学3年で不登校に陥りました。夜は元気なのに朝になると不調で登校できず，ベックうつ検査（BDI-Ⅱ；Beck et al.,1987）では31点と重症で，精神安定剤を処方されていました。当時，筆者は当該校を所轄する市教育委員会のカウンセラーを担っており，本人とお母さんの面接を担当しました。

　フユミさんは，ソフトボール部に所属していましたが，入部当初から勢力は2つに分かれており，3年でのフユミさんは，部活動での所属グループとは反対勢力の女子3人と同じクラスになってしまいました。フユミさんは，クラスではソフトボール部の3人と一緒に行動していましたが，部活動になると別のグループと過ごしました。クラスでその3人が話しているのを見るたびに，本当は風見鶏のように都合よくグループを渡り歩く自分を軽蔑し，悪口を言っているのではないかと不安が募りました。そんな評価懸念が高まるにつれて体調が崩れ，フユミさんはだんだん登校できなくなってしまったのです。

　学校では，保健室登校でフユミさんを受け入れることになりました。フユミさんは養護教諭に信頼を寄せ，その仲介で3人の級友と話し合いの場をもちました。4人はお互いにそれぞれの立場を理解し，これからは仲良くしようと和解しましたが，養護教諭不在時の関係はぎくしゃくして緊張が高く，フユミさんの不調はむしろ悪化しました。

　これを相談された筆者は，養護教諭と協働で対人関係ゲームを計画し，足し算トーク（p. 10, 150参照）を行ないました。ゲームを挟むと，4人の緊張は一気にほぐれてその日のうちに仲良くなり，翌週になるとフユミさんは3人の誘いで教室に復帰しました。学級復帰後のフユミさんのベックうつ検査得点は8点に低下し，投薬治療は打ち切られました（中村・小玉・田上，2013）。

　この事例は，アカネさんの事例と同様で，学校適応と級友との関係が表裏一体であることに加え，集団不適応に陥った子供個人の苦悩がよくわかります。学齢期の子供たちにとって，仲間適応は学校適応の可否を分ける重要な課題です。学級の中で，同質の子供どうしで形成される仲間グループに帰属せず，孤独に過ごすことは，あまりにも苦痛で残酷なことなのです（Harris, 1998）。仲間グループへの帰属に失敗すると学校不適応に陥り，現実直面に耐えられない未熟な自我であるほど行動化や身体化を引き起こしやすく，さまざまな症状に悩まされます（中村・田上，2008, 2018a; 中村・小玉・田上，2013）。

　「集団社会化療法」の目的は，身近な人間関係づくりを促進することで，神経症やうつ症状の回復を主眼に置いているわけではありません。しかし，対人関係ゲームを媒介に支援者や仲間との関係形成を行なうことで，対象者は孤立から連帯へと変化し，帰属集団との同一化が具現するにつれて不適応が適応に転じるのです。筆者は，この関係療法の問題解決効果とそれに伴う身体症状の鎮

静効果に注目し，「集団社会化療法」との命名に至りました。

[6] 代表的な集団支援技法との共通点と相違点

　学級集団を対象に行なわれる代表的な集団支援技法として，ソーシャルスキル・トレーニング（SST）と構成的グループ・エンカウンター（SGE）があげられます。いずれも開発的，問題解決的に活用されています。

　ソーシャルスキル・トレーニングは，バンデューラのモデリング学習を応用してリバーマン（Robert P. Liberman, 1984）が開発した統合失調症者の生活技能訓練プログラムで，スペシャルエデュケーション（特別支援教育）にも応用され，教育臨床に広がりました。日本では，主に他者と円滑にかかわるためのスキルの学習と練習として取り入れられています（藤枝・相川，2001 他）。(1)獲得行動と目的の明示，(2)モデルの提示，(3)リハーサル，(4)フィードバックというシンプルな構成で実施されます。SST の成否の鍵は，子供たちにスキルを学ぼうという動機づけと，わかりやすい模倣モデルが与えられているかどうかです。

　構成的グループ・エンカウンターは，アメリカ留学中にロジャーズのエンカウンターグループと出会った國分（1996）によって開発されました。エンカウンターグループとは，ロジャーズが短期間でカウンセラーを養成するワークショップのために開発した非構成的かつ非指示的なグループ体験です。テーマやきまりなどを設定せず，参加者どうしの自由で率直な対話を通し，各人が新しい価値観を獲得した新しい自分に出会い，個人の心理的成長とコミュニケーション力を改善・発展させるというものです。

　國分（1996）は，ロジャーズのエンカウンターグループを日本の道徳の授業の1時間に圧縮してプログラム化できないかと考えました。教師がテーマや構成の工夫をすることで，本音の話し合いをするグループ体験を小中学校の道徳の時間に導入したのです。子供たちは，自発的な本音の語り合いと受容・共感・傾聴体験を通して，級友の新しい一面に出会い，それに触発されて自分自身の中に生まれる新しい価値観に出会うのです。構成的グループ・エンカウンターの成否の鍵は，(1)学級集団が本音を語り合える関係に成熟していること，(2)話し合いで感性が揺さぶられ，思考や行動に影響を与えられるテーマが選択されているかどうかにあります。

　さて，ソーシャルスキル・トレーニングと構成的グループ・エンカウンターは，いずれも集団を対象にしながら個人の成長的変容に注目しています。これに対し，集団社会化療法が介入対象にしているのは「関係」です。対人関係ゲームという遊びを媒介に，子供と支援者，子供とグループや学級集団との関係に介入し，個人と帰属集団との距離感を変容させることで同一性を高めます。

　また，ソーシャルスキル・トレーニングと構成的グループ・エンカウンターは，いずれも課題に対する言語的な回答を求められるため，思考力や表現力などの知的能力の優劣がその達成度に影響

表4-3　代表的集団療法の特徴

	構成的グループ エンカウンター	ソーシャルスキル トレーニング	対人関係ゲーム
開発者	國分康孝	Liberman, R.	田上不二夫
目的	自他理解による 個人の内面的成長	対人スキル獲得	関係の向上による集団 適応の促進
背景理論	Rogers, C. R.　来談者中心療法 エンカウンターグループ	Bandura, A. モデリング学習	システム理論 認知行動理論
対象	学級集団・構成グループ	個人・学級集団	学級など日常集団
内容	構成されたグループで課題を設定，本音での話し合いを通し自分を主語に新しい価値観を獲得する	課題場面を教示し「相手は」を主語に，好ましいスキルをロールプレイを用いてモデリングする	対人行動を含むゲームを媒介に集団遊びを行い，「皆は」を主語に対人関係を発展させる

を及ぼします。さらに，SSTでは自分の振る舞いに対する省察や，SGEでは言語的表現力の拙劣や他者比較などで劣等感を触発し，心理的外傷を与えるリスクを伴います。これに対し，集団社会化療法は，ゲームを媒介にしているため，心理的侵入度が低く，安全度の高い支援ツールだといえるでしょう。ゲームの選択に工夫すれば，日本の学級集団で不可避な知的能力のばらつきをカバーできるので，集団の一体感をつくるには使いやすい技法です。各技法の違いを表4-3に記します（表4-3）。

[7]　集団社会化療法の特徴

(1)定義
個人と集団との関係性の質的向上を通して個人の集団適応を促進する関係療法である。

(2)介入目的
帰属集団への適応促進を目的に，個人とグループ，グループとグループを結びつけ，個人と集団の関係促進を図ります。

(3)理論的背景
集団適応とは個人と集団との相互作用で達成され，集団の中で個人が育つという共通原理をもつハリス（Harris, 1995, 1998）の集団社会化論を理論的基盤に，田上（2003）の対人関係ゲーム・プログラムを方法論にして構成された問題解決技法です。ハリス（Harris, 1998）は，集団適応について，集団への帰属欲求を獲得した個人が，集団内の行動様式や価値観を察知して身につけるグループソーシャライゼーション（集団社会化）によって達成されると説きました。帰属欲求は，集団が発する魅力度の高さに比例し，魅力度は価値観や能力，志向など個人と集団との同質性の高さに比例します。したがって，学級集団のレベルに合わせた対人関係ゲーム・プログラムで個人と受け入れ集団を結びつけ，「楽しい」感情と経験を共有させることができれば，学級集団の魅力度が高まり，個人の帰属欲求を高めることができるというものです。

(4)個別療法
対人関係ゲームを用いて個人に介入し，個人と支援者，個人と級友との関係を結びつけることで個人の社会的適応能力を改善し，学校適応を促進します。従来のプレイセラピーとの違いは，支援者との関係形成が実現したら，支援者を媒介に関係形成の範囲を拡大させ，集団適応に結びつけるステップアップ方式だということです。

(5)集団療法
集団の社会化レベルに合わせて対人関係ゲーム・プログラムを作成し，交流を深めて個人と集団との関係を向上させ，学級システムの成熟によって学校適応を促進します。

(6)期待される効果
①不安の拮抗制止
②支援者・級友との人間関係形成と向上
③孤立児と級友との仲間形成
④学級開き以降のクラスづくり

⑺成功の秘訣

①クラスの人間関係の成熟度に合致したプログラムを選択する

②関係性の低いゲームから高いものへシェイピング法でプログラムを選択する

③自由度の低いゲームから高いものへシェイピング法でプログラムを選択する

⑻実施してはいけない場合

　ルールを崩すことがゲーム化されている場合

協力　かっぱウォーキング

1）全員が頭の上に紙皿を乗せ会場をできるだけ広範囲にウォーキングする

2）皿を落としたら，最も近くにいる人が拾って頭に乗せてあげ，その数をカウントする。自分で拾うのは厳禁

3）拾ってもらったら，右手を胸に，左手を広げ，左足を後ろにして膝を曲げ，騎士がお姫さまにするように挨拶する。拾ってあげた人は，神様になりきり，左手を腰に，右手をあげてポーズする

5）最も多く皿を拾ってあげた人がベストオブカッパ，最も拾ってもらった人が助演オブカッパとして表彰される

＊東京学芸大学附属小学校のアクティビティのアレンジ版

協力　古今東西ボール回し

1）グループをつくり，円陣を組む

2）お題を決める（昆虫の名前，寿司ネタなど）

3）ジャンケンでスターターを決め，お題に合わせた答えをいいながらボールを回す

4）ボール（筆箱，ボールペン，人形など何でもあり）を止めずに長く答え続けられるグループが優勝

5）答えられない人には，周囲がヒントを出してサポートする

協力　4（3）マスドッヂ

1）コートを縦2列，横2列で4面に分ける

2）4チームに編成し，各チームがコートに入り，4チームで一斉に行うドッヂボール

3）相手3チームのどこを狙ってもOK，外野はどこにいてもOK

4）どこかのチームが全滅するか，時間を決めて終了し，その時点で内野の人数が多いチームの勝ち。残り3チームは負け

＊どこかのチームと連携すると，優劣の勢力が一気に変わる
＊それゆえに助けあえる人間関係がつくられていることが問われる

協力　人間いす

1）2チームに分かれ，縦に並び円陣を組む

2）それぞれ後ろの人の膝に腰かけ「ヨーイ，ドン」で両手をあげる

3）そのまま長い時間維持できたチームの勝ち

集団社会化療法の実践

第5章

---

1 集団療法での開発的活用

[1] 対人関係ゲームを授業ツールとして活用しよう

　たとえば授業の隙間や子供に疲れがみられる場面で，活用できる便利なツールに「なぞなぞ」があります。

「あおい血が好きな吸血鬼は，血を吸った後になんというでしょうか？」

「あーおいちー」

　なぞなぞの投げかけに必要な時間は10秒も要しません。しかし，なぞなぞの後の学級雰囲気はぐっとなごみます。そして，それを繰り返しているうちに，教師と子供たちとの距離がぐっと縮まります。

　対人関係ゲーム研修での田上は，いつも冒頭で「王様ジャンケンバリエーション」を紹介し，壇上から右腕を挙げてジャンケンを繰り出します。

　「まずは，あと出しジャンケンで僕に勝ってみて。僕があと出しジャンケン，ジャンケンポンというから，そうしたら元気よくポンといって僕に勝ってね。それでは，あと出しジャンケン，ジャンケンポン！」

「次は，あと出しジャンケンで僕に負けてみて。元気よくポンといってね」

「勝ち負けよりあいこだって大事だよ。あと出しジャンケンであいこを出して」

「慣れたところで連続勝負をかけます。5回続けてついてきてね」

こんな調子です。バリエーションはいくらでも広がります。王様ジャンケンなら，時間も数秒から数分までいくらでもその場での調整が可能です。このようなエクササイズがちょっと挿入されるだけで，授業は活性化されるのです。アクティブラーニングの導入にもお勧めです。

[2] 学級開きに活用しよう

　田上（2017）が実施した広域的な実践研究で，対人関係ゲームの導入を新学期に集中させると，子供たちの学校生活充実感が高まることが明らかになりました。4月に集中的に実施し，短時間で仲の良いクラスに仕組むことができれば，同じ時間で対人関係ゲームの導入を等分配置するより効率的な学級経営が叶うのです。

　学級開きでは，お互いの顔と名前が一致し，どんな人か理解できる自己紹介ゲームがお勧めです。大学での筆者のゼミでも毎年行なっています（図5-1）。初日にやった方がいいと実感しているのは，「デイジーチェーン」です。全員で円座になり，まずは担任から自己紹介して時計回りに一周します。名前と一緒にそのクラスで呼んでほしい呼び名を紹介してもらいます。

　「担任の中村恵子です。ケーキちゃんと呼ばれていました。どうぞよろしく」

　「ケーキ先生の隣の田上不二夫です。フージーと呼んでください」

「ケーキ先生の隣のフージーの隣の岸田幸弘です。アルクマと呼ばれています」

「ケーキ先生の隣のフージーの隣のアルクマの隣の……」

顔と名前が一致し，ニックネームで呼び合えるようになると，急速に親密度が増すのです。すぐに呼び名が思い浮かばない子供には，担任

ようこそ中村恵子ゼミへ

交流するゲーム
1) デイジーチェーン
2) 自己紹介バスケット
（45～50分ならこの2つまで）
3) 猛獣狩り
4) 聖徳太子ゲーム

図 5-1　学級開きプログラムの例

がサポートしながら皆で呼び名を考えます。その呼び名で呼ばれて苦痛ではないかどうかを確認することも担任の必須の仕事です。「誰かがつっかえたら皆で助けましょう」とあらかじめ伝えておくと必ずサポーターが出現し，それを引き立てていくとクラスのリーダーに育ちます。また，自分が納得した呼び名が最初に認知され，クラスの交流が深まっていると，不本意な呼び名がつき難いという利点にもつながります。そのため，先生同席で呼び名を確認できる「デイジーチェーン」は多面にわたって有効な自己紹介ゲームなのです。

「自己紹介バスケット」は，フルーツバスケットのアレンジ版です。全員分から1脚を抜いた椅子に座って円座をつくり，担任などスターターが名前とそのクラスで呼んでほしい呼び名を伝えます。たとえば「中村恵子です。ケーキ先生と呼んでください」と紹介されたら，座っている子供はそれぞれに「ケーキ先生」と，その人の呼び名を復唱します。次に，好きな食べ物や趣味などを披露し「好きな給食はカレーです。カレーが好きな人」と言ったら，カレーが好きな子供は椅子から立って別の空席を探して移動します。そこで椅子からあぶれた人が次の鬼になり，自分の名前と呼び名を伝え，好きなものを披露します。

すぐに考えつかない子供もいるので，そのような時は担任が「給食では何が好き？」「焼きそばは？」「プリンは？」などの助けを出します。クラスの子供たちはあらゆる場面で担任の言動をシビアに観察し，この人についていけるかどうかを判断しています。学級開きでの担任のサポートでゲームが盛り上がったら，磁石のように子供たちが惹きつけられること請け合いです。

また，「先生のヒミツあてクイズ」は，先生の自己紹介ゲームです。先生が自己開示をすると，子供たちも自己開示がしやすい学級風土がつくられます。

筆者のゼミでは，学生の司会者が「先生のヒミツあてクイズをします」と言って4人ずつくらいのグループに分かれます。筆者はその間必死に問題を考えます。

「3歳の私が泣いて欲しがったけれど，手に入らなかったものは何でしょう？」

学生たちはグループで話し合い，1グループ1問ずつ質問することができます。

そして，最初に当てたグループの勝ちというものです。ちなみに筆者は月が欲しいと駄々をこね，両親を困らせていたのだそうです。

[3] 朝の会・帰りの会で活用しよう

一瞬芸の1分ゲームで日常的に対人関係ゲームを取り入れると，ちりも積もって親和的な学級風土が醸成されます。

リーダー役割を担うには先生篇と子供篇があり，もちろん生徒篇が主役ですが，皆でゲームを楽しむ学級風土の土台づくりとして担任のパフォーマンスはムードメーカーの役割を担います。一瞬芸パフォーマンスは，授業に活用する王様ジャンケンバリエーションやなぞなぞの他，「先生のヒミツあてクイズ」は，担任が問題を出してクラス全員に向かって質問を受け付け，質問を調整すれば，1分にも3分に収めることが可能です。

「私は，小学校の頃子ネコを拾って自分の部屋にかくまっていました。ある朝目覚めたら，そのネ

コが私の枕元であることをしていました。私はその日泣きながら学校に行きました。さて何をしていたのでしょうか」

先生：「3 人限定で質問を受け付けます」

子供：「それは何かを壊していたのですか？」　先生：「はいそうです」

子供：「それは大事なものですか？」　先生：「はい宝物でした」

子供：「それは機械ですか？」　先生：「違います」

先生「それでは，わかった人は手を挙げて答えましょう」

「……残念！正解は，ぬいぐるみのチコを噛みちぎっていたのでした」。

筆者の悲しい思い出ですが，このようなエピソードの披歴が子供たちとの人間関係の距離をドラマチックに縮めてくれるのです。

　リーダーの担い手が子供篇では，個人プレイとしてメンバーそれぞれに「王様ジャンケンバリエーション」をやってもらうのも一興です。

　「聖徳太子ゲーム」は，3 〜 4 人のグループに分かれ，各グループがリーダーを選出し，人数分の文字の単語を決めます。たとえば 4 人グループなら「ハミガキ」などで，1 人が 1 文字を担当します。リーダーの合図で全員が声を揃えて一斉に発声し，級友はお題を当てるというものです。何と言っているのかグループで話し合わせ，班やグループの対抗戦にすることも可能です。

　「友達モンタージュ」は，4 〜 6 人でグループを組み，リーダーを中心にどんなポーズをつくるか話し合います。グループで教室の前に立ち，リーダーの合図でポーズをとります。級友たちはそのポーズを見て覚え，リーダーの合図で机に顔を伏せます。その間にパフォーマンスグループでは何人かがポーズを変え，リーダーの合図で級友は顔を上げ，誰のどんなポーズが変化したのか当てるのです。これは，視覚刺激での注意力錬成の認知トレーニングとしても有効です。パフォーマンスの最後に拍手をすると温かい風土が演出されます。

　また，わずかな隙間時間に使い勝手がよいのは，ジャンケンです。「ラッキーセブンジャンケン」は，富山県総合教育センターの本村（2008）が考案しました。「ラッキーセブンでジャンケンポン」と 2 人でジャンケンをして指の数が合わせて 7 になったら「ラッキー」とハイタッチし，別れて次の相手を探します。人数が 3 人になっても 4 人になっても楽しめます（野村・本村・田上他，2015）。

　「ギョーザジャンケン」は，小学校の先生で栃木県から筑波大学の田上研究室に内地留学した伊澤（2015）が，栃木名物の餃子にちなんで開発しました。グーが肉，チョキがニラ，パーが皮で，「ギョーザジャンケン，ジャンケンポン」と 3 人でジャンケンをし，3 種類が揃うまで繰り返し，揃ったら「いただきます」と両手を合わせ，別れて次の 3 人組を探すというものです。これは，ご当地ジャンケンとして「海鮮丼（グーがご飯，チョキがカニ，パーが刺身）」「ラーメン（グーが麺，チョキがネギ，パーがチャーシュー）」などに応用され，それ以外も「ハンバーガー（グーがパン，チョキがハンバーグ，パーがチーズ）」「牛丼（グーがご飯，チョキがタマネギ，パーが肉）」など，使い手の工夫でバリエーションは広げ放題です。

　朝の会や帰りの会にジャンケンを 1 回折り込むだけでも，クラスの雰囲気が和んで活気が出ること請け合いです（図 5-2）。

[4]　グループや班分けに活用しよう

　グループ分けに便利なゲームは「猛獣狩り」です。「猛獣狩り」はシンプルなゲームで，先生が「猛獣狩りに行こう！猛獣狩りに行こう!!」と掛け

担当が発信する交流ゲーム

| 王様ジャンケンバリエーション |
| なぞなぞ |
| 先生のヒミツあてクイズ |

仲間が発信する交流ゲーム

| 王様ジャンケンバリエーション |
| 聖徳太子ゲーム |
| 友達モンタージュ |

バカバカしくて，笑っちゃうしかないものを選びましょう

図 5-2　朝の会，帰りの会の 1 分ゲーム

声をかけて動物の名前を呼びます。「ネコ」と言ったら2人がペアをつくり、「ゴリラ」と言ったら3人がグループを組み、「ライオン」と言ったら4人、「ハリネズミ」と言ったら5人、「アフリカゾウ」と言ったら6人がグループを組みます。音楽を流してスキップやツーステップなどで子供たちの動きをつくる工夫をすると、通常の仲良しグループとは異なる新しいグループをつくることができます。何度か繰り返すと、ランダムにグループが組めるようになるので、新しい出会いグループをつくりたい時には重宝なゲームです。

　ただし、ランダムなグループ形成で班を決められるのは、学級全体が親和的・友好的に開拓されている場合です。孤立児や攻撃児などの問題を内包している場合は、十全な配慮が必要です。

[5]　業間や昼休みにクラス遊びをしてみよう

　集団遊びでの子供たちは、授業とはまったく違う顔をみせます。授業場面のような知的なパフォーマンスだけでは把握しきれない新しい魅力と出会えます。

　ある先生は、子供たちの業間休みのサッカーに加わり、男子のヒーローになりました。筆者の娘を小学2年で担任してくれた先生は、火曜と木曜の業間休みにクラス遊びをすると決めていて、「手つなぎ鬼」や「だるまさんが転んだ」「蛇じゃんけん」が定番でした。娘によると、級友たちは熱があっても火曜と木曜だけは登校していたそうです。

　また、筆者がかつてスクールカウンセラーをしていた小学校の先生は、子供たちのケイドロに加わり、先生がはまって業間でのクラス遊びが恒例になりました。そしてある時、忘れ物をした人は業間休みに遊ばず、担任と一緒に漢字の書き取りを1ページするというクラスルールがつくられました。面白いほど劇的に忘れ物がなくなったそうです。業間に遊べないだけでなく、遊びから担任が抜けるとつまらないので、子供たちは級友の恨みをかってしまうのです。担任は、保護者会で「遊びより漢字書き取りの方が将来のためになりますから」と協力を呼びかけ、口コミで「来年度に担任してほしい先生」の圧倒的トップを走り続けていたと保護者から教えてもらいました。

　天気が悪くて校庭に出られない業間や昼休みは、「チョークリレー」や「伝言ゲーム」がお勧めです。「チョークリレー」は筆者のゼミパーティーの出し物として大学生から教わったゲームです。4～6人のグループをつくり、黒板の上方に3（4～5）文字のお題を書き、グループごとに黒板を縦に仕切ります。黒板から離れたところにスタートラインを設定し、グループごとに列をつくります。お題が「りんご」だった場合、スタートの合図で各グループのスターターは黒板の自分たちの列に、しりとりで次の3文字を書き、そのチョークをバトン代わりに次の走者に渡します。「ゴリラ」「ラッパ」「パンツ」「つくえ」などとつなぎ、答えが浮かばない人は両手で×をつくり、グループの皆の協力を要請します。制限時間内に最もたくさんの答えを書いたグループが優勝で、お題の文字数が多いほど難易度が上がります。

　「伝言ゲーム」は、1人1枚のコピー用紙を丸めてソーシャルディスタンスをつくります。聴覚刺激での注意力錬成の認知トレーニングとしても有効です。

　図5-3に業間や昼休みにできるクラス遊びをまとめました。

[6]　学活や体育などの1時間でクラス遊びをしよう

　岸田（2015）の「凍り鬼」のように、1時間全部を費やし醍醐味のあるゲームに取り組むことも、短時間で区切れるゲームを組み合わせてプログラムを作成することもできます。1時間篇のゲームや組み合わせサンプルを掲載するので、アレンジの参考にしてください（図5-4）。

教室篇	校庭・体育館篇
チョークリレー	凍り鬼
ギョーザジャンケン	手つなぎ鬼
聖徳太子ゲーム	王様ドッヂ
伝言ゲーム	子鳥おに
大根抜き	ジャンケン列車
だるまさんが転んだ	カモーン
あっち向いてホイ	けいどろ

図5-3　業間や昼休みのクラス遊び

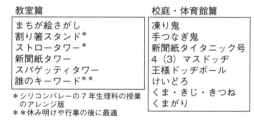

教室篇	校庭・体育館篇
まちが絵さがし	凍り鬼
割り箸スタンド*	手つなぎ鬼
ストロータワー*	新聞紙タイタニック号
新聞紙タワー	4（3）マスドッヂ
スパゲッティタワー	王様ドッヂボール
誰のキーワード**	けいどろ
	くま・きじ・きつね
	くまがり

*シリコンバレーの7年生理科の授業
　のアレンジ版
**休み明けや行事の後に最適

図5-4　学活・体育など1時間のゲーム

「まちが絵さがし」は，田上門下の鈴木（2010）がアレンジしたグループ戦です。正しい絵を廊下に貼り，各グループに間違い箇所が潜む「まちがい絵」と鉛筆を配ります。鉛筆はバトン代わりで，バトンをもっている人だけが正しい絵を2分間見に行けます。まずは作戦タイムをつくり，グループごとに分担や順番を話し合います。用意スタートで第1陣がスタートし，2分後の終了の合図でグループにもどり，バトンの鉛筆で発見したまちがいを特定します。第2陣，3陣と繰り返し，最初に全部の間違いがわかったチームの優勝というものです。このゲームは，何度か繰り返しているうちに戦略を競うチーム戦として白熱するので，グループの求心力を高めるのに役立ちます。

先にも紹介した「割り箸スタンド」の開発者は筆者です。幼稚園でアメリカのシリコンバレーに引越し，高校を卒業して日本に戻ってきた帰国子女から，現地の中学校で行なわれていたチームビルディングの授業を教わり，アレンジしました。シリコンバレーでの7年生（中学1年）の理科の授業では，各チームに爪楊枝30本と瞬間接着剤が配られ，テキストを乗せられる最も高いブックスタンドを製作したチームが優勝という授業が組まれたそうです。同じ高さの場合は，何冊本を乗せられるかという強度で競います。彼らは，2週間をかけて設計図を作るのだそうですが，どのチームでもエンジニアの父親が協力して当日は自発的に多くの保護者が参観し，シリコンバレーの学校名物として毎年課題の工夫を凝らしているのだそうです。

筆者は，この課題を遠目でも見栄えするように爪楊枝から割り箸に置き換えました。最初はカラフルなストローを使ったのですが，田上の研究会で実践してみたら，片側が曲がるので立たせてみるとイメージどおりのスタンドにならず，優勝し損ねた田上チームのブーイングで割り箸に差し変えたのでした。また，設計図がなくても試行錯誤できるように瞬間接着剤を輪ゴムに置き換えました。

さらに筆者のゼミの大学生が，そのコンパクト版として，スパゲッティタワーを開発してくれました。各グループに，スパゲッティ20本とマシュマロにマスキングテープ，ハサミを配布します。これを使ってより高いタワーを作り，頂点にマシュマロを飾ったグループの優勝です。

ドッヂボールのバリエーションには，「王様（王女様）ドッヂ」があります。ドッヂボールのチームの中で王様（王女様）を決め，内野・外野の人数に関係なく相手チームの王様（王女様）にボールを当てたら勝つというものです。女子全員を王女様にして，男子全員で女子を守るなどのバリエーションも工夫次第です。

また，ジャンケンゲームの定番に「ひたすらジャンケン」と「ジャンケンボーリング」を組み合わせたプログラムがあります。「ひたすらジャンケン」は1〜2分間の短時間でひたすらジャンケンをして勝った数を競います。「ひたすらジャンケン」は，たくさんジャンケンができた人が有利ですから，積極的で社交性が高いほど高得点を期待できます。

続いて行なわれる「ジャンケンボーリング」は，2チームに分かれて行なう対戦ゲームです。守りチームは大将の1人を奥に，次の列には2人，その次には3人，さらに5人，7人とボーリングのピンのように間隔を開けて並びます。攻めチームは，スタートラインからどんどん走っていき，1列目の誰か1人とジャンケンをします。勝ったら2列目に，さらに勝ったら3列目に進み，大将に勝ったら1点が得点されます。負けたら，元のスタートラインに戻り，また1列目からジャンケンをするというもので，高得点のチームが勝利します。

「ジャンケンボーリング」では「ひたすらジャンケン」での勝ち数の多い順に大将から順に配置し，

表5-1　小学校での年間プログラム例　朝の会週2回,帰りの会週3回＋14時間

実施月	ゲームの内容	実施月	ゲームの内容
4月1回	①デイジーチェーン ①自己紹介バスケット	9月8回	②大根抜き ②新聞紙タイタニック号(掃除班)
4月2回	①ひたすらジャンケン ①ジャンケンボーリング	10月9回	①ヒントストーミング(遠足班) ⑤よいとこ探し
5月3回	①ギョーザジャンケン ②新聞紙タイタニック号(掃除班)	11月10回	④ストロータワー(遠足班)
5月4回	①ジャンケン列車②カモーン ①ジャンケンボーリング	12月11回	②かっぱウォーキング ①猛獣狩り,①たし算トーク
6月5回	②かっぱウォーキング ①猛獣狩り,①たし算トーク	1月12回	①猛獣狩り ④ストロータワー
7月6回	②凍り鬼	2月13回	リクエストゲーム
9月7回	②凍り鬼	3月14回	①ギョーザジャンケン ⑤ありがとうシャワー

注) ①交流する，②協力する，③役割分担し連携する，④折り合いをつける，⑤心をかよわすゲーム

表5-2　中学校での年間プログラム例　朝の会週2回,帰りの会週3回＋8時間

実施月	ゲームの内容	実施月	ゲームの内容
4月1回	①デイジーチェーン ①自己紹介バスケット	11月5回	①ジャンケン列車②カモーン ①ジャンケンボーリング
5月2回	①ひたすらジャンケン ①ジャンケンボーリング	12月6回	④割り箸スタンド(掃除班)
6月3回	①猛獣狩り,①たし算トーク ②ヒント・ストーミング	2月7回	①猛獣狩り,④割り箸スタンド
9月4回	①猛獣狩り,②まちが絵さがし	3月8回	①ギョーザジャンケン ⑤背中にメッセージ

注) ①交流する，②協力する，③役割分担し連携する，④折り合いをつける，⑤心をかよわすゲーム

最も少ない人を前列に配置すると，引っ込み思案な人も必然的にたくさんジャンケンできるように仕組むことができ，学級全体の交流を増やせます。

[7] クラス遊びをプログラムして学級の人間関係を育てよう

　クラス遊びを単発のレクリエーションとしてではなく，プログラム化して戦略的にクラスの社会化を成熟させましょう。藤枝・相川（2001）が小学校で行なったSST授業では，1年に4回レベルの低頻度の導入では効果がみられないと報告されています。ですから，朝の会・帰りの会や授業での隙間時間の短時間でできるゲームをふんだんに取り入れ，負担の軽いものを日常的に頻発させるのがお勧めです。

　年間のプログラムとしては，1時間の枠で4月と5月に2回ずつ集中的に行なって親和的な人間関係をつくり，夏休み明けの9月にも2回，あとは1か月に1度行なうことができれば理想的です。そんなに時間が取れない場合は，朝の会や帰りの会，授業の隙間で補いましょう（表5-1, 2）。

　プログラムは，自由度と関係性の低い順に①交流するゲームを日常的に繰り返し，②協力するゲーム⇒③役割分担し連携するゲーム⇒④折り合いをつけるゲームと，難易度をステップアップさせます。多くの時間が取れない時は，結果を急がず，①交流するゲームと②協力するゲームをていねいに繰り返すのが賢明です。①交流するゲームと②協力するゲームを実践していると，子供たちに好評の「クラスお気に入りゲーム」が固定されていきます。あれこれ欲張るより子供の反応を見

級友どうしが親しくなるための交流と協力のゲーム

先生（校長, SC などゲスト含）のヒミツ当てクイズ　探偵ゲーム
古今東西ボール回し　かっぱウォーキング
ギョーザジャンケン　人間椅子　大根抜き
木とリス　あるくまジャンケン　探偵ゲーム

図 5-5　1 時間ゲームの組み合わせ　教室篇

グループ対抗の交流と協力のゲーム

猛獣狩り*　ヒントストーミング　たし算トーク
猛獣狩り*　新聞紙タイタニック号
猛獣狩り*　チョークリレー　かっぱウォーキング
猛獣狩り*　伝言ゲーム　絵しりとり

＊ランダムにグループを編成するゲーム。掃除や遠足の班，孤立児のサポート
チームなど固定のグループを親密にする意図があるときは用いない

図 5-6　1 時間ゲームの組み合わせ　教室篇

ひたすらジャンケン　ジャンケンボーリング*
ジャンケン列車　子鳥おに　カモーン
木とリス　手つなぎ鬼　王様ドッヂ
人間いす　カモーン　4 マスドッヂ

＊ひたすらジャンケンでは，1 分間で勝った数を競い，その優勝者と準優勝者が
ジャンケンボーリングの大将になる。ジャンケンボーリングでは，ひたすら
ジャンケンでの勝ちの多い順に大将から順に配置し，最も少ない人が前列に配置
され，必然的にたくさんジャンケンができるように仕組む

図 5-7　1 時間ゲームの組み合わせ　校庭・体育館篇

ながらクラス仕様のプログラムをつくることが最善です。好評なゲームは定番メニューとし，そこに別のゲームを加えてバリエーションを増やしていくのがよいでしょう。図 5-5, 6, 7 にプログラム例を紹介します。

　田上塾主催の研修でよく紹介されるのは「ジャンケン列車」と「カモーン」です。「ジャンケン列車」は，ジャンケンで負けた人が勝った人の背中につながり，それを繰り返して最後には 1 列の列車につながります。

　「カモーン」は，5～6 人でグループを組むチーム戦です。チームからジャンケン役を 1 人決め，スタートラインから 3 メートルくらい距離をとり，それぞれ別のチームの前に立ちます。第 1 走者は，ジャンケン役のところに走っていきジャンケンをし，勝ったらジャンケン役の後ろを回ってチームに戻り，第 2 走者にタッチして列の後ろに並びます。負けたら，ジャンケン役の手前で「カモーン」と仲間を呼びます。チームは前列の人の肩に両手をかけて列になって走って合流し，呼んだ人を先頭に皆でジャンケン役を回って陣地に戻ります。勝てるまで何度も繰り返し，全員がジャンケンを終えたら終了です。

　「カモーン」は，ジャンケンの勝ち負けを競っているようでいて，早く終わって見学するチームはちっとも面白くありません。ジャンケンに負けて仲間と合流するところに面白さがあります。「この面白さを教えるのが教育の真髄」だと田上は主張します。しかし，実際にやってみると負けるのは申し訳なく，勝つことを祈りながらジャンケンし，3 度も負けると「カモーン」が「ゴメーン」になってしまいます。この場面で，担任が発する合いの手の妙味が発揮されるのです。担任が遊び場面に目を凝らし，子供の特性をつかんでいるように，子供たちもまた授業とは違う担任の魅力をとらえるはずなのです。

　仕込みにどんな材料を用意し，どんなスパイスを振り入れるかが担任の醍醐味です。対人関係ゲームの最大の強みは，白熱して面白くなればなるほど担任と子供たちとの一体感がつくられ，学級集団に対する同一化が進みます。

[8]　学級のお別れ会に活用しよう

　心の通い合う温かい別れは，温かい出会いをつくります。学級のお別れ会には，心を通わせ合うゲームを活用しましょう（図 5-8）。

　「ありがとうシャワー」は田上塾の中心メンバーである松澤（2007）が，小学校での自分のクラスで特別な教育的支援を必要とする子供と級友たちを結びつけるために開発したゲームです。グループに分かれて付箋を配り，メンバーと過ごして嬉しかったり楽しかったりした場面を思い浮かべながら，「ありがとう」の

心を通わすゲーム

ありがとうシャワー
背中にメッセージ

図 5-8　学級じまい　別れを惜しむゲーム

思いを込めて付箋にメッセージを書きます。そして「ホットシート」というゲスト席を作り，そこに座るメンバーに順番に近づき付箋に書いたメッセージを伝え，カードに貼ってプレゼントするというものです。

　また，田上塾のメンバーが毎年長野で開催する「対人関係ゲーム」の宿泊研修では，プログラムの最後に「背中にメッセージ」ゲームが行なわれます。全員が背中にリボンを通した色紙を背負い，それぞれがペンを持って皆の背中にメッセージを書くのです。それは，その時に読んで嬉しいだけでなく，次に会った時の心理的距離を格段に縮めるあたたかいツールとなるのです。

[9]　保護者会にも活用しよう

　中学校の教師経験が長い鹿嶋（2010）によると，保護者が保護者会に求めるものは次の４つです。⑴学校，学級，わが子の様子がよくわかる，⑵教師の教育実践の様子がわかる，⑶保護者どうしの情報交換ができる，⑷保護者が不安や悩みや要望を話すことです。

　しかし，転入生や，課外活動に参加しておらず，他の保護者との関係をつくる機会が少ない保護者は，１年に数回の保護者会だけでは情報交換できるほど親しくなることができません。そこで，せっかくの保護者会で短時間でも交流するゲームを活用して話ができる関係をつくると，ネットワークづくりができ，保護者どうしのピアサポートに発展することが少なくありません。

　交流するゲームとして，やはり使い勝手がよいのはジャンケンです。小学校教師だった岸田（2010b）は，多くの保護者との交流を目的に「ひたすらジャンケン」「あいこジャンケン」。そしてウォーミングアップで馴染んできたら，ペアでのジャンケンで勝った人から「ソウルフード」を語り，次々に別の人とジャンケンをして「ソウルフード」を教え合うゲームが好評を博しました。また，課外活動や同じ幼稚園・保育所，地域など共通性のある人どうしが集まる「グルーピングゲーム」を行ない，それぞれに「ソウルフード」「好きな食べ物」「得意な料理」などを紹介してもらうと，新しい一面が発見されて仲良くなりやすいそうです。

2　集団療法での問題解決的活用

[1]「気になる子」や転校生を級友と結びつける場合

　学校適応とはイコール学級適応のことなので，学級適応が課題の子供には，学級との橋渡しの役割を担う級友の存在が必須です。そこで，担任が級友の中から対象児をサポートできそうな子供２〜３人を選定し，彼らと同じグループになるように仕組んだグループ遊びを繰り返してみましょう（図5-9）。

　「新聞紙タイタニック号」は，強い叱責後に溝ができてしまった学級の子供たちとの関係を修復するために小学校の先生が考えたゲームで，先生自身の子供の保育参観で見学したゲームがアレンジされました。１人１枚の新聞紙をもらってグループに分かれ，グループは新聞紙をくっつけて「タイタニック号」を作り，その上に乗り込みます。リーダーと全員がジャンケンをして，負けたら新聞を半分に折り畳んでいきます。折り畳まれて全員が乗れなくなった「新聞紙タイタニック号」は真冬の大西洋に沈没してしまいます。そして，最後まで残ったグループが優勝です。

　新聞が折り畳まれ，船の面積が小さくなるほど子

教室篇	校庭・体育館篇
チョークリレー たし算トーク ヒント・ストーミング 聖徳太子ゲーム 伝言ゲーム 新聞紙タイタニック号 まちが絵さがし 割り箸スタンド ありがとうシャワー	カモーン ジャンケン列車 人間いす くま・きじ・きつね

図5-9　グループで行う遊び

供たちは体を寄せ合うので，物理的な距離感とともに心理的な距離感を縮めることが狙いです。その担任は，関係を修復したいグループに自分が加わり，ジャンケンをするリーダーをスクールカウンセラーの筆者が担いました。担任は，船が小さくなるにつれて片足で立つ子供をおんぶしたり抱っこしたり，グループとの関係修復のきっかけを掴みました。

　夏休みが明けると，その先生の小学6年クラスに転校生がやってきました。先生はすかさず初日の学活の時間に「新聞紙タイタニック号」を行ないました。皆とジャンケンをするリーダーは先生です。転出校からの指導要録では，その男子生徒は成績も運動も中の上で，適応を阻む課題はなさそうにみえました。転出前の小学校では野球クラブに所属していて，転校後も続けたいというので，担任は部活動ごとにグループを組ませて「新聞紙タイタニック号」をつくりました。1人1枚の新聞紙をつなぎ合わせて「タイタニック号」をつくるこのゲームは，グループの人数がばらついても不公平にならずにできるグループ遊びです。転校生は野球クラブチームに加わり，チームで新聞紙をつなげました。先生が皆とジャンケンを繰り返し，新聞紙が折り畳まれてだんだん小さくなっていくと，メンバーのそれぞれがくっつき合い，おんぶや抱っこで支え合います。同じチームで「新聞紙タイタニック号」を2セットマッチ行なうと，野球クラブチームはすでに転校生と打ち解けている様子が伝わってきました。業間休みになると，野球部の彼らに誘われて転校生も校庭のサッカー遊びに飛び出していきました。転入の紹介からわずか2時間後のことでした。

　同時期の同じ小学校に，夏休み明けから登校できなくなった2年男子ハルトくんがいました。母親がスクールカウンセラーの筆者に相談に来てくれました。夏休みの間に幼稚園以来ずっと仲良しだった男児が転出して，一人で過ごす教室は家庭での留守番よりも淋しいと洩らし，登校を渋っているというのです。ハルトくんは，成績は平均に少し届かないけれど，読書とゲームが好きな物静かな子供でした。ハルトくんは，登校しても体調不良を訴えすぐに保健室に行き，早退することが多かったというので，母親面談には担任と養護教諭にも同席してもらい，4人で作戦を練りました。仲良しが転出したクラスには，幼稚園時代に時々遊んでいた子供も何人かいました。そこで，母親が午前のうちにハルトくんを保健室に連れてきて養護教諭と3人で人生ゲームを囲み，給食から幼稚園での遊び仲間の男子2人と社交性の高い女子2人の4人が合流し，昼休みは皆で人生ゲームをすることになりました。

　作戦は当たり，1週間後のハルトくんは母親が帰宅しても保健室にいられるようになりました。2週目の昼休みの人生ゲームには担任も加わり，3週目には体育でのクラス遊びに誘いました。そこでのメニューは，「新聞紙タイタニック号」で，保健室での人生ゲームの遊び仲間がチームを組みました。皆とジャンケンをするリーダーの担任は「ハルトくん勝て！」と祈りながら拳を出していたそうです。祈りが通じてハルトくんの新聞紙はなかなか折り畳まれず，チームは見事に優勝を果たしました。2回戦のリベンジマッチでは，チームの皆に「ハルトくん勝って」「ハルトくんすごい」と励まされたり頼りにされたりしているうちに硬かったハルトくんの表情が和み，その次の「手つなぎ鬼」では楽しそうに体育館を駆け回っていました。それからハルトくんは，養護教諭に付き添われて時々教室の授業に参加し，その翌週から教室に登校できるようになりました。

[2]　発達障害傾向の子供と学級をつなごう

　いまや通常学級の中には，10パーセントを超える発達障害やその傾向をもつ子供が存在している時代です。発達障害の支援は，特別支援学級だけでなく通常学級でも行なわれることが当たり前になりました。発達障害では，中枢神経系の機能不全が指摘されてきましたが，担任も級友も「わがまま」「逸脱行動」などの印象を抱きやすく，本人は「わかってもらえない」という孤立感を抱いて人間関係には摩擦が生じがちです（岸田，2010a）。つまり，発達障害傾向の子供たちとの関係

を制す教師こそ学級経営を制すことができるのです。

　小学4年クラスの担任は，自閉スペクトラム症のレンくんをどうしてもかわいいと思うことができず，教師としての自信を失っていました。新学期の4月に板書をノートしないことを注意すると，「人に迷惑をかけないのにどうしてダメなのか，どうして選択の自由がないのか説明してほしい」と問われて窮しました。注意すると屁理屈で返され，強く出ると「先生に責められて頭が痛くなった」と机に伏せたり，パニックを起こして暴れ出します。担任は，授業が始まっても教科書もノートも出さず，図鑑や漫画に見入っているレンくんに何も言う気になれません。級友も距離を置いて接していました。しかし，授業参観でそんなレンくんの様子を知った両親から，ほめて伸ばす積極的な指導をしてほしいと配慮要請が届きました。

　そこで，スクールカウンセラーだった筆者が母親と本人と担任との4人で合同面接を行ないました。あらためて教科書もノートも出さない理由を尋ねると，本人は勉強ができなくなって困るのは自分だけなので迷惑がかからないと判断していることがわかりました。筆者は担任とともに，学校での授業は集団で行なうものなので，全員が同じルールを一斉に守らなければ授業が妨げられてクラス全員に迷惑がかかることを主張しました。反論を繰り返しながらもレンくんは納得して授業ルールを守る約束をし，1週間に1度担任とスクールカウンセラーの3人で授業場面での不具合について話し合うことにしました。

　レンくんは，全体像を理解しないと納得できないらしいことがわかりました。そのため担任は，授業開始時に，(1)めあて，(2)教科書のページ，(3)課題やワークのページを板書し，最初に授業の流れを説明しました。板書のうち，ノートしてほしいところは色チョークで囲むという授業ルールもつくりました。すると，レンくんは授業に意欲を示し，板書もノートにとれるようになりました。担任は，授業の工夫がレンくんの学習意欲に直結することがわかり，どのように展開すればレンくんの博学ぶりを生かせるのか考えるようになりました。スクールカウンセラーが授業準備の負担を心配すると，担任は「見通しを示すことで意欲を増したのはレンくんだけでなくクラス全員で，こんなに食いつきの良い授業ができてむしろ嬉しいんです」と達成感を語ってくれました。レンくんも多動ぎみの子供も，「いまここをやっているから，もう少し頑張れる？」と声をかけると，スムーズに課題に取り組むことができるというのです。

　授業が改善されると，担任はクラスの求心力を高めようとクラス遊びを計画しました。とりわけレンくんが気に入ったゲームは「ヒント・ストーミング」でした。それは，制限時間内の正解数を競うグループ遊びで，回答者が顔を机に伏せて目隠ししている間に，隣の子供がお題を書いたカードを見せ，メンバーはブレーンストーミングで回答者にヒントを与えます。正解したら時計回りで次々に回答者が交代するのですが，発想豊かなレンくんは，思いつくままヒントを出すのも，ヒントから連想するのも大好きになりました。ところが，好きな食べ物のお題で，アボカドとカードに書いた時，出題者のレンくん本人も含めて誰もヒントを思いつかず，グループは1問も正解できずに時間切れになってしまいました。

　そして，この事件がレンくんを変えました。それまでのレンくんは，授業中の勝手な発言を注意されるとふてくされていたのですが，同じ場面で「アボカド発言だった」と反省を口にするようになったのです。すかさずレンくんの省察を褒める担任。そんなレンくんに声をかける級友も増えていきました。

　さらに担任は，夜に仕込んで朝の会でなぞなぞを1題投げかけ，帰りの会で子供たちにその回答を聞くことを日課にしました。子供たちの反応の良さは，担任の予想を超えていました。笑いに満ちた学級は，担任の疲れを吹き飛ばす最大の活力源となりました。レンくんの両親が苦情を持ち込んだ10月の担任は，授業のたびにイラ立ち，教師に向いていないのではないかと落ちこむ毎日で

した。でも，年度末の担任には，レンくんの両親はもちろんたくさんの保護者から感謝が届きました（中村，2008）。

[3] 荒れている学級での活用

　学級の荒れとは，一部の子供の精力に学級が振り回されて集団ルールや秩序が崩れている状態で，エスカレートすると学級崩壊につながります。荒れている学級には，先生の指導と噛み合わない攻撃性の高い子供が存在しています。先生が指導すればするほど子供たちは徒党を組んで荒れ狂っていくのです。

　そのような学級を荒らす子供の話を聞くと，ほぼ例外なく彼らは教師への失望を抱えています。彼らの話では，失望にいたったエピソードが熱く語られますが，その背後には子供なりの「こうあってほしい」という願いが潜んでいます。彼らを統制しようと高圧的な先生には壁をつくって牙を剥いても，その願いを叶えるために奔走する先生には驚くほど素直に心を開きます。

　河村（1998）は，教師の指導態度は(1)集団体験志向タイプと(2)管理志向タイプに分かれ，これが学級の荒れに直結すると説いています。(1)集団体験志向タイプは，子供各人が学級内で認められるように人間関係をコーディネートする教師です。(2)管理志向タイプは，学級集団全体を上位から統制しようとする教師です。(1)集団体験志向タイプの方が学級は荒れにくい傾向にありますが，学級集団の統制のキーワードは「ルール」と「リレーション」で，これが崩れるといずれのタイプであっても学級は荒れ始めることが予測されるというものです。

　小池（2010）は，田上塾を支えるメンバーで，中学校の養護教諭です。夏休みが明けてツムギさんが母親にいじめを訴え，その母親が養護教諭を訪ねて死にたいと訴えるツムギさんの窮状を相談しました。保健室登校を勧めると，ツムギさんは保健室に通い始めました。

　それまで自力で何とかしたいと頑張っていた担任は，学年部の教員に「いじめや不登校などが起き，どうしてよいのか困っている」と，学級での問題を伝えました。1学期から騒々しく逸脱行動を繰り返す4人グループへの指導に終始しているうちに，学級経営方針と現実の子供の様子がかけ離れてしまったというのです。バーンアウト寸前にも見える担任のクラスで，養護教諭が対人関係ゲームの授業をかってでました。

　クラスの子供たちは仲良しグループに分かれて行動し，全体の交流が見られなかったので，養護教諭は学活のたびに「ジャンケンバリエーション」と「木とリス」だけを根気強く繰り返しました。複雑なルールのゲームでは，子供たちの注意がバラバラに拡散し，実行させるところまでいたらないと判断したからです。ジャンケンは，関係性も自由度も低い遊びです。小池が最初に選んだのは，後出しジャンケンでした。次にひたすらジャンケンをして，あいこジャンケンをしました。最初のうち，4人のグループは参加せず，体育館の後ろの方で見ていましたが，1人が参加すると残りの3人もやがて群れに交じってジャンケンをしていました。そこで小池は，クラスを2チームに分けてジャンケンボーリングをしました。配置はあらかじめ担任と打ち合わせ，ホワイトボードに書いておきました。話し合いや口頭での指示を避けたのは，喧騒と混乱が予測されるからです。

　そして，最後のゲームは「木とリス」です。鬼を一人決め，残りの人は3人組をつくります。2人は向かい合って上方に挙げた手を合わせて木を作り，1人はその間に入ってリスになります。全員の準備ができたら，鬼は①～③の3つのセリフのどれかを叫びます。①「オオカミが来たぞーー」では，木は動かずにリスだけが他の木に移動します。②「きこりが来たぞーー」では，リスは動かず木だけが他のリスのところに移動します。③「嵐が来たぞーー」では，全員が移動し新しいチームをつくります。鬼は，皆の移動に加わってリスや木になり，あぶれた人が次の鬼になるというものです。攻撃児の一人は，右往左往する級友に「ここが空いているよ」「早く，こっちこっち」と

声をかけていました。

　養護教諭は，ゲームで合図を出すリーダーを担い，担任にはゲームに参加してその中で子供たちに声をかけてもらいました。攻撃グループは，担任とジャンケンをして「勝った」「負けた」とはしゃぎ，木とリスでは「先生が鬼だー」と笑いました。担任は，彼らに対して叱責以外での交流がほとんどなかったことに気づきました。そして，ゲームでの彼らにはたくさん良いところがありました。

教室篇	校庭・体育館篇
大根抜き	凍り鬼
ギョーザジャンケン	あるくまジャンケン
デイジーチェーン	手つなぎ鬼
自己紹介バスケット	木とリス
探偵ゲーム	ジャンケンボーリング
古今東西ボール回し	子鳥おに
かっぱウォーキング	４マスドッヂ
背中にメッセージ	王様ドッヂ
誰のキーワード	けいどろ，くまがり

図 5-10　全員が交流する遊び

　小池は，子供たちの良いところを見つけると，すかさず皆の前で「今の助け合いはすばらしい」「この対応に先生は感動した」などと拾い上げては紹介し，良い行動を強化していました。褒められた子供たちは嬉しそうに笑い合って，これまでのクラスにはなかった親和的な雰囲気が生まれました。

　自分は，子供のできていないところばかり探していて，ネガティブな交流ばかり繰り返していたのだと担任は振り返りました。体育科の担任は，授業での準備体操に「ジャンケンバリエーション」を使うことにしました。養護教諭は，保健室からツムギさんを連れ出し，一緒に参加しました。最初は尻込みをして体育館に入れなかったツムギさんのところに，何人かの女子が走ってきてジャンケンをしてくれ，それを繰り返しているうちに体育館の中でのジャンケンに参加できるようになりました。もちろん養護教諭が率いる学活での対人関係ゲームにも参加できるようになっていきました。

　養護教諭主導のこのプログラムは約３か月継続し，その間にクラスは変貌を遂げました。ツムギさんも教室に復帰し，対人関係ゲームのリーダーは担任にバトンタッチされました。バリエーションを増やした対人関係ゲームで，クラスには和気がみなぎるようになりました。

　図5-10に学級全体で交流できる遊びをまとめました。

[4]　対人関係ゲームを行なってはいけない場合

　ゲームには必ずルールがあり，ルールで構成されています。一方，標的いじめや学級崩壊は，ルールを崩すことがゲーム化されている現象です。

　「対人関係ゲーム」という，いかにも楽しそうな情景が連想される本技法は，いじめや学級崩壊での人間関係の改善に試みたいという教師の相談がよく持ち込まれます。しかし，ルールが成立しない状態で行なわれても，ゲームを楽しむことはできません。ジャンケンでさえ簡単に攻撃の凶器と化すのです。

　ジャンケンで鬼を決めるなどの場合，皆で申し合わせ「グーパーチョキチョキグーパー」などと根回しすれば，何度かジャンケンしているうちに，根回しに加えられていない子供だけが浮き上がって固定で鬼が回っていくのです。そのようなゲームは進行につれてむしろ殺伐として，親和的な仲間づくりのはずが真逆の効果しか生み出すことができません。

　担任への攻撃がゲーム化されている場合には，小池（2010）の実践のように担任に参謀をつけ，教師側がチームを組んで勢力のコントローラーを子供に渡さないことが肝要です。まずは総力を上げて学級ルールを立て直し，それからゲームを用いて関係性の修復をはかるのが賢明です。

3　個別療法の活用

[1]　支援者との関係形成に活用しよう

　個別支援が行なわれるのは，不登校に陥って学級集団から隔絶された場合です。不登校は，学校不適応の究極の状態ともいえ，担任のサポートが奏功しなかった結果ですから，当事者は，学校からの支援者に心を閉ざしている場合が少なくありません。また，抑うつ症状を発症している場合も多いので，心理的侵入度が低くエネルギーの表出レベルが抑制された静的なゲームが向いています。自由度と関係性と心理的侵入度が低いほど，心理臨床では関係形成のリスクが小さく，安全なツールと称されます。心理的に踏み込むのは，このような安全なゲーム場面で支援者が自分自身の感情を開示し，それをモデリングして子供側も感情表出できるようになり，そのような連続線上で自己開示の段階を上げながらお互いに共感し合える信頼関係の土台がつくられた後のことなのです。

　たとえば「オセロゲーム」のようなポピュラーなボードゲームは，子供がそこに座っていてくれれば，テーブルの上に乗せるだけでルールの説明もなく始められる便利なツールです。

　「トランプ」も大変使い勝手のよい便利なツールです。支援者と 2 人での対戦ゲームとして，筆者がよく使うのは「二人ババ抜き」です。手札のジョーカーがどちらの手にあるかが一目瞭然なので，支援者が「うわっっ，ババを引いてしまったよ」「わーい！ババを引いてくれてありがとう」などと大騒ぎすると盛り上がります。また，「ババ抜き」という閉ざされた安全な場面なので，支援者がゲームの流れに乗って「うわーー」「やったーー」などの感情を表出すると，これがモデルとなって子供も感情を表出できるようになります。感情が表出された場面は見逃さず，それに呼応して会話を進めるとわずかな時間でも関係性が深まります。カードゲームでは，間合いに緊張があっても，いかにも手札に注意を向けているように繕え，さらにゲームの流れで話題を振り出せます。

　「スピード」は，トランプを赤と黒のカードに分け，自分の前に 4 枚の場札と，中央にそれぞれ 1 枚ずつの台札を開き，この 2 枚の台札の数字につながる数字を場札から出し，伏せたカードから場札を補充しながらカードを出し切るスピードを競います。対面での支援場面を重ね，何度か「スピード」で対戦していると，カードを出すスピードで子供の状態が理解できます。動作が緩慢であるほど状態は思わしくなく，好転すると所作がスピードアップします。また，支援者との関係形成の深度のバロメータでもあります。まずはノリノリでゲームができる関係形式を目標に支援に取り組みましょう。

　また，中学生になると，学校生活の節目に試験期間が折り込まれるので，不登校の子供は学習の遅れを気にかけています。そこで，「せっかく登校できたのだから，少し勉強もしてみよう」と，「英単語カルタ」や「四文字熟語カルタ」などの学習ゲームを広げると予想以上に食いついてくれます。とりわけ長期不登校の生徒が 3 年に進級してから再登校を手繰り寄せた場合は，高校進学を意識しているので，現実の学力に直面せずに関係づくりと勉強ができる学習ゲームがお勧めです。

[2]　保護者ともチームを組んで支援を広げよう

　筆者は，中学 3 年の不登校生徒の相談で「私の息子が受験勉強の代わりに遊んでいたのだけれど，せっかくだから一緒にやってみない？」と，「四文字熟語カルタ」をテーブルに広げました。その男子生徒は，1 年の夏以来家庭にこもっていて，母親に連れられて来ましたが，本人からは意地でも口を開かないという決意がよく伝わってきたのです。筆者が読み札を読み上げると，母親が必死

にカードを探し「はいっ」と取ってくれました。もちろん筆者も参戦しました。本来，成績優秀なその生徒は大人たちが手加減をしていないことを見極め，最後の方でカードを取りました。能力とプライドの高い中学生は，大人の手加減を嫌うのです。

　せっかく参戦してくれた彼を歓迎してリベンジマッチを行ないました。カードを探しては取る息子の姿に，いかにも平成を装う気丈な母親は「1年半ぶりの学校なんです」と感極まって涙を流しました。筆者は，あえてペースを崩さず読み札を読み続け，彼もいかにも平然とカードを探しました。帰宅後，彼は母親に「あれなら来週も行ってもいい」と告げたのだそうです。「四文字熟語カルタ」の間，全身全霊で彼はスクールカウンセラーの人となりを見極めていたはずです。しかし，自由度と関係性と心理的侵入度が低い「四文字熟語カルタ」の媒介なしに彼との関係形成は不可能だったことでしょう。

　彼は毎週スクールカウンセラーとの相談に通ってくるようになり，「四文字熟語カルタ」以外にも「英単語カルタ」をしたいとリクエストされました。「それは買ったことがないんだけど」というと，インターネットでチェック済みで，いくつかの候補があげられました。そこで，その1つを用意して持参すると，ことのほか喜び，それをきっかけに不登校の経緯や進路不安が語られるようになりました。そして，彼は校内支援室への登校を経て高校進学を果たしました。

　「英単語カルタ」は，不登校で緘黙の女子生徒にも活用しました。あらかじめ相談に来てくれた母親から英会話教室が併設されている幼稚園に通っていたと聞いたからです。母親に連れられてスクールカウンセラー室にやって来た彼女は，緊張しきっていたので，すかさずテーブルにカルタを広げました。最初は筆者が読み札を読みましたが，初回から表情が崩れていたので，2回目は読み札を分け，筆者と母親と彼女の順で輪読しました。「英単語カルタ」の読み札は「cat」「cake」など1秒で読み上げられる単語ばかりです。彼女は思いのほか明瞭に単語を読み上げました。この時の母親も，相談室とはいえ登校でき，しかも発声しているわが子の姿に声を詰まらせました。その母親を見て娘も涙を流し，2人とも泣き声でカルタを続けました。そして彼女も毎週のスクールカウンセラー室への登校から，保健室登校を経て別室登校の定着に至りました。

　支援者と子供の信頼関係を深める最大のポイントは，浅い関係形成からスタートして少しずつ関係を深め，本来相談したいと思っている問題の解決につなげていくことです。支援者自身が自己開示をしてスモールステップで関係を深め，子供の内面に踏み込み，それまで抱えてきた問題を1つずつ解きほぐしていくのです。相手が解決したいと考えている問題を見過ごしたり，回避して浅い関係を続けていても，信頼関係は深まりません。どんなに楽しいゲームが用意されても，問題解決に導いてくれない支援者には信頼を寄せられないからです。

　そして保護者は，そんな我が子の一挙手一投足をハラハラと見守り，子供の評価で支援者を評価します。不登校とはすでに支援者との関係が途切れた状態なので，支援内容に疑心暗鬼を起こしている場合も少なくありません。しかし，保護者は誰よりも膠着から脱却したいと願っている支援者なので，子供とは別枠で相談をして，具体的な支援方針を提示し，それに納得してくれると強力なサポートが得られます。上記の事例も，学校に足が向かなくなるたびに，どれほど家族がサポートしてくれたことでしょう。

[3] 別室登校などの小集団グループの仲間づくりに活用しよう

　筆者はスクールカウンセラーで，学校への勤務頻度は多くても1週間に1日しかないので，支援対象の子供の社会化の段階を上げるためには，筆者との関係が形成されたら，担任や養護教諭など教師との関係につなぐことを考えます。また，別室登校を受け入れてくれる学校では，校内支援室に対象児と一緒にお邪魔して，先生や子供たちとのグループの関係づくりの支援をします。支援者

との信頼関係をバネにして他者との関係を結びつける場合の秘訣は，支援者が子供の分身として補助自我を担うことです。うまく返答ができないときはすかさず支援者が助け舟を出して場の雰囲気を繕います。そして，後で個別に感想を聞いて各場面の不安に対処し，不安を残さないことが大切です。

　トランプを用いた関係形成は，「ババ抜き」や「大富豪」が人気です。また，グループでの学習カルタも盛り上がります。

　グループ遊びでは，カードゲームやボードゲームがいたって便利なツールなので，本屋やショッピングセンターなどの陳列で，これなら支援者自身も楽しめると思うものを選ぶとうまくいきます。個別支援は，ネガティブな状態の子供との出会いからのスタートですから，支援者がつくり出すポジティブな雰囲気の投影で対象児の変化が促されていくのです。

[4] サポートグループとの関係形成に活用しよう

　不登校や別室登校など，学級から離れた状態にある子供が学級に接近するためには，級友のサポートグループの形成が有効です。サポートグループは，学級につくられている仲良しグループの中から，対象児との相性やメンバー自身の安定感について本人と担任とで話し合って候補を絞ります。対象児は，自分と同質性の高い子供たちのグループを選びがちですが，ともすれば孤立ぎみ不安定な子供グループを選択する場合も多いため，担任が安定度の側面から助言を加えます。サポートには安定度が必須で，グループ自体が不安定だとすぐに破綻してしまい，サポートの逆の作用をしてストレスの種になってしまうからです。サポートグループが選定できたら，担任がグループに事情を伝えてサポートを依頼し，選出の背景や意図を伝え，グループ全体の同意を得て動機づけします。グループが対象児の受け入れに対し，ポジティブな動機を獲得できるかどうかが成否を決めるといっても過言ではありません。異質性との共存とサポートは人間としてのキャパシティを広げ，価値観や行動様式に厚みをつくります。しかし，仲良しグループは同質の級友どうしが惹きあって形成されるので，そこに異質性を受け入れ，グループのバランスの取り直しをするのは大きな負担がかかります。そのため，グループと対象児を結びつけるためのゲームが重要な役割を果たします。

　「たし算トーク」は，田上塾で開発されたグループゲームです。まずは0から9まで3通りずつ準備された「はなしの種」シートを用意します。そして，グループごとにスターターを決め，指0本から5本まで6通りの出し方でジャンケンをし，全員の指の数を足した1桁の数のお題に沿って時計回りに答えていくというものです。「はなしの種」は，話題として面白く，メンバーが傷つかないようにナンセンスで心理的侵入度の低い質問で構成されています。当たったお題にただ答えていくだけのゲームですが，回答にはその人らしさが表出されるので，メンバーの意外な一面に出会うことが多く，親密度を深める力をもっています。

　掲載した「はなしの種」は，筆者が適応指導教室のスタッフ3人の協力を得て作成し，さらに研修などで成人も使えるようにアレンジしたものです。これを聞かれたら笑ってしまうしかなく，でも聞いてみたいお題をブレーンストーミングで出し合い，適応指導教室に通う子供たちをイメージして取捨選択したり文言を変えたりして作成されました。4番の1段目「できないけどやってみたいことは」というお題を考えてくれた先生は映画好きで，スパイをイメージしながら思いついた質問だそうで，それを聞いた作成チーム一同は大爆笑となりました。

　対象児のサポートグループのような小集団では，「これ以外にも皆にどんなことを聞いてみたい？」と投げかけると，支援者とのコミュニケーションツールにもなり，スペシャルな「はなしの種」を作成することができます。先の事例のアカネさんとキミカさんグループを結びつけた場面でも，この「はなしの種」づくりをしました。面白がって乗ってくれたキミカさんの発問をお題にす

ると，それを見ていた級友も発言してくれて新しいお題ができ，つられたアカネさんもアイディア
を出してオリジナル版がつくれたのです。(1)先生の中で一番イケメンなのは，(2)一番豪華な食事を
していそうな先生は，(3)一番長生きしそうな先生は，(4)クラスで最初に結婚しそうな人は，(5)メイ
クで変身しそうな級友は……というような調子です。身近な話題の「はなしの種」は盛り上がり，
お題づくりから３人は笑い転げていました。また，自分が発案したお題に皆の回答を寄せてもらえ
ることはとても嬉しかったようで，自己効力感を満たす大はしゃぎのゲームとなりました。ゲーム
を通した浅いレベルでの自己開示と，受容・共感されることで得られる自己効力感，そしてともに
大笑いする情動体験の共有がアカネさんのグループに対する同一化動機を高めたのです。２年間足
を向けていなかった学級にわずか２週間で復帰できたのは，アカネさん自身に内発されたグループ
ソーシャライゼーションによるものでした。

協力　ヒント・ストーミング

1) グループを組み円座に座る。配られたカードを2つに折り，左側に好きな食べ物，右側に生まれ変わったらなりたい動物など指定されるお題を書き，中身が見えないようにして自分の前に置く

2) 回答者を決め，回答者は何も見えないように顔を伏せる

3) 回答者の左隣の人が沈黙のままカードの左面をメンバーに見せ，回答者の背中をトントン叩いて合図し，カードをしまう

4) 体を起こした回答者に，メンバーはブレーンストーミングで思いつく限りどんどんヒントを出し，回答者は正解まで何度でも答える

5) 正解したら，出題者が次の回答者になって机に伏せ，さらにその左隣の人が出題者となり，時計回りに繰り返す

6) 左面の問題が一巡したら右面が出題され，制限時間(2～3分が白熱)での正解数を競う

協力　新聞紙タイタニック号

1) グループをつくり，1人1枚の新聞紙を配る

2) グループは新聞紙をくっつけあってタイタニック号をつくり，全員が必ず新聞紙の上に立つ

3) インストラクターが集団の全員とジャンケンする

4) ジャンケンに負けた人は，新聞紙を半分に折る

5) 新聞紙の船に全員が乗れなくなったグループから脱落，最後まで残ったグループが優勝

連携　くま・きじ・きつね

1) くま・きじ・きつねの3チームに分かれ，それぞれの陣地を作り，ボールやポールなどの宝を飾る

2) くま→きつね→きじ→くまはきつねを，きつねはきじを，きじはくまを捕まえることができ，敵となる

3) それぞれ敵に捕まらないように，敵陣の宝を奪ったチームが勝ち

＊きつねがきじと組んでくま陣地に行ったり，おとりなどの作戦を立てるとチームワークが増し，白熱する

連携　くまがり　学級成熟の定評ゲーム

1) 集団を2グループに分け，各グループからクマ2名を選ぶ

2) それ以外の人は，キジとキツネに等分に分かれる

3) 各チームに宝を配り，それぞれ陣地を決めて宝を置く

4) 相手の宝を奪い自分たちの宝にタッチするか，クマ2人を捕まえたら勝ち

5) クマを捕まえられるのはキジだけで，キツネはキジ，クマはキツネを捕まえる

6) 誰かを追いかけているとき，相手チームの同じ役割の人にタッチされると「パッカン」と言い，追いかけはリセットされる

7) 捕まった人は相手陣地の宝の前に手つなぎで連なり，仲間にタッチしてもらうと解放される。陣地内でタッチされると全員が逃げられ，陣地外でタッチするとその人から先の人だけ逃げられる

8) パッカンや助けたり助けられたりしたあとは，必ず自分の陣地に戻り，宝にタッチしてゲームに戻る

適応指導教室から学校復帰を促進する支援モデルと別室登校法

第6章

1　学校臨床との出会い

[1]　別室登校との出会い

　筆者は，専業主婦を経て39歳でスクールカウンセラーになりました。スクールカウンセラー活用事業は1995年から開始され，筆者が採用された2000年早々は，スクールカウンセラー側も受け入れ側の市教育委員会（以下市教委）や学校も，どのように「スクールカウンセラー」という人的資源を活用すればよいかの手探りをしている模索期にありました。

　当時，筆者が配置された学校を管轄する市教委では，指導主事の益子（2021）がスクールカウンセラーを活用した当該市の教育相談システムをつくりたいと意欲に燃え，頻繁に学校を訪ねてくれました。その当時，当該市の不登校率の高さは全国トップで，益子は増加の一途を辿る長期不登校の打開策を求めていました。

　益子は，半年以上の長期不登校に陥ってしまうと，ストレートな教室復帰が難しくなるので，とりわけ身体症状などで不安が高いアンバランスな子供の立て直しをスクールカウンセラーが担い，そこに教師が加わって教室復帰に結びつけられないかと考えました。

　そのような期待の中で，筆者の配置中学校では，小学2年から中学2年まで6年もの長期不登校に陥っていたタケルくんが最初のモデルケースとなりました。タケルくんは，対人緊張が高い緘黙でしたが，ゲームスピードが速く，パソコンの学習ゲームソフトを選んで持参すると，驚くほどの集中力を見せました。支援開始当初のタケルくんは，指算での足し算以上ができませんでしたが，学習ゲームと学習マンガにハマってくれ，6か月の相談室登校を経て四則演算をマスターして会話もできるようになりました。相談室登校が定着したタケルくんは，現実的な進路を考え始めました。自己効力感が次の行動動機を生み出したのです。そして，受験準備を前提に，スクールカウンセラーの勤務日以外も登校できるように特別支援学級への入級を決意しました。6年ものブランクを埋めるには，個別指導や仲間との関係づくりの経験が必須だったからです（中村，2004）。

　タケルくんを送り出した相談室には，1年の夏から家庭にこもっていた3年のユウスケくんの支援依頼が舞い込みました。筆者は，若い担任と一緒に家庭訪問をして相談室登校を誘いました。高校進学を意識し，内心では焦燥に駆られていたユウスケくんは，スクールカウンセラーの出勤日だけという条件で再登校を始めました。ユウスケくんは，1年時の部活動での顧問の指導に納得できず，その仲裁をした担任や学年主任の指導にも納得できず，教師に不信感を抱いていたのでした。相談室登校を始めたユウスケくんと数学の問題に取り組んでみると，面積の学習からつまずいていることがわかりました。それを伝えると，担任の空き時間に個別指導が始まりました。学年主任は，頻繁に顔を出してゲームや漢字練習につきあってくれました。また，ユウスケくんが登校していると知った級友は，毎週昼休みになると相談室に遊びに来て，筆者が持ち込む歴史の年号カルタやことわざカルタなどの学習ゲームに興じ，彼らに誘われてユウスケくんは教室に戻りました。支援開

始から4か月後のことでした（中村・田上，2005）。

　ユウスケくんを送り出すと，半年間不登校が続いていた2年のヨシミさんの支援が依頼されました。そこで，ユウスケくん同様に，担任と家庭訪問をして，その後何度か家庭訪問を繰り返すと，ヨシミさんも相談室に登校を始めました。ヨシミさんは優秀で学習に遅れはなく，スクールカウンセラーに級友とのトラブルを打ち明け，相談室の中で彼らと和解すると教室復帰を果たしました。

　こうして筆者がスクールカウンセラーとして長期不登校の生徒を1人ずつ相談室登校に誘い，6人の相談室登校に対応しているうちに，勤務2年目の終わりには当該校の不登校がゼロになりました。

[2]　うまくいく別室登校とうまくいかない別室登校

　ところが，同じ市教委の管轄で，同じようにスクールカウンセラーとして勤務してもうまくいかない学校がありました。それはタケルくんの中学校の約半分の規模で，生徒指導部の教師が強い使命感をもって仕事をしていました。タケルくんたちの中学校でも，もちろん教師は使命感をもっていましたが，学校全体が荒れていたこともあって手が回らず，相談室登校の受け入れは1週8時間1日4時間の2日勤務だった筆者がほとんど一人で担っていました。

　これに対し小規模の中学校は，筆者が1週8時間1日勤務を選択していたこともあり，教育相談主任のベテランの女性教師が運営する相談室登校の手伝いをしていました。そこには中学1年のハルカさんが時々登校してきました。教育相談主任は担任からプリントをもらい，ハルカさんがそれを解いている間，自分の授業のテストの採点や書類の作成などの仕事をこなしながら待っていました。ハルカさんは，チャイムが鳴ると大概は帰宅を選択し，未完成のプリントは提出せずに持ち帰りました。プリントは教科書を見ながら埋めるように指示されていましたが，ハルカさんの勉強ぶりはお世辞にも熱心とはいえませんでした。プリントが解けるほど学年なりの学力が備わっていないのではないかと筆者が教育相談主任に問いかけると，「それはわかっているが，学年部が用意した教材なので活用せずに無視するわけにはいかない」との返答でした。ハルカさんの相談室登校の足は少しずつ遠のいていきました。

　筆者自身のスクールカウンセラーとしての仕事は，タケルくんの中学校では相談室登校の依頼が相次ぎ，初年度から目の回る忙しさでした。一方，ハルカさんの中学校では1回1,2事例の保護者の相談依頼だけに対応したので，仕事量で比較すると同時期の同一人物とは思えないような大差が生じていました。

　そのような機能不全を抱えていたにもかかわらず，その頃の筆者は，当地での数少ないスクールカウンセラーとして，長期不登校の子供の支援方略についてのレクチャーを求められる機会が増えていました。

　2000年当初の不登校は，「不治の病」と新聞報道されるほど長期化の一途をたどり，解決方法のなさが憂慮されていたのに，なぜ筆者の相談室で受け入れた生徒たちは再登校が定着し，次のステップに進んでいけるようになるのかが注目されたのです。ところが，自身の実践を問われているのに，専業主婦からスクールカウンセラーに転身したばかりの筆者にはその「なぜ」に迫る力がありませんでした。

[3]　不登校生徒の未来に広がる無限の可能性

　しかし，筆者には1つだけ揺るがない確信がありました。それは，不登校の子供たちが無限の可能性をもつ未来とつながっていることです。

　筆者は，大学を卒業して総合病院のソーシャルワーカーをしていました。それは，疾病や障害で

それまで積み上げた人生の転換を余儀なくされた患者や家族への支援で,「治る」ことに対する諦念や認知の再構成には筆舌に尽くせない苦悶が伴っていました。ところが,当時20代だった駆け出しの筆者には,人生の転換点に直面した患者たちの壮絶な苦闘に対峙する度量がなく,結婚退職に逃避して相談職を退きました。そして,30代の終わりを前に,仕事への復帰を求めていた筆者は,同時期に大学附属病院の相談室とスクールカウンセラーとの二択に恵まれ,スクールカウンセラーの道を選んだ経緯がありました。大学附属病院では,身体機能不全に陥った難病棟の患者のカウンセリングが求められており,筆者には不治の患者たちの苦悶に応える自信がなく,消去法での人生の選択でした。

　そんな筆者にとって,余命宣告も中途障害も伴わない不登校は,「不治の病」どころか可能性の塊に思われました。「不治の病」とは医療の限界との苦闘を余儀なくされるあの切実な患者たちのことで,不登校の子供たちの活路は決して断たれておらず,彼らには確実に無限の可能性が広がっているのです。

　筆者は,相談室登校の子供たちに問いかけました。「どんなつらいことに追い詰められてここにたどり着いたの？そして,これからどうしたいの？」

　相談職の役割は,彼らの「これからどうしたい」をすくいとって具体化し,実現することにあるはずだと筆者は考えていました。病院のソーシャルワーカーだった筆者は,患者たちの「治りたい」に応えることができませんでしたが,不登校の子供たちの願いは具現の方法がいかようにもあるように思われました。

　病院臨床から学校臨床に転身した筆者は,学校臨床での問題解決法を求めて2004年に大学院のカウンセリングコースに入学しました。

2　適応指導教室から学校復帰を促す支援モデル

[1] 別室登校を研究の俎上にのせる

　2004年当時の筑波大学大学院教育研究科には,心理・発達教育相談室があり,その室長は教育相談を教える田上不二夫先生でした。田上の自慢は相談室の卓球チームでしたが,見学に行った筆者が学校復帰率を質問すると「そういう考え方は不登校の子供支援とは相容れない」とたしなめられました。筑波大学の相談室では,プレイセラピーで不登校の子供たちをエンパワメントし,子供自身のエネルギーの回復を見守っているというのです。

　筆者は,不登校の子供自身が学校復帰や進路を切実に意識していることや,相談室登校での学習支援や仲間づくり支援の手応えを語りました。すると,田上はしばらく考え込んで投げかけてくれました。「あなたが求めているような支援方略は世界中のどこにもないよ。もし,本気でその方法論を求めているなら,あなた自身の研究で編み出すことだね」。

　筆者は田上の指導で研究を始めました。別室登校に効果的な支援方法があるのなら,せっかくの修士論文でそれを追求したいと筆者は考えました。しかし,別室登校を修士論文のテーマにするのは不可能だと指導教授の田上は受け入れてくれません。当時の筑波大学での修士論文は,調査研究が必須でした。相談室や保健室登校は,決められた調査時期に100人単位での研究協力者を集めることができません。また,まずは調査研究で研究を学ばないと,研究そのものをきちんと理解できないので,どうしても事例研究をしたいなら,まず調査研究をすることが条件だというのです。

　筆者は,別室登校に近似した環境として適応指導教室での調査ができないものかと考えました。その当時,筆者が配置されていた中学校では適応指導教室が併設されており,そこでの室長を担っていた教師が全面協力を申し出てくれました。

[2] 適応指導教室での充実感の条件

室長のはたらきかけで関東甲信越67適応指導教室全校の協力が叶い，適応指導教室に通級する360人を対象にした質問紙調査が実現しました。不登校を経験した生徒たちから，以下の問いの回答を引き出すことを考えました。

①不登校に陥った生徒たちにとって，どんな条件があれば適応指導教室に通級でき，逆にどんなことが通級を阻む条件となるのか

②適応指導教室でのどんな支援が原籍校への登校を促進するのか

の2点です。

そこで，まずは5つの適応指導教室の通級生30人に「適応指導教室で楽しいことは」「適応指導教室で苦痛なことは」という教示文についての自由記述調査を行ないました。結果は，筆者はじめ関係者の予想とまったく異なっていました。筆者や室長は，カードゲームや行事などの活動は楽しく，学習の時間や学校でのテスト受験は苦痛だなど，活動の内容が「楽しい−苦痛」を分けるのだと考えていました。ところが，カードゲームや学習について，ある生徒は「楽しい」欄に書き，ある生徒は「苦痛」の欄に書くのです。同じ活動が，その生徒の状態や提供のされ方によって楽しくなったり苦痛になったりすることがわかりました。

また，生徒の回答は，適応指導教室内での活動と原籍校とのつながりを形成する活動にまたがっていました。適応指導教室での充実感とは，適応指導教室自体への充実感と原籍校とつながることへの充実感との両方によって完結されるものだったのです。

表6-1 適応指導教室充実感尺度

適応指導教室でのあなたのふだんの体験について最もあてはまると思うところに○をつけてください。
相談員とは，あなたが通う適応指導教室にいる先生のことです

	苦痛	やや苦痛	どちらともいえない	まあまあ楽しい	楽しい
相談員と話す	1	2	3	4	5
相談員と1対1で相談する	1	2	3	4	5
相談員に声をかけられる	1	2	3	4	5
相談員といっしょに仕事をする	1	2	3	4	5
相談員といっしょに遊ぶ	1	2	3	4	5
相談員と進路や学校のことを話しあう	1	2	3	4	5
適応指導教室のみんなと昼ご飯を食べる	1	2	3	4	5
自由な時間の過ごし方を自分たちで決める	1	2	3	4	5
行事や活動について話しあいをする	1	2	3	4	5
適応指導教室のみんなといっしょに勉強する	1	2	3	4	5
自分で勉強の計画をたてる	1	2	3	4	5
家で自分なりに勉強する	1	2	3	4	5
自分でたてた計画にしたがって勉強する	1	2	3	4	5
勉強で難しい問題にとりくむ	1	2	3	4	5
農園や園芸などの活動をする	1	2	3	4	5
手芸や工作などものづくりをする	1	2	3	4	5
適応指導教室での当番や係の仕事をする	1	2	3	4	5
行事や活動のための準備をする	1	2	3	4	5

表6-2 適応指導教室からの部分登校充実感尺度

適応指導教室での学校とのつながりに関するふだんの体験について最もあてはまると思うところに○をつけてください

	苦痛	やや苦痛	どちらともいえない	まあまあ楽しい	楽しい
テストの勉強をする	1	2	3	4	5
学校の中間・期末テストなどに挑戦する	1	2	3	4	5
適応指導教室で学校での宿題や課題に取り組む	1	2	3	4	5
学校で担任の先生と話す	1	2	3	4	5
学校で保健室・相談室の先生と話す	1	2	3	4	5
学校の先生と適応指導教室で会う	1	2	3	4	5

こうして自由記述であげられた内容について「楽しい―やや楽しい―どちらとも言えない―やや苦痛―苦痛」の5件法で回答してもらえるように，「相談員と1対1で相談する」「勉強で難しい問題に取り組む」などニュートラルな33問の質問項目を作成しました。そして，67適応指導教室360人の生徒を対象に質問紙調査を行なった結果，「適応指導教室充実感尺度」と「適応指導教室からの部分登校充実感尺度」という2つの尺度が作成されました（表6-1, 6-2；これらを統合した「適応指導教室充実感尺度・適応指導教室からの部分登校充実感尺度」を巻末に掲載。実際の調査に用いていただきたい）。

「適応指導教室充実感尺度」は，「相談員との関係」「仲間との関係」「勉強」「活動」の4因子18

項目から構成されています。つまり，この4つの因子が適応指導教室での生徒の充実感の獲得条件で，「相談員との関係」「仲間との関係」が促進されるように「勉強」と「活動」を支援すれば通級生の充実感を高めることができるのです。そのため，尺度の質問項目は，適応指導教室での具体的な教育活動で構成し，生徒の回答を見れば支援の届き具合が可視化できるように工夫しました。

　「適応指導教室からの部分登校充実感尺度」は「学校の勉強」「教師との関係」の2因子6項目から構成されています。この2つの因子が適応指導教室から原籍校へとつなぐ充実感の条件で，これらに対して「楽しい」と思えるように支援が行なわれれば原籍校に結びつけることができるのです。

　また，適応指導教室への通級状況を「毎日登校している」生徒と「ときどき登校している」生徒とに分け，どの因子がその違いに影響しているのかを調べると，2つの尺度の6因子のうち，「仲間との関係」だけが明らかな差を示していました。適応指導教室への通級動機に最も大きな影響を与えるのは，「仲間との関係」だったのです。対人関係ゲームなどを活用して「仲間との関係」が促進されるようにプログラムを工夫することが居場所づくり支援の核心だといえるでしょう。

　この2つの尺度の作成によって，筆者のリサーチクエスチョンである「どんな支援が適応指導教室への登校を促進するのか」が明らかになりました（中村・田上，2008a）。なお，本開発尺度の特徴は，行動観察可能な支援者や仲間との「人間関係と教育活動」で質問項目が構成されていることです。つまり，本尺度の活用者は，得点の低い支援を意識的に行なえば，通級生徒の充実感を高めることが可能なのです。

[3]　適応指導教室から原籍校への登校に結びつく支援

　筆者のリサーチクエスチョンのもう1つは，「どんな支援が原籍校への登校を促進するのか」です。この調査を具現するためには，協力してくれる生徒の回答内容と登校状況をセットで理解することが求められました。それをどうやって無記名の質問紙調査で行なえばよいのか，その調査方法を考えてくれたのは，筆者の配置校の適応指導教室の室長でした。

　「1つの教室の通級生はそんなにたくさんいるわけではないし，筆跡でも見分けられるので，適応指導教室の職員に回答生徒の登校状況を問い，生徒の回答とセットにして返送してもらおう」というのです。筆者と室長は，手分けをして67適応指導教室の責任者に電話で調査協力の依頼をしました。生徒の登校状況について，原籍校に(1)「登校できない」，(2)「別室（相談室や保健室など）にときどき登校できる」，(3)「別室（相談室や保健室など）に週1日以上登校できる」，(4)「教室にも登校できる」のいずれかにチェックしてほしいというお願いをしました。

　この原籍校への4段階の登校状況を得点化して「登校行動」という指標をつくりました。また，「適応指導教室充実感尺度」と「適応指導教室からの部分登校充実感尺度」の2尺度は合わせて24項目構成で，その作成プロセスで「行動観察可能な具体的支援内容」という観点から外れたものは因子項目から除外しました。その中に「学校に行くことに挑戦する」という質問項目がありました。これは，尺度項目に共通する「人間関係と教育活動」とは異質で，それゆえに除外されましたが，生徒の学校に対する認知や決意を象徴しているので，「学校への挑戦」指標として独立させました。

　そして「登校行動」に対し，「適応指導教室充実感尺度」の「相談員との関係」「仲間との関係」「勉強」「活動」および「適応指導教室からの部分登校充実感尺度」の「学校の勉強」「教師との関係」ならびに「学校への挑戦」の7因子がどのような関連を示しているのか相関分析を行ないました。すると，「登校行動」に対する見事な4段階のステップアップの構造が示されました。「適応指導教室充実感尺度」の「相談員との関係」「仲間との関係」「勉強」「活動」と「適応指導教室からの部分登校充実感尺度」の「学校の勉強」「教師との関係」の相関が高く，「適応指導教室からの部分登校充実感尺度」の「学校の勉強」「教師との関係」と「学校への挑戦」の相関が高く，「学校へ

の挑戦」と「登校行動」との相関が高いのです。

　適応指導教室での充実感が高まると，子供たちは次のステップを目指して適応指導教室から原籍校に部分登校しようと考えるようになり，その充実感が高まることで学校に行くことに挑戦しようと考え，学校への挑戦に充実感が高まることで初めて「登校行動」が形成されるというものでした。社会化の段階の低いものから高いものへと順送りの支援が求められていたのです。

　「保健室の居心地がよいと教室に戻れなくなる」「保健室や相談室で甘やかすから教室でやれなくなる」という通説は，この結果で完全にくつがえされました。教室に戻ることができず，保健室や相談室に居ついてしまう子供は，その居場所を奪われたら追い詰められて不登校に陥ってしまうのです。教室にいられない子供たちの教室復帰を促したいのなら，まずは別室での支援者や仲間との関係を深めて学習や活動に充実感を獲得させ，その次に担任や級友と結びつけるという地道なステップアップ方式での支援の必要が示唆されていました。

［4］　適応指導教室から原籍校への登校を促す支援モデル

　図6-1は，「登校行動」に対する「適応指導教室充実感尺度」の「相談員との関係」「仲間との関係」「勉強」「活動」および「適応指導教室からの部分登校充実感尺度」の「学校の勉強」「教師との関係」ならびに「学校への挑戦」の7因子がどのような関連を示しているのかをパス解析という分析で図解したものです。「登校行動」（男子）に対して3つのパス（統計的な関連を示す線）が引かれていることがわかります。

⑴仲間との関係からのパス

　最も特徴的な第1のパスは，男女に共通して「仲間との関係」に充実感が高まるとストレートに「登校行動」に結びついていることです。思春期の子供たちにとっての「仲間との関係」が適応の最大課題であることや，その重要性を象徴する結果といえました。

⑵相談員との関係からのパス

　第2のパスは，男女に共通して「相談員との関係」から「教師との関係」につながり「学校への挑戦」認知を経て「登校行動」に結ばれました。適応指導教室での「相談員との関係」の信頼関係が構築されると，その相談員が通級生と原籍校の教師との関係を結び，登校行動を促進するというものです。「相談員との関係」がどんなに盤石でも，「教師との関係」が形成されなければ登校に結

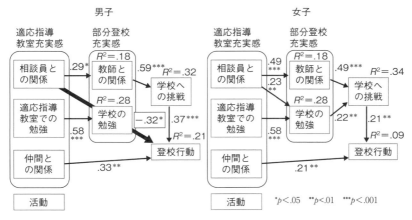

図6-1　行動に対するパスダイアグラム

びつかないので，適応指導教室と学校というそれぞれの支援環境で相談員や教師が担う支援役割の重要さがうかがわれます。

　一方，男子の結果に注目すると，「相談員との関係」から「教師との関係」につながった場合には，女子同様に「学校への挑戦」認知を経て「登校行動」に結びつきますが，「教師との関係」につながらなかった場合は「学校に行くことに挑戦する」意思をなくしてしまうという衝撃的な結果が示されました。古市・玉木（1994）の研究では，男子の学校享受感は家庭適応よりも教師適応に大きく影響され，教師からの影響を強く受けています。信頼できると感じた場合と，信頼できないと感じた場合の態度差が大きいのです。教師側が試され，評価されていると言い換えることも可能です。そのような意味では，担任との関係によって「学校には行かない」選択をする生徒の一時避難場所として，適応指導教室や別室が果たす役割も忘れるわけにはいきません。

⑶学習支援のパスは支援者との関係に支えられている

　第3のパスは，「相談員との関係」から「学校の勉強」につながり「学校への挑戦」認知を経て「登校行動」に結ばれました。岡安ら（1992）の研究で，学習の遅れに対するストレス反応の強さが報告されたように，「学習」は子供たちの学校適応にとって重要な適応課題です。学習の遅れがさまざまな防衛反応を引き起す反面，「学習ができるようになった」という達成は，生徒の自己効力感に直接訴える力をもっています（Bandura, 1977）。

　しかし，女子の学習に「相談員との関係」からのパスが引かれているように，学習支援には必ず支援者との関係が伴います。特に男子では，「教師との関係」を伴わない「勉強」の達成だけでは次のステップに結びつかないのです。

⑷支援モデルの特徴

　このパス解析で導かれた支援モデルの特徴は，登校行動を促す支援がいずれも「相談員との関係」「教師との関係」「仲間との関係」という人間関係だったことです。また，「勉強」や「活動」を抜き取って偏相関分析を行なうと，すべてのバランスが崩れ，登校行動につながる明瞭なパスを導くことができませんでした。適応指導教室での「相談員との関係」や「仲間との関係」を形成するために，「勉強」や「集団活動」が重要な役割を果たしていることがわかります。

　こうして，まずは支援者が生徒との信頼関係を築き，その関係を基に「仲間との関係」や「勉強」を支援して適応指導教室から部分登校，そして登校行動へとステップアップさせていく再登校支援モデルが開発されました（中村・田上・小玉，2011）。

3　別室登校から学級復帰を促す支援モデル

[1]　事例研究の論文化

　筆者が大学院に入学したとき，上の娘が中学1年で息子が小学5年，下の娘が小学2年でした。社会人大学院の授業は夕方6時20分から夜9時までで，土曜日は昼から夕方まで授業です。当時の筆者の自宅から大学までは2時間近くかかりました。夫はエンジニアで帰宅時間の平均は夜11時を回っています。わが子に強要した犠牲の大きさを思うにつけ，修士論文は，どうしても事例研究で締めくくりたいという思いが募りました。

　筆者が社会人大学院を志したのは，ひとえに問題解決力のあるスクールカウンセラーになりたかったからでした。そのため修士論文では，不登校生徒が学校復帰に至る道筋を実証し，それが「不治の病」ではないことを証明したいと考えました。その道筋の一部は，適応指導教室を対象に

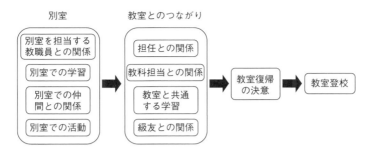

図 6-2　別室登校の仮説支援モデル

した調査研究で実証することができましたが，卒業後にスクールカウンセラーとして仕事を続けるために最も必要なのは，それを中学校での事例に落とし込むことだと思いました。そのため，スーパーバイザーの指導下で実践できる恵まれた学修環境が与えられている間に事例研究を行ない，修士論文を締めくくりたかったのです。

　指導教授に相談すると，修士論文としては負担が大きすぎるから，実証研究を丁寧にまとめる方が賢明だと助言されました。しかし，頑として事例研究願望を主張し続ける筆者に，「研究とは仮説の検証なのだから，きちんと仮説モデルを策定し，どんな要因が対象生徒のどんな変化を引き出しているのか客観的に理解できるように記述すること」という指導が与えられました。また，仮説を検証する介入研究として，介入前にプレテストを行ない，介入後にポストテストをしてテスト得点の変化で客観性の一部を証明するテスト法も織り込むことになりました。ただ，このテスト法を説明すると煩雑になるので，本著での説明は割愛します。関心のある方は「カウンセリング研究」に掲載された中村・田上（2008b）をご参照ください。

　筆者は，調査研究から導かれた適応指導教室から原籍校への再登校支援モデルについて，「適応指導教室」を「別室」に，「原籍校」を「教室」に置き換え，別室から教室への再登校を支援する仮説モデルを策定しました（図 6-2）。

　別室登校での充実感は「別室を担当する教職員との関係」「別室での学習」「別室での仲間との関係」「別室での活動」から構成されています。別室での充実感が高まると，生徒はより高次の社会化段階である「教室とのつながり」を目指すことができるようになります。「教室とのつながり」の充実感は「担任との関係」「教科担任との関係」「教室と共通する学習」「級友との関係」から構成されています。これらの 4 因子はいずれも教室環境の一部です。これらとつながってみて，その充実感を高めることができれば，生徒は「教室復帰を決意」し，「教室登校」ができるというものです。

[2]　相談室登校の 4 人の女子生徒との出会い

　筆者は，相談室登校をしていて教室登校には至らないことを条件に対象事例を探しました。すると，過去に協働した校長と養護教諭の中学校に該当者がいることがわかりました。養護教諭が校長に，校長が市教委にはたらきかけてくれ，筆者は当該校で 9 月から 12 月まで 1 週 1 日 6 時間の介入研究をすることが叶いました。当該市教委の指導主事だった益子は，「報酬は出せないから給食のおかわりや，お茶やコーヒーも飲み放題にしてあげて」と校長にはたらきかけてくれ，温かい受け入れ環境を与えていただきました。

　校長は，職員と相談室の生徒に対し，相談室の運営を応援してもらうことになったスクールカウンセラーとして紹介してくれました。介入前に挨拶に学校を訪ねると，養護教諭が相談室に案内し

てくれ，そこで筆者は4人の女子生徒たちと出会いました（中村・田上，2008b；中村，2015，第4章参照）。

　3年のアカネさんは1年の終わり頃に不登校になりました。小学校から勉強が苦手で，理解できない英語の授業が苦痛なあまりチャイムのあと教室ではなく屋上に向かい，探しに来た担任に「友達のことで悩んでいるのか」と問われ，思わずうなずいてしまったのだそうです。そして，もし担任に事情を聞かれたら級友に合わせる顔がないと翌日から登校できなくなり，2年から開設された相談室に登校を始めたのだそうです。一緒に数学の問題を解いてみると，基本的な四則演算はできましたが，分数を理解しておらず，小学4年レベルの習得度と思われました。

　2年のミドリさんは，幼稚園の頃から集団行動や人混みが苦手で，遊びの群れに加わるより一人で読書や勉強をしている方が好きでした。ところが，勉強に打ち込んで臨んだはずの実力テストの結果にショックを受けて1年の10月から不登校に陥り，翌月から相談室登校を始めました。数学の学習では，四則演算はできましたが方程式が未完成で，同学年にくらべ約1年の遅れが認められました。

　2年のシズカさんは，クラスの女子の仲間はずしで1年の7月に不登校になり，ミドリさんと同時期から相談室登校を始めました。数学では四則演算はできましたが小数・分数が未習得で，小学3年レベルの習得度と思われました。

　2年のカオリさんは，クラスの女子とのトラブルを仲裁した担任の指導に納得できず，1年の9月から不登校となり，シズカさんに誘われて2年の4月から相談室登校を始めました。毎週家庭教師と学習しており，数学の学習では学年なりの連立方程式を解いていましたが，計算ミスが多く，文章題を避けるので学年相応の習得度とはとらえることができませんでした。

　カオリさんは当年の4月から相談室登校を始めましたが，それ以外の3人は昨年から相談室でともに過ごしていた仲間でもありました。昨年度の相談室では，アカネさんは卒業した先輩と，ミドリさんとシズカさんはそれぞれペアを組んで行動し，欠席はほとんどなかったそうです。

　ところが，今年はシズカさんがカオリさんを相談室登校に誘って2人がともに行動し，さらにカオリさんがアカネさんを誘って3人で過ごしていたので，ミドリさんは1人で過ごす日が多く，欠席が目立っていました。

[3] 教師と学習を退けていた相談室の生徒たち

　介入した筆者が彼らに相談室で苦痛なことがないかと問うと，4人の共通の悩みは「相談室に登校しても支援の先生がおらず，勉強を教えてもらえない」ことだと語られました。「勉強は好きではないけれど，クラスでは学習が進んでいるので，学習課題を与えてもらえない自分たちは見捨てられているようで，別室登校に意味を感じられない」というのです。去年は学習の時間が決められていて先生が来てくれたのに，今年は誰も来てくれないと異口同音に訴えました。

　担当の先生と何かトラブルがあったのか問うと，カオリさんが経緯を語ってくれました。4月当初は，担当の先生が5人いて，「自分のやりたいことをやっていい」とやさしく楽しかったのに，6月に急に勉強するようにといわれ，教室での授業プリントが配られたこと。理由を聞くと，先生は「それが相談室のきまりになったから」と一点張りで，イヤだといっても強制させられたこと。ミドリさんが「授業に参加していない自分たちには問題が解けないので，全員プリントの上に顔を伏せて寝たふりをしているうちに先生が来なくなった」と語ると，カオリさんが「プリントの問題を解いている間，先生はテストの採点など自分の仕事を持ち込み，ただ監督しているだけなので，先生の存在に意味がないと繰り返しいっていたら段々誰も来なくなった」とたたみかけました。

　それなら筆者と一緒に勉強してみないかと誘うと，「やりたい」と即答してくれたので，3桁÷2

×2桁の問題を手書きして4人に渡すと全員が正答し，マルをつけるともっと問題を出してほしいとせがみました。

　ミドリさんが数学の教科書を出して連立方程式を教えてほしいといいましたが，1次方程式を解かせてみると全員が未習得だったので，4人に1次方程式の解き方を教えました。アカネさんは，方程式を見るなり机に顔を伏せましたが，傍についてヒントを与えるうちにスムーズに解けるようになり，皆で1時間方程式に取り組むことができました。

[4]　相談室の運営にあたる教師たち

　当該校では，相談室の運営は生徒指導部の中の教育相談係の5人が担っていました。その責任者は教育相談主任で教務主任が兼任していました。それ以外の4人は全員が単年度契約の講師でした。

⑴運営責任者の教務主任

　相談室運営の責任者は，4月に赴任した教務主任の女性でした。教務主任は，相談室運営の経験がないので前任の教育相談主任に相談したところ，子供自身がやりたいことを書き出させて時間割をつくり，それを見守っているだけだから経験不問と太鼓判を押されたそうです。そこで，前任者同様に教務主任が朝の会を担当し，生徒たちに1日分の学習計画を作成させ，それに従って自習するよう時間割を組んで空き時間の講師を配置したのだそうです。

　「でも，実際には生徒はほとんど勉強していません。計画の半分以上は読書と書かれていて，小説やマンガを読んだり，おしゃべりしたり自由に過ごしています。相談室登校とはそういうものだとベテランの先生にいわれ，半ば呆れ半ば諦めることに免疫がついてきた感じでしょうか。生徒はまったく統制に従えないので，講師たちが相談室に行く気になれないのはやむを得ないという現状です」。

　教務主任の仕事だけでも大変なので，相談室運営は介入者の筆者に一任したいということで，その疲弊ぶりは限界に達しているようにみえました。これについて校長に相談すると，校長はバーンアウトを心配しており，筆者ができる範囲で教務主任の負担を減らすことになりました。

⑵20代講師のエツコ先生

　講師2年目で音楽科のエツコ先生は，4月に当該校に赴任しました。教育相談係として相談室の支援担当になったときは，やりがいを感じてとてもうれしかったそうです。支援開始にあたり，教務主任から最大の課題は生徒との信頼関係構築なので「気軽な相談相手」になってほしいといわれ，アイドルやゲームの話で盛り上がり，誰よりも生徒たちと仲良くなれたと自負していました。

　ところが，6月の職員会議で相談室の秩序の乱れが指摘され，教務主任から担当時間にはきちんと勉強をさせるように指示されました。そこで，教室での授業教材のプリントをもらって相談室に行きましたが，勉強しない生徒を叱っているうちに無視や悪口で結束され，さらに強く叱ると生徒の攻撃もどんどんエスカレートしていきました。

　7月のある日，仕事に紛れて相談室に行きそびれると，その時の気分はあまりに軽く，相談室での生徒の無視がこれほど苦痛だったのかと実感したそうです。それからは相談室に行こうとすると強い苦痛感に襲われ，教育相談部会で「体が相談室に向かえない」ことを泣きながら詫びると，教務主任も他の講師たちも共感を寄せてくれ，生徒たちの攻撃がおさまるまでは様子を見守ることになったのだということでした。

[5] 学習支援を通した教師との関係の回復

　筆者は，エツコ先生の苦悶を4人の生徒たちに伝えました。すると，エツコ先生に勉強をみてほしいとミドリさん。「どうする？」とカオリさん。話し合いの結果，筆者の出勤日に行なっている数学の学習支援にエツコ先生が共同支援者として同行することになりました。

　「エツコ先生に数学を教わるとできるようになる」という好評価がその時間のうちに寄せられ，生徒たちはエツコ先生に学習支援をリクエストしました。「エツコ先生の時間は全部数学の学習支援をしてほしい」と，4人がそれぞれにエツコ先生の教え方のうまさを讃えました。安堵のあまりエツコ先生が涙ぐむと，ミドリさんがそれまでの無視を詫び，3人がそれに続きました。筆者の介入開始から4週目のことでした。

　生徒たちは，エツコ先生との和解をきっかけに学習支援を受け入れるようになりました。個別の学習支援でわからない問題がわかるようになったことに加え，その人間性にも触れて，生徒たちの教師認知に変化が起きたのです。

　ヒロコ先生は母性あふれるベテランの英語講師で，相談室で生徒と給食を食べてくれていました。ヒロコ先生も生徒に学習させることは諦めていましたが，その担当時間に5題の英単語テストを実施して全員に100点を取らせてほしいとお願いしました。すると，ヒロコ先生は授業開始時に5題の英単語テストを配布し，15分練習時間を取ってテストし，100点になるまでテストを繰り返すという方法を編み出し，皆のやる気を喚起してくれました。

　タカオ先生は高校教師を目指している理科の講師でした。生徒たちは理科に関心を示してくれないというので，ヒロコ先生が編み出した方法で漢字テストをお願いすると，うまくはまりました。

　ヨシヒト先生は，シャイでやさしい体育の講師でした。学習支援の自信がないというので，カードゲームで仲間づくり支援をお願いしました。

　さらに，体育科の3学年主任が空き時間にテニスを教えてくれることになりました。当年度から勤務を始めた大学院新卒のスクールカウンセラーも，筆者とは勤務日が異なりましたが手紙で状況を伝えてお願いすると，空き時間には相談室に顔を出し，学習支援に加わり緩衝地帯を担ってくれました。

　こうして10月に相談室での学習支援が回復しました。介入から6週目の朝に出勤すると，エツコ先生と4人の生徒たちが数学の問題を解きながら筆者を待ってくれていて，それまでの無秩序な相談室とは別世界が開けたように感じられました。

[6] 相談室での学習が進路の選択を変化させた

　相談室での学習は，3年のアカネさんに高校進学を意識させました。それまでは，「先生の言うことを聞かず学習をしない」という不文律で結束していたので，進路を考える余地がなかったというのです。「勉強は捨てている」と公言し，いかにもおざなりな取り組みだったアカネさんの勉強ぶりが，真剣味を帯びて変化していました。

　筆者はアカネさんに「高校はどうするの？」と問いかけました。アカネさんはこれまでの進路調査で「進学しない」と回答してきたので，いまさら高校のことを持ち出せないと打ち明けました。筆者が公立高校の受験教科は5教科だけれど，私立は3教科だから，私立だけの受験を考えることはできないかと問うと，しばらく考えこんでから「……そんなことは初めて知った」と答えました。
アカネ：「もし，私立高校が3教科しかなくて，それがマークシートなら30パーセントくらいは行きたいと思う」
筆者：「それってどういうこと？私には，勉強に自信がないけれど高校には行きたいといっているように聞こえるけど」

アカネ：「……就職しようと思っていたけれど，中卒だとバカにされてやっていけるかどうかわからないし」

筆者：「それは高卒で就職したいってこと？」

アカネ：「それが一番いいんだろうけど……私立だけ受験だと3教科なんだよね」

筆者：「勉強に自信がもてれば受験も考えたいってこと？」

アカネ：「勉強は捨てていたから，自分では1時間も続けて勉強したことなくて，相談室で30分勉強すれば漢字テストも英単語テストも100点になることがわかって……，『やればできる』ってウソだと思っていたけど，本当に『やればできる』ことに感激したんだよね」

筆者：「なるほど，やればできることに感激できた自分を，それまでの勉強のように捨てたくなくなったんだね」

アカネ：「（涙）こんなバカでも高校に行ってもいいのかな……みたいな」

　筆者がアカネさんの心情を伝えると，担任はアカネさんと面談をしてまだ願書に間に合うからと進学を勧めました。そして，国語と英語と数学だけ教室での授業に参加しようと誘いました。幸いにも英語はヒロコ先生が，数学は担任が担当だったので，ここに国語科の先生を加え，相談室で教室での学習を事前に予習する計画を立てました。また，担任は小学校での遊び仲間だった級友2人をサポートグループとして選抜し，アカネさんのサポートを依頼しました。

　アカネさんの高校進学希望は，相談室担当の教師たちにも希望を与えました。ヒロコ先生は，進路決定のような急激な変化はストレスになるだろうと毎日丁寧に状況や葛藤を聞き取り，アカネさんを励まし続けてくれました。エツコ先生とタカオ先生は2人で申し合わせて「実力テスト50点アップの会」を結成し，すべての空き時間を相談室での学習支援に提供してくれました。11月のことでした。

[7]　相談室からさらに別室へ，そして教室へ

　ところが，アカネさんに対する教師たちのエールが相談室の生徒たちのバランスを崩しました。カオリさんとシズカさんがアカネさんを無視やあてこすりで攻撃し，アカネさんは欠席がちになってしまいました。

　ミドリさんも欠席が続いていました。体育科の3学年主任がテニスを教えてくれたのですが，運動が苦手なミドリさんは，何度やってもラケットにボールが当たらず，翌日から登校が途絶えてしまったのです。

　その背景には，1学期からの3対1での孤立の継続でストレスが飽和状態だったことを見落とすわけにいきません。6月にミドリさんから孤立の相談を受けた教務主任は，自らの指導と並行して2学年主任に事情を伝えました。2学年主任と担任とでカオリさんとシズカさんに指導をしたところ，ミドリさんへの攻撃はおさまりましたが，ミドリさんを含めて4人の生徒が結束し，教師への攻撃を始めたのだそうです。その攻撃は特に2学年主任と担任に激しく向けられたため，2学年主任は3人への指導を教育相談係に一任したというのです。

　6月に2学年主任と担任が相談室を回避するようになると，生徒の攻撃は教育相談係の教師たちに向けられました。7月にエツコ先生が相談室を回避して以来「相談室に登校しても支援の先生がいない」状態になると，攻撃は再度ミドリさんに向き，筆者が介入した9月は3人の女子の結束にミドリさんが取り残されていました。そして，ミドリさんが欠席したら攻撃はアカネさんに向けられました。

　もし，筆者がカオリさんとシズカさんの指導をした場合，アカネさんと彼女たちとの関係を改善することはできるのでしょうか。もし筆者の指導で，アカネさんが教師の愛情を集めていることへ

の嫉妬を増幅させてしまったら，2人の攻撃は陰湿化してエスカレーションを起こすことでしょう。

　筆者は，担任とヒロコ先生に同席を求め，直接アカネさんに問いかけました。「高校受験を実現させるために，これからどうするのがよいか最も納得できる選択を皆で考えよう」と。

　アカネさんは，11月から担任の数学とヒロコ先生の英語の授業だけ教室への部分復帰をしていました。国語科の復帰は「古典から現代文に移るタイミングで」と，教科担任が配慮をしてくれており，その予習プリントを相談室に届けてくれる折におしゃべりをする親和的な関係ができていました。担任は，思い切って教室復帰するタイミングなのではないかとアカネさんを教室に誘いました。

　筆者がこれに反対しました。別室での居場所がないという理由で選択するには，教室復帰はあまりにハードルが高くリスクが大きすぎるのです。アカネさんは，確かに英語と数学で教室での授業復帰をしていましたが，教室での授業レベルの高さに打ちのめされてもいました。授業後に早退する日がほとんどで，その理由は決してカオリさんとシズカさんとの関係だけの問題とは思えませんでした。教室で疲れた時に逃げ込める別室環境がないと，教室に限界を感じた場合は不登校しか選択がなくなってしまいます。そこで，安心して学習できる環境として，相談室とは別の空き教室を借り出せないものかと校長にお願いしました。

　アカネさんは，サポートグループの級友キミカさんとユイさんについて，小学校では遊んでも中学では交流がなく，2人ともやさしくしてくれるけれど，成績も良くて自分とはランクが異なり住む世界が違うのだと語り出しました。2人は，担任に言われて自分につきあってくれているだけで，本当は迷惑なのではないかと思うと緊張して萎縮し，一緒に教室にいること自体がものすごく疲れるというのです。その一方で，級友の中で最も信頼できるのはキミカさんで，本当は2人と仲良くなりたいのだと涙を流しました。

　その日の給食から昼休みにかけて，筆者はスクールカウンセラー室を借り出し，アカネさんとキミカさんとユイさんと給食を食べました。そして，3人とトランプや足し算トークなどの対人関係ゲームを行ないました。3人はゲームで笑い転げているうちにあっという間に打ち解け，翌日も一緒に給食と昼休みを過ごす約束をしました。

　担任は，翌日からアカネさんのために別室を用意してくれました。別室に移ったアカネさんを2人の級友が休み時間の度に訪ね，毎日3人で給食を食べて昼休みはトランプに興じました。そんな2週間を経て，アカネさんはキミカさんとユイさんに誘われて学級復帰を遂げました。12月半ばのことでした。

［8］介入終了後の相談室

　筆者の介入は12月で終了しましたが，アカネさんはそれ以来無遅刻無欠席で登校しました。そして1月に私立高校に合格し，無事に卒業式を迎えました。

　ミドリさんは欠席が続いたため，相談室ではカオリさんとシズカさんの2人で過ごしていましたが，カオリさんの攻撃がシズカさんに向けられるようになり，シズカさんも2月以降は登校できなくなりました。1人になったカオリさんの攻撃はなくなりましたが，欠席がちになり，登校しても数時間で帰宅するようになりました。

　翌年度の相談室は，教務主任が運営責任者を辞退して閉鎖となりました。カオリさんは保健室に登校し，シズカさんは適応指導教室を，ミドリさんは不登校を選択したそうです。

4　別室登校支援モデルの検証と新しい課題

[1] 相談室から教室に登校した生徒自身の変化

　アカネさんは，筆者の修士論文の研究協力を快く引き受けてくれました。以下はその３月にインタビューしたアカネさんの感想です。なお，サポートグループの級友との関係についての感想は第６章で紹介したので割愛しました。

　「とにかく変化した自分自身が最大の驚きです。まず自分が毎日勉強していることが信じられません。勉強は嫌いだし捨てていたから，勉強を捨てた友達といるのが楽で，相談室の友達以外とは関わっていませんでした。勉強してみて改めて難しさもわかったし，教室の勉強は歯が立たないけれど，一番うれしいのは成績が上がったことで，点数が取れる自分に驚きました。やればできるって，本当のことだと初めて思いました。勉強しなかったら高校に行こうとは絶対に思いませんでした。勉強とは地道に努力することで，捨てずに努力して積み上げるのは意味があると思いました。

　２番目に変わったのはヒロコ先生のイメージで，気軽に話ができる母のような存在から，勉強を教わるために頼りにするようになりました。まじめなことをいう先生はイヤだし近づきたくなかったけれど，勉強を始めたら，課題を出したり教えたりしてくれる先生は必要だし，いてほしいと思いました。勉強を教わってみて，わかるようになる先生とわかるようにならない先生がいて，わかるように教えてくれる先生が好きになり，教わってわからないとあまり信用できないと思うようになりました。担任は苦手でしたが，性格や配慮を知って好きになりました。優柔不断な自分でも担任がひっぱってくれたから教室に行けたのだと思います。

　スクールカウンセラーとの面接では，自分自身の気持ちや意志を繰り返し聞かれました。ごまかせば普通は終わるのであいまいにすることに慣れていたけれど，気持ちをはっきりさせることは自分で自分の進路を決めることにつながるんだと段々わかってきて，半分怖くて半分うれしかった……。自分の問題を真剣に考えるのも考えてもらうのも初めてで，自分が真剣にやり出したらどの先生も一生懸命かかわってくれ，これまで足りなかったのは自分自身の真剣さだったことに気づきました」。

[2] 相談室から教室への登校を支援した担当教師の変化

　担当の教師にも，筆者の介入後の生徒との関係や相談室での支援イメージに変化があったら教えてくださいとインタビューさせてもらいました。

⑴運営責任者の教務主任

　相談室担当になり，正直なところ何をどうしていいか見当がつきませんでした。少人数対象とはいえ個別支援は予想外に難しく，講師に対応困難を相談され，管理職にも相談しましたが，ねぎらわれるだけで対策できませんでした。校長には，無理せずできる範囲でかかわればよいといわれ，講師たちにも伝えましたが，支援できる範囲がないので結局生徒を避けることになり，自分でも釈然としませんでした。しかし，どうしていいかわからないので段々誰も相談室のことに触れなくなり，自分も淡々と朝の会に行く以上は何もできませんでした。講師たちには，役割を与えながら方法論を提供できずかわいそうなことをしたと思います。

　９月にスクールカウンセラー（筆者）が介入し，個別支援は経験や直感だけで行なうべきものでないと実感しました。それまで，校長から講師の支援役割をサポートするようにいわれましたが，スクールカウンセラーの介入をみてコーディネーターの役割が初めて理解できました。そして，そ

れは一朝一夕で身につく専門性ではなく，自分にはその役割は担えないと改めて思いました。教育相談は片手間でできるものではないので，それはきちんと学んだ人に任せ，自分なりにこれまで積み上げてきた本務の役割を全うしたいと思います。

(2) 20代講師のエツコ先生

スクールカウンセラーの介入で何よりもほっとしたのは，支援方針が示され，自分の指導力を責めずに生徒にかかわれるようになったことでした。スクールカウンセラーに連れられて怖ごわ同席した学習支援は，生徒のわかる経験を増やして自信をもたせようとするもので，自分になかったのはこれだと思いました。勉強をさせる指導をするためには，なめられてはいけないと高圧的に対応していたので，関係が悪循環してしまったことに気づきました。スクールカウンセラーのやり方をモデルに学習支援をしてみると生徒との関係がうまくいき，アカネさんの成績が上がるにつれて自分のやっていることには意味があると思えるようになって救われました。

6月に相談室で生徒に無視され始めてから，顔では一生懸命笑っていましたが，夜の次にまた朝を迎えると思うと眠れず，連日睡眠不足でした。ある先生に相談したら，担任はもっと大変だといわれました。たった4人の生徒指導に弱音を吐くのは，自分が教師に向いていないと公言することだと思うと情けなく，満足に個別支援もできない自分を職員室の先生方はどう評価しているだろうかといたたまれなくなりました。相談という単語を聞くだけで涙がわき，職員室での冗談も楽しめず，教師という職業選択をやめるべきか，いつも何かに追いつめられている感じで過ごしていました。

ところがスクールカウンセラーの介入で具体的に何をすればいいかを教わり，自分の支援で生徒が変わっていく様子をみて，あんなにイヤだった相談室が段々楽しみになりました。アカネさんが休み出したときも，スクールカウンセラーに相談したらうやむやにせず校長と掛け合って別室を借り出してくれ，自分の行動観察や相談が報われたと思いました。自分たちのぶつかる壁に対し，うやむやではない答えを出してもらえることに胸のつかえが下り，急激に意欲が湧きました。アカネさんが自分を頼りにしてくれたことと，タカオ先生たちと前向きな話をして励まし合えたことが最大の救いで，夏には教師をやめようと思っていましたが，やはり教師を目指そうと思うことができました。

[3] 仮説モデルの検証：別室での充実感が高まると次のステップを目指せる

介入研究にあたり設定した仮説は，「別室での充実感」が高まると，生徒はより高次の社会化段階である「教室とのつながり」を目指すことができるようになり，さらにその充実感を高めることができれば「教室復帰を決意」し，「教室登校」ができるというものでした。これをアカネさんにあてはめて検討すると，9月の介入時には，「別室での仲間との関係」は形成されていましたが，仲間の3人とともに「相談室に登校しても支援の先生がおらず」「学習課題を与えてもらえない自分たちは見捨てられているようで，別室登校に意味を感じられない」不満を訴えました。そこで，担当教師がさまざまな工夫を凝らした学習や集団活動の支援を行ない，生徒が学習に真剣に取り組めるようになるにつれ，アカネさんは高校進学を意識し，その準備として教室での授業参加で部分復帰を果たしました。そして，サポートグループの級友との関係が親密になって充実感が高まると「教室復帰を決意」し，「教室登校」を実現させたのでした。

この一連のプロセスの中で，相談室の2年生との関係が悪化して居心地が悪くなり，担任が教室復帰を誘った場面がありました。この場面で，筆者は担任とともにアカネさんを励ます立場をとるべきか悩んでいました。しかし，その筆者を押しとどめたのは，介入時に作成した仮説でした。適

応指導教室の生徒への調査では，適応指導教室での充実感と適応指導教室からの部分登校充実感は完全な相関関係にあり，適応指導教室での充実感が高まらなければ次のステップにつながってくれないことが示されていたのです。そのため，筆者は相談室とはさらに別室での居場所の確保を主張しました。介入終了後のアカネさんは，「逃げ場がある」ことが「教室復帰の決意」を容易にしたと語りました。

　また，一連の支援でステップアップの転換点をつくったのは，いずれの場面でも教師や級友との人間関係でした。相談室での学習の充実には講師たちの，教室での授業復帰には担任と教科担任の温かい尽力がありました。そして，教室復帰を真に実現させたのは，級友のサポートでした。

　なお，カオリさんとシズカさんは，学習には取り組めましたが攻撃的で「別室での仲間との関係」がうまく形成されず，別室での充実感が獲得されませんでした。攻撃を受けたミドリさんも同様です。

　別室登校から学級復帰を目指すためには，別室での充実感を高め，「教室とのつながり」を経て「教室復帰の決意」へと丁寧にステップアップさせていくことが大切です。

[4] 仲間との関係が充実すると再登校が定着する

　適応指導教室への登校頻度についての分析では，「毎日」と「ときどき」を分ける要因は唯一「仲間との関係」の充実にありました。本事例でも，生徒たちが毎日相談室に登校できるようになったのは，「仲間との関係」と密接に関係していました。前年度の相談室では，アカネさんは先輩と，ミドリさんはシズカさんと仲良く過ごすことができ，それが彼らの再登校を定着させました。当年度は，シズカさんがカオリさんを誘ってペアを組んで行動することでカオリさんの再登校が定着しました。しかし，そこから外れたミドリさんの登校は停滞し，やがてシズカさんとカオリさんとの関係に亀裂が入るとアカネさんの登校も停滞しました。また，アカネさんの教室への登校状況も，キミカさんとユイさんとのグループの関係に完全に影響されていました。再登校の定着に対して「仲間との関係」が大きく影響しているといえるでしょう。

[5] 別室登校の充実感をマネジメントする教師の役割
⑴学習支援をツールに用いたマネジメント

　本事例では，教師への反発から相談室登校の４人の生徒が結束し，「別室での仲間との関係」が形成されていました。しかし，筆者の介入時の彼らの悩みは「相談室に登校しても支援の先生がおらず，勉強を教えてもらえない」ことでした。別室での充実感は「別室での仲間との関係」だけでは成立せず，「別室を担当する教職員との関係」「別室での学習」も不可欠であることがわかります。

　担当教師が相談室を回避したのは，生徒たちの攻撃で支援を阻まれたゆえの行動選択でした。しかし，相談室登校の４人の生徒はいずれも学力が学年相応にいたらないのに，与えられていた教材は通常学級での授業プリントでした。それに取り組ませている間の教師は「テストの採点など自分の仕事を持ち込み，ただ監督しているだけ」で，「問題が解けないので，全員プリントの上に顔を伏せて寝たふりをして」過ごしていた生徒の困惑もわかります。生徒の立場からは，支援者が同室していながら支援が提供されておらず，そのため「先生の存在に意味がないと繰り返し」訴えていたのです。

　生徒が「別室での学習」を受け入れたのは，教室での授業プリントの自習から学力相応の学習内容に切り替えられ，学習内容が「わからない」から「わかる」に変化したからです。「エツコ先生に数学を教わるとできるようになる」と，攻撃から受け入れに変化した生徒の行動の背景には，学習支援の質的変化が存在していたのです。学習支援は生徒の自己効力感に訴えるとともに「別室を

担当する教職員との関係」の形成を促進する有効なツールといえるでしょう。

⑵対人関係ゲームをツールに用いたマネジメント

　別室登校での充実感は「別室を担当する教職員との関係」「別室での仲間との関係」「別室での学習」「別室での活動」から構成されています。「別室での活動」をプログラムすることで「別室を担当する教職員との関係」「別室での仲間との関係」をマネジメントすることが可能です。それが前章で紹介した集団社会化療法での対人関係ゲームです。

　本事例の相談室には4人の女子生徒がおり，そのリーダー役を担っていたのはカオリさんでした。4人の中で最も学力が高くて自己主張も強く，教師に対しても皆の代弁をすることができたからです。ところが，ミドリさんは幼少時から集団行動が苦手でマイペースだったため，カオリさんを中心にした3人の女子グループから外れてしまいました。

　また，アカネさんもサポートグループのキミカさんとユイさんについて「小学校では遊んでも中学では交流がなく……成績も良くて自分とはランクが異なり住む世界が違う」と語っています。

　相談室でのカオリさんグループも，級友のキミカさんグループも，どちらもグループに適応するためには，関係形成を意図した支援が求められていたのです。同質の仲間どうしが惹かれ合って自然発生的に形成された仲良しグループではなく，相談室登校やサポートグループのような構成された集団関係をつなぐためには，対人関係ゲームなどを用いた関係形成の支援が不可欠だからです。

　別室登校という，学校不適応を起こして深く傷ついた子供たちの支援では，「別室での学習」と「別室での活動」を支援ツールとして活用し，「別室を担当する教職員との関係」と「別室での仲間との関係」を結びつける関係形成支援が必須です。

[6] 支援者の機能をマネジメントする役割

　相談室を回避していた介入時のエツコ先生は，そこでの職務不全と自身の教師としての適性を結びつけ，教師をやめようと思い詰めていました。支援プロセスでの困惑場面での行動を修正するモデルが存在せず，挫折感から回復を図ることができなかったからです。

　それは，運営責任者の教務主任も同様です。講師に相談された対応困難な状況を「管理職に相談してもねぎらわれるだけで対策できない」ために「生徒たちの攻撃がおさまるまでは様子を見守る」という回避行動の選択は，どれほど教務主任の職務効力感を打ちのめしたことでしょう。筆者が介入した9月には，情緒的消耗感が強く，相談室運営を筆者に一任し，年度末には運営責任者の辞退を決意していました。

　別室登校では，学校に不適応を起こして不登校に陥った子供たちを受け入れます。傷ついた彼らへの支援は，決して片手間ではできない難しさがあるのです。別室登校の方法論を語るためには，子供への支援方法と並行して支援者支援を行なうための方法論が必要であることを噛み締めました。

別室登校法と支援者支援の
フォーミュレーション

第7章

1　別室登校に対するチーム支援のプロセスモデル

[1] 別室登校支援の名人芸の一般化

　戦後の日本の工業製品が世界を席巻した背景には，オートメーションを促進した産業ロボットの開発がありました。東京大学生産技術研究所でその開発の中核を担った森（1969）は，産業ロボットの設計にあたり，工場を回っては職人たちの名人芸を観察し，その再現可能性を究明しました。このような努力の結実として日本の産業ロボットの性能は高く評価され，日本の生産技術を急速に押し上げてジャパンアズナンバーワンの時代を導きました。

　筆者は，森が産業ロボットに着想した「名人芸の一般化」を別室登校法に援用し，日本の学校現場の実力者たちの名人芸を理論化できないかと考えました。そこで，そのモデル生成のために筆者は博士課程に入学し，定年退官の田上に代わりポジティブ心理学の小玉正博先生の指導を仰ぐことになりました。筆者の構想を小玉（2014, 2019）に相談すると，まだ研究されておらず仮説を立てられないものや，量的研究に乗せられないものについては，仮説モデルの生成を目的とした質的研究を行なうのがよいだろうと助言を受けました。

　そこで筆者は，別室登校に対する卓越した支援者を探してインタビューさせてもらい，その逐語記録を KJ 法で分析し，プロセスモデルとして生成された仮説を介入研究で検証することにしました。KJ 法とは，文化人類学の川喜田（1967, 1986）がフィールドワークで集めた情報を吟味検証するために考案した研究法で，データをグループ分けしながら現象の構成要因を整理し，事象の成り立ちについての仮説モデルを生成するものです。川喜田は奇しくも東京工業大学での森の僚友で，それぞれ文化人類学と制御工学の立場で発想法の講演を精力的に行ない，高度経済成長期の日本の発展に寄与しました。

[2] 卓越した支援者たちのチーム支援プロセスモデルの生成

　筆者が研究協力を仰ぎたい「別室登校支援の名人」とは，どのような実践者を指すのか，恩師である小玉の知見を仰ぎながら条件を考えました。そして，「半年以上の長期不登校生徒に対し，別室でのチーム支援を行なって教室登校の定着を実現させた中学校の教職員」という条件を設定し，その該当者を市教委や大学院修了生などの伝手をたどって募りました。

　その結果，関東圏 1 都 3 県 10 中学校の教職員 23 名の研究協力を得てインタビューを実施することになりました。「これまで実践された別室登校に対する支援について，どのように行なったのかお教えください。そのとき，どのようなことが支援の実行を助けたり妨げたりしたのか教えてください」という質問で研究協力者個々に対する半構造化面接が行なわれました。

　回答者のチーム支援での役割は以下に分類されました。(1)コーディネーター（養護教諭 4 名，生徒指導主事 1 名，教務主任 1 名），(2)運営管理（校長 5 名），(3)コンサルテーション（SC2 名），(4)

表7-1　段階的グループ編成による概念の統合化

3段目の編成	2段目のグループ編成	1段目のグループ編成
Ⅰ学校経営計画上での決定	1. 教育相談体制での支援ニーズの把握	(1)学年部から教育相談係に問題があげられる
		(2)教育相談体制として問題意識を共有する
	2. 校内委員会で協議し，個別に別室登校支援の適否を決める	(3)校内委員会で方針を協議する
		(4)支援見通しや意味に納得すると前向きに検討される
		(5)校長の決定で支援が学校課題になる
	3. 学校課題として校長が職員に周知する	(6)学校体制として校長が職員に周知する
		(7)校長主導でチームを形成する
		(8)校長のサポートで支援意欲や組織への信頼が高まる
Ⅱ支援チーム形成	4. コーディネーター人選による報告－指示経路の形成	(9)チームを統括できるコーディネーターを人選する
		(10)コーディネーターの人選が体制の成否を決める
	5. SC活用による相談－対策経路の形成	(11)SCを助言者として活用する
		(12)支援の促進には方法論とコンサルテーションが必要
	6. 生徒との関係本位の直接支援者の人選	(13)生徒の生活に寄り添う直接支援者を人選する
		(14)担任や学年部に縛られずにマンパワーを活用する
	7. アセスメント・支援方針の作成と共有	(15)支援目的，アセスメント，支援方針を共有する
		(16)納得できる支援方針はチームのモチベーションを高める
	8. 担当者が納得できる具体的な役割分担	(17)必要な役割に適任者をあてながら担当を決める
		(18)担当者ごとに具体的な支援内容を決める
Ⅲチームマネジメント	9. コーディネーターの進捗管理	(19)コーディネーターがニーズに合わせチームを動かす
	10. 支援プロセスの共有と相互サポート	(20)支援プロセスでの情報の共有
		(21)成功体験のシェアと相互サポート
		(22)生徒への支援効果を検討し内容を見直す
	11. 困惑場面へのコンサルテーション	(23)困惑場面での支援方法を検討し支援停滞に対策する
Ⅳ生徒支援	12. 家庭訪問支援	(24)再登校のきっかけには家庭訪問が不可欠
		(25)家庭訪問で登校可能な学校環境について話し合う
		(26)登校可能な別室環境を調整し，登校を誘う
	13. 別室環境への適応支援	(27)授業に縛られない職員が寄り添い安全基地の役割を果たす
		(28)生徒に合わせて登校時間や活動内容を試行錯誤する
		(29)学習支援は1時間単位で達成感が獲得できるように工夫する
		(30)学習支援の工夫で自信や達成感を提供できる
	14. 学校環境への適応支援	(31)登校が定着したら活動と学習をプログラム化し時間割を作成する
		(32)チームを拡大し，学習支援に担任や教科担任も加え教室環境を意識させる
		(33)担任に級友のサポートグループを形成してもらう
	15. 学級復帰支援	(34)サポートグループとゲームなどでうちとけた関係をつくる
		(35)学習の遅れに対策し教室での学習状況との接点を探る
		(36)担任や教科担任など親密な教師の授業に部分的に参加する
	16. 部分参加を経た学級復帰	(37)無理のない範囲で少しずつ教室に復帰する
		(38)本人が望めば教室に復帰させる
Ⅴチーム支援の定着	17. 支援方略と効力感獲得	(39)支援方略が獲得できた
		(40)支援の奏功で自己否定が効力感に変化した
		(41)チームの支え合いで組織の絆が強まった
	18. 教職員の協働体制の広がり	(42)教職員の理解が広がり支援体制が定着した
		(43)学年部との連携が早期対応を促進する

注）発言者：①養護教諭・生徒指導主事・教務主任（コーディネーター）；②校長；③SC；④担任・学年主任；⑤教科担任；⑥相談員

学校・学級復帰支援（学年主任2名，担任2名），(5)学習支援（教科担任3名），(6)寄り添い支援（相談員3名）です。

　分析の結果「別室登校に対するチーム支援のプロセスモデル」が生成されました（表7-1，図7-1）。

　生成されたプロセスモデルは，実はまったくの想定外でした。チーム支援の全体像のうち，生徒支援についてのラベルは26.6パーセントに過ぎず，残りの73.4パーセントは校内支援体制についてのラベルで構成されていたのです（表7-2）。

スクールカウンセラーという1週に1日しか出勤しない非常勤職員には理解が及ばない校内支援体制の問題が，全体の4分の3をも占めていることは，筆者にはカルチャーショックでさえありました。生徒の問題だけに焦点を当てていたのでは，支援を展開させることはできないのです。

表7-2　各カテゴリー・グループのラベル数と割合

	ラベル数（枚）	割合（%）
Ⅰ学校経営計画上での決定	81	22.2
Ⅱ支援チーム形成	68	18.6
Ⅲチームマネジメント	91	24.9
Ⅳ個別支援	97	26.6
Ⅴ校内支援体制の定着	28	7.7
合計	365	100

[3] 第1段階：学校経営計画としての決定

プロセスモデルの第1段階は，「学校経営計画としての決定」と命名されました。別室登校での支援が開始されるには，校内の不登校生徒を洗い出し，校内委員会で個々の問題を協議して初めて学校方針として決定することができるのです。そこには，学級担任⇒学年主任⇒教育相談係（コーディネーター）⇒校内委員会⇒校長の決定⇒学校課題として職員に周知するという順送りの道筋が存在していました。

⑴教育相談体制での支援ニーズの把握

校内の不登校を教育相談係が把握するという，いかにも単純な情報経路にみえて，インタビューではそこに至るまでの情報共有の難しさが語られました。教育相談係の養護教諭は，
「担任が不登校の理由を把握できていないと，報告が遅れがちでなかなかあがってこない」
「学年主任が担任の苦悩を理解できないと情報は担任で止まってしまう」
「早期のサポートが大事なのに，コミュニケーションが苦手な担任ほど報告が滞りがち」
など，とりわけ生徒との関係づくりに苦戦する担任からの情報収集の苦労が語られました。

コーディネーターへの報告は，校内委員会での協議を前提にしているので，不登校の子供の状況

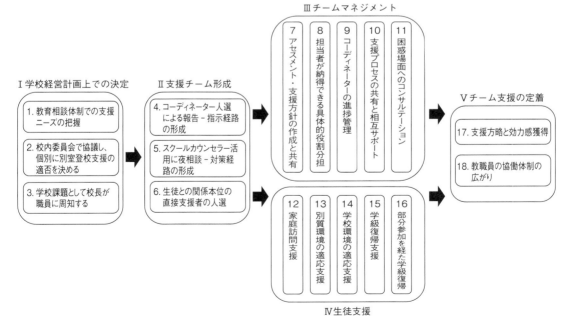

図7-1　別室登校に対するチーム支援プロセス・モデル（中村，2019）

についての情報が不十分だと報告することが憚られてしまいます。その苦しさに自責や他責が加わると，担任は口をつぐみ，情報共有が難しくなるというのです。

　　管理職は，以下のように教育相談係の求心力や情報収集力の問題を語りました。
「教育相談係が問題を察知してうまく聞き出す力を持っている場合と，そうでない場合で情報収集力がまったく違う」
「教育相談係への信頼で情報の出し方が変わる」

(2)校内委員会で協議し個別に別室登校支援の適否を決める

　　学年主任と担任は，校内委員会での協議内容と処遇が報告動機に直結していることを語りました。
「すでに担任や学年でうまく（生徒を）サポートできないから不登校なのに，担任や学年での対応が当然のようにいわれると情報を出す気になれない」
「校内委員会での協議で対策が与えられるなら積極的に相談したいが，ただの報告会なら情報を出しても意味がない」

　　コーディネーターと管理職は，校内委員会での協議を方向づけられる有能な教師やスクールカウンセラーが配置されている年度は活発な検討ができるが，メンバーによっては報告会以上のことができなくなると，会議の進展が人材依存することを嘆きました。
「相談室登校の意味を先生方に理解してもらうためには，生徒の問題に対してこういう支援をするとこんな効果があると説明できるマンパワーがあるとポジティブに動かせる」
というのです。

(3)学校課題として校長が職員に周知する

　　コーディネーターと学年主任は，生徒支援の是非を決める最大の砦として校長の価値観やリーダーシップをあげました。
「校長が不登校支援を学校課題としてとりあげれば，おのずと教育相談に力が入るんですよ」
「教育相談の教師の人選を見れば校長の力点は一目瞭然で」
「管理職が不登校支援や別室登校をどう位置づけているかで学校内での価値が変わるから」
「校長が別室登校に対する支援を学校体制として周知してくれると，教職員の協力の流れを変えることができるんです」
　　反対に，
「不登校の生徒について，家庭の問題とかわがままな性格の問題とか，校長が否定的にコメントすると，校長寄りの教師が支援の匙を投げる理由になる」
など，校長は，生徒支援に対する学校風土を方向づけるキーマンの役割を担っていました。

[4]　第2段階：支援チーム形成
(1)コーディネーターの人選による報告－指示経路の形成

　　チーム支援において，すべての研究協力者が最も重要な人選だと口を揃えたのはコーディネーターの選出でした。コーディネーターは，別室運営のチームリーダーとして支援を統括する役割です。子供の支援ニーズとチームメンバーの様子を把握し，支援が停滞しないように，メンバーの役割やマンパワー配置の調整を担います。
　　管理職からは，
「相談室での支援の進行状況を報告し，校長の意向を支援方針に織り込んでチームを動かす」
情報のハブ機能を期待されていました。

　また，教科担任や学年部など直接支援者からは，

「生徒の問題の要点を押さえてどんな役割をすればいいのか教えてくれ，（担当者に）指示したり，困ったときに相談するリーダーが絶対必要」

だと，支援全体を把握して取り仕切るスーパーバイザー役を期待されていました。

　本インタビューを通して全員から語られた項目はこれだけで，それ自体がコーディネーターの果たす使命の大きさを物語っています。そして，それだけに，

「その人に器がないと誰もついていかない」

「コーディネーターが問題解決に向かわせてくれないと求心力が得られず，ついていけなくなる」

などの発言も相次ぎ，チーム支援におけるリーダーの重要性があらためてわかります。

(2)スクールカウンセラー活用による相談−対策経路の形成

　一方，コーディネーターが役割を遂行するうえで必要不可欠だと口を揃えたのは，支援プロセスで行き詰まったときにコンサルテーションを行なう人材で，多くは心理職であるスクールカウンセラーに期待されていました。

「コーディネーターを任命されても個別支援の専門家ではないので，専門性の高いスクールカウンセラーが問題の見立てを補ってくれると助かります」

「先生を動かしていくためには，納得できる見通しが求められるので，スクールカウンセラーが方針を考えてくれると助かります」

など，個別支援での専門性の象徴であるアセスメントと支援方針の作成に期待が置かれていました。

　また，個別面接での専門性にも期待が寄せられました。

「生徒や保護者と面接して，それまで知らなかった情報から新しい方針が立てられたり，支援が進展すると，こうやっていきましょうと先生にも呼びかけられる」

(3)生徒との関係本意の直接支援者の人選

　生徒支援の中心は直接支援者です。たとえば，5教科の担当者から1週1時間の支援が提供されると月曜から金曜まで毎日1時間の学習支援をカバーすることができます。学年部の壁を越えてその担当者が複数になると，教師1人の負担が1週1時間でも，全体では毎日複数時間の学習支援が提供できます。

　さらに，支援員や相談員，養護教諭・スクールカウンセラーなどの授業に拘束されないマンパワーを活用できれば，支援はより重層的になります。

　しかし，必ずしもマンパワーが量的に増えれば生徒支援が充実するというわけではありません。とりわけ中学校の組織は学年部ごとに明確に役割分担されており，当該学年で起きた問題は当該学年部のマンパワーで対応することが慣例です。そして，それゆえに不登校生徒は，それまでのプロセスを通して担任や学年主任と関係が破綻している場合も少なくありません。

「不登校する生徒って人間関係をつくるのが難しいので，結局先生を選ぶんです。この先生だったら生徒ともうまくやってくれるし，任せられるという人がどうしても必要ですね」

「相手に合わせることが苦手だったり，課題を厳しく押しつけがちな先生が入ると，生徒はまた来なくなったりするし，支援体制を整えるって頭数のことじゃないんですよね。やっぱり，生徒の再登校を軌道にのせるためには人を選ばないわけにはいかないんじゃないでしょうか」

というものです。

　なお，学年の壁を越えた柔軟で重厚な対応には校長の英断と職員への周知が不可欠であることが異口同音に語られました。

[5] 第3段階：チームマネジメント

チーム支援は，生徒支援と支援者支援である「チームマネジメント」とが並行して実践されていました。

⑴アセスメント・支援方針の作成と共有

アセスメントとは，不適応の背景にどんな悪循環が起きているのかという問題分析です。不登校は集団社会化の失敗によって起こります。アセスメントでは，なぜ子供が学級集団に同一化することが叶わないのかを分析します。

学校適応条件とは，級友・教師・学習との関係の3条件ですから（古市・玉木，1994；坂野・岡安・嶋田，2007他），これらの関係を損なってしまう要因を分析するのです。

まずは学習に対する本人の問題として，知的水準や注意力・集中力の問題など学習能力についての評価が必要です。授業では各学年での標準知能（IQ90 ～ 110）を想定して編集された教科書を用いているので，境界知能であるIQ85を下回れば下回るほど学習に苦戦し，「皆はできるのに自分はできない」と能力的な異質感を抱くことになります。また，知能が標準的であっても，学力偏差が知能に対して15ポイント以上低い場合はアンダーアチーバーの適応不全をとらえ，注意力や集中力や学習障害などによる能力の偏りや，勤勉性の獲得状況を検討することが必要です。

級友・教師との関係では，コミュニケーション力や感覚過敏性など発達の歪みや，耐性や自律性など性格的な問題を多面的にとらえます。感覚が過敏な子供は，教師が励まそうとして肩に手を置いたり，他生徒に対する叱責を自分への仕打ちのように過度に内在化させて取り込んだり，教師が自覚していない場面に過剰に反応して恐怖や不安を増幅させやすいので，生徒の話を丁寧に聞き取り，アセスメントすることが大切です。

図7-2は各項目を埋めていけば学校適応についてのアセスメントができるように開発したアセスメントシートです。「⑶ 学校との関係」については，生徒に質問して状況を聞き取りながら記述できるように作成しました。そのインタビューに加え，担任や教科担任，部活動の教員などがもっている情報を集めて項目ごとに記述すれば，子供の状況が理解できるはずです。理解を深めるためには，曖昧さを排除し，具体的なエピソードを聞き取ってまとめるのが秘訣です。

また，適応とは環境との折り合いの問題なので，級友や教師との相性や学級風土など，環境側の要因も検討しないと手落ちになります。たとえば，学級崩壊が起きていることを知らないスクールカウンセラーが子供個人の気分不良を大真面目に聞き取っていても，適応状況を正しく理解することはできません。

支援方針は，図7-3の「個別の指導計画シート」にまとめました。不登校の子供は，登校状況によって支援目標や内容が変化するので，a登校目標期，b登校開始期，c登校定着期，d学級復帰支援期の4段階を設定し，それぞれの段階で計画が策定されることを目指しました。

支援内容は，相談室の見学に誘うなどの「登校継続支援」，対人関係ゲームなどの「集団活動促進支援」「学習支援」，母親と定期的に面談するなど「家庭との連携」の4領域の支援で構成されています。これらの支援内容をアセスメントと登校段階に対応させて記述しましょう。対象の子供の学校適応能力が高まることが支援の目標です。

なお，本アセスメントシートは，田上と筆者で開発し，宮城県教育委員会と協働で実践に用いて改良を加えました。個別の指導計画シートは，筆者が開発して宮城県教育委員会と協働で精査し，実践に用いて改良を加えたものです。

⑵担当者が納得できる具体的な役割分担

　担当者が支援動機を獲得するためには，まずは情報が共有され，アセスメントと支援方針に納得してもらうことが不可欠な課題です。

「そういう問題だったら（支援者として）やれることがある」

「教科担任だと，生徒が欠席している以上のことがわからないので，支援方針が共有されて初めて生徒の現状もわかったし，自分の役割も理解できた」

「スクールカウンセラーの説明で，どういう問題なのか初めて腑に落ち，自分の駒の位置づけがわかったのでやろうという気になりました」

など，生徒が抱えている問題に対する支援役割に納得することがメンバー自身の行動動機になっていました。

　また，担任と学年主任は責任感から強い役割葛藤に悩んでいました。

「学校では，不登校の責任は担任にあるという風土がありますが，結局解決できなくてどうしようもなくて……いろいろやってもうまくいかなかったし，だんだん（生徒に）避けられるようになって……支援チームができたら，担任はパーツしかやってないのに生徒は登校できてるし，ほんと感謝しかないです」

「学年主任なんですけど，はっきりものを言うタイプなので不登校系の子たちと相性が悪いんです。担任もそうなので，学年部で対応していたら，おそらく生徒は学校に来なかっただろうし，っていうかだから長期不登校だったんですけど，そういう子の扱いが上手な人が担当してくれて，私たちは生徒が立ち直ってから参入したのが良かったと思います」

　不登校では，ほぼ例外なく担任と学年主任がすでに手を尽くしており，その結果の不登校であることを踏まえた役割分担が奏功の鍵になるでしょう。

⑶コーディネーターの進捗管理

　コーディネーターの役割は，別室登校の子供に対する支援を停滞させず，目的達成的に進行させるための調整です。その役割をコーディネーター自身は以下のように表現しました。

「相談室登校への支援は，（教職員の）誰と誰なら頼めて，誰はどの時間に空いていてどんな支援ができるという感じで，パズルのように必要な支援とマンパワーをあてはめてプログラムを作っていくので，適材適所の役割を充てるのが難しいけれど，停滞させないためにはそれが最も大事な仕事だと思いました」

　また，メンバーは以下のように評価しています。

「コーディネーターは，単なる役割じゃなくて，相談室での支援の内容や生徒の様子を聞いてくれて，他の先生がしている支援全体の様子も教えてくれる母親役みたいな感じでした。コーディネーターに報告するとほめてくれたり，うまくいかない場面に共感してくれるのが嬉しくて，報告するのを楽しみにしてました」

「うまくいかない場面を報告すると，いつも管理職やスクールカウンセラーに相談してなんとかしようとしてくれたから，皆がこの人についていこうと思えて，コーディネーターを中心にしたチームプレイができたんだと思います」

⑷支援プロセスの共有と相互サポート

　支援プロセスの情報共有は，簡単なようで非常に難しい仕事です。コーディネーターが支援の全体像を把握して，皆と共有しようという意思をもち続けていないと続きません。

　ある学校では，毎週金曜日の昼休みに支援会議を開催しましたがいったん行事で途切れ，担当者

からの要望で再開されました。

「毎週会議でメンバーの支援内容を伝え合っていたときは，全体の中の自分の位置づけもわかったし，次に何をすればいいかも明瞭だった」

「会議で常時情報を共有していると，他の先生の支援にも一体感があり，子供の変化にも，自分の支援と他の先生の支援とのつながりにも敏感だった」

「でも，会議が途絶えると，ばらばらの個人プレイになったような感じで，生徒に何かいっても他の先生はこういったと返されてしまうと，他の先生に阻まれているような，教師間に細かい溝ができているようなジレンマがありました」

　そのため,

「他の先生がどんなことしてるかわかってないと支援の一貫性が保てないし，自分の支援の位置づけの確認のためにもやはり必要」

ということで会議が再開されたのです。

(5)困惑場面へのコンサルテーション

　支援チームの士気は，支援者がいきづまった場面に対策し，サポートする力があるかどうかで決まるといっても過言ではありません。別室登校で受け入れる不登校生徒は，学級集団で不適応を起こして家庭にこもっていた子供たちで，個別支援の結果，教室復帰ではなく別室登校を選択しているのですから，例外なく傷の癒えない難しい状態にあります。

「別室登校の子供は壊れものというか，対応が難しくて，途中で登校してこなくなることも多いし，（支援者には）理由がわからないことも多いので，どうしていいか困ったときに支援の問題点や改善策を考えてくれる人がいないと続かないんですよ」

というコーディネーターの発言に，支援の労苦が象徴されています。

　困惑場面でのコンサルテーションが得られない場合は,

「誰かがサポートできないと先生がつぶれちゃうか生徒が来なくなるかなので」

「何をどのように支援すればいいかという具体的な支援内容とかスキルとかがちゃんとないと，支援は軌道にのらないので」

「この場面で頼れる人がいないと（支援の継続が）終わるんじゃないですか」

など支援の危機に直面してしまうのです。

　そのため管理職は，コーディネーターが個別支援に精通してチームをまとめる力をもっているか，スクールカウンセラーにそれを補う専門性があるのかという，この2点が別室運営の成否の鍵を握っているのだと語りました。

[6]　第4段階：生徒支援

　第6章で，適応指導教室での調査を基にした別室登校での支援モデルは，各支援段階での充実感が高まるにつれ，別室⇒教室とのつながり⇒教室登校へと支援ステージを進めるものでした。そして，インタビュー調査では，さらに別室での支援の段階が細分化され，個人内適応から集団適応へと5段階の質的変容を遂げていることが示唆されました。

(1)家庭訪問支援

　登校が叶わない子供との接点をつくるためには，家庭訪問が奏功する場合もあります。学級に復帰する自信はなくても，どこかで学校との接点を求めている子供が多いので，家庭訪問の先生が別室登校に誘うと関心を寄せてくれることが少なくありません。

　現実的な別室登校について，子供たちが知りたがる最大要因は「そこに誰がいるのか」です。集団への同一化の条件は自分との同質性なので，支援を担当する教師やそこに集う子供と自分が折り合っていけるかどうかが検討されるのです。それを伝える話し合いの中で大切なのは，その子供が折り合える登校環境を一緒に探してあげられるかどうかです。別室登校の仲間の名前を聞いて尻込みする子供にも，メンバーの良さを具体的なエピソードに乗せて伝え，共感を引き出すことができると，別室登校へのリアリティも担任への信頼感もダブルで獲得可能です。

　また，保護者に子供の再登校を支援したいという意思を伝え，丁寧に支援の協働土俵をつくることが大切です。保護者が支援内容に納得すると，家庭生活の折々に子供に働きかけてくれる強力な協働支援者を担ってくれます。支援の意味や目標の共有が曖昧だと，支援プロセスでの歩調が乱れやすく破綻を招きがちなので，保護者との共通認識は折に触れて確認することが必要です。

　学齢期の子供にとって，学校適応とはその年代での社会適応のことなので，成人期での社会適応のための勤勉性獲得のプレステージとして，登校回復は重要な意味をもっています。

⑵別室環境への適応支援

　再登校できるようになったら，不快刺激で緊張・不安を増幅させないように，楽しい活動で不安を拮抗制止し，明日の登校動機を形成できるように快刺激だけで活動を組み立てます。登校開始時は特に緊張と不安が高いので，別室登校の定着のための第1段階での支援です。

　家庭にこもっていた期間が長いほど，心身ともにリハビリ期間が必要です。そのため初期の別室登校は，10時とか11時とか無理のない遅めの時間に設定します。そして，子供が関心を示す活動に無理なく取り組み，短時間で無理なく帰宅させ，少しずつ耐性を高めて活動範囲と時間を広げましょう。

　また，支援の必要十分条件はスキルと愛情です。
「傷ついているほど先生の対応に敏感で，毎日気にかけて待っていてくれると感じると磁石のように惹きつけられていくけれど，おざなりだと登校しなくなる」
「支援者がいるというのは，時間ごとの貼り付けではなく人間性の問題で，内面に踏み込むわけじゃなくても会話や雰囲気でその子を理解して対応すると関係は自ずと深まる」
など，子供にとっての安全基地となる存在が登校継続の可否を決めるのです。

　第1段階での再登校支援の真髄は「明日も登校しよう」と思ってもらうことで，「もうムリ」だと思わせていたら生徒に合わせて支援内容を修正します。

⑶学校環境への適応支援

　第1段階の支援で登校への抵抗が除去されて耐性がついたら，それまで試行錯誤して探り当てた「子供にとってイヤではなくて意味のある」活動をつなぎ合わせ，まずは1週間分の時間割を作成し，スモールステップで活動範囲と時間を広げていきます。生徒に合わせた生活から，時間割に合わせた生活へと社会性の段階を引き上げるのです。これが第2段階での支援です。活動拡大のバロメータは本人の達成感と登校状況で，本人に確認しながら丁寧に進めることが大切です。

　活動内容では，対人関係ゲームでの関係形成支援に並行して学習支援を増やしましょう。学習支援は，支援者が生徒の学習の習得度を正しく理解し，できそうでできない問題に取り組ませ，1時間単位で「できた」という達成経験が得られると「意味のある」活動だと評価されます。

⑷学級復帰支援

　別室への登校が定着し，学習と集団活動の充実感が高まると，不安や焦燥感から解放され，教師

や仲間との応答が活発になります。いじってもへこまず大笑いできるくらい柔軟性（レジリエンス）が回復したら，教科担任の協力を要請したり，担任と話す時間をつくるなど，学級環境を構成している教師との関係形成を支援します。柔軟性が回復する前に集団に戻すと，リバウンドする場合が多いので，焦りは禁物です。

　そして，担任や教科担任が語る学級での様子に関心を寄せられるようになったら，生徒自身が学級復帰をどう考えているのかを切り出し，話し合います。本人が学級復帰を望んでいない場合や，自閉スペクトラム障害など集団活動への抵抗が強い場合，学年なりの学力から1年以上の遅れが認められる場合は，復帰を急がず継続的な個別支援による集団適応能力の改善が求められます。

⑸部分参加を経た学級復帰

　本人が学級復帰を望み，学級での一斉授業でもやっていける見通しが得られたら，級友の中にサポートグループを形成し，集団社会化療法を用いて関係形成支援を行ないます。また，本人と信頼関係が形成されている担任や教科担任の授業への参加を誘います。

　さらに，授業での部分復帰と級友との仲間形成を並行させ，学級参加の耐性をつけていきます。ほとんどの場合，級友との関係が親密になると急速に学級復帰への弾みがつくので，仲間形成支援への注力が効果的です。

[7]　第5段階：チーム支援の定着

　別室登校でのチーム支援の成功体験は，支援チームに効力感の獲得とともに支援方略を蓄積させます。チーム支援での達成経験は，教職員の協働体制を広げ校内支援体制を充実させる原動力を果たします。

　しかし，このような成功体験によって校内支援体制が充実する学校はむしろレアケースです。チーム支援の成否について，校長は次のように評しました。
「コーディネーターの人望と専門性にかかっている」
「コーディネーターとスクールカウンセラーに誰が来るか次第」
　コーディネーターは，次のように評しました。
「校長の采配と価値観にかかっている」
「専門性の高いスクールカウンセラーに頼れるかどうか」

　つまり，校内支援体制のマネジメントをする校長，支援チームのマネジメントをするコーディネーター，個別支援のコンサルテーションをするスクールカウンセラーというこの三者の能力に規定されることになるのです。

　チーム支援が個人の能力に依存しているのだとしたら，校内支援体制の機能はそれぞれの年度によってばらつきがあり，支援チームが機能不全を抱える場合も想定しなければいけません。それゆえ卓越した支援者たちは，語りの4分の3ものウエイトをチーム支援体制に費やしていたのです。チームが機能しなければ支援がうまくいかないのは自明です。

個別支援アセスメントシート　記入日　令和　　年　　　月　　　日

対象児童生徒　学年（　　）氏名（　　　　　　　　）

(1)不登校になった経緯と気になっている問題・行動

(2)問題の経過と現在の学校生活の様子

(3)学校との関係

学び（学力，成績，学習への取組）
・
・
・

級友との関係
・
・
・

教職員との関係
・
・
・

それ以外で気になる様子や問題

(5)関係機関等との連携

(4)個人の特徴

性格傾向（長所）
・
・
・

心配なところ
・
・
・

発達の特性（障害，病気で苦戦しているところ）

将来像（進路）

家族の状況

出席状況

	前年	4月	5月	6月	7月	8月	9月	10月	11月	12月	1月	2月	合計
学級													0
支援教室													0
学校外													0
欠席													0
遅刻													0
早退													0

図7-2　個別支援アセスメントシート

※　必要に応じて，欄を広げていただいて構いません。
※　出席状況にてついては，2枚目に打ち込んでください。自動計算されます。
※　更新されるごとに欄が広がることが予想されます。2枚，3枚・・となっても構いません。

個別の指導計画

作成年月日　令和　年　月　日

対象児童生徒学年（　　）名（　　　　　　　　　　　）

段階	□登校目標期　　□登校開始期　　□登校定着期　　□学級復帰支援期　　※現在の支援段階をチェックする
現在の問題	※この欄は「個別支援アセスメントシート」(1)気になっている問題・行動に関連した現在の不安定さを記述する。

	目　標	具体的な手立て	成果（○）と課題（●）
登校継続支援	・	・	
集団活動促進支援	・	・	
学習支援	・	・	
家庭との連携	・	・	

図7-3　個別の指導計画

2 チーム支援の機能分析

[1] チーム支援のアセスメント

　子供への支援の達成の是非がチームの機能に影響されるなら，その機能にもアセスメントが求められます。それでは支援チームが機能している状態とはどんなことを指すのでしょうか。

　複数の支援者で組織される支援チームは，構成メンバーが相互影響しながら機能する1つの支援システムだといえます。このようなシステムに対するアセスメントは，家族を構造と関係から機能をとらえる家族療法に学ぶことができます。ミニューチン（Salvador Minuchin, 1974）は，家族の機能について，親子間のヒエラルキー（階層）と関係の両面から説明する図式を開発しました。

　また，ジェノグラムは，家族成員を記号で表し，構成員どうしの関係を6種類の線で結ぶことで家族システムを図解しました（McGoldrick & Gerson, 1985）。親は，子供に対して支援と指導の両方の役割を担っているので，親が子供よりも上位に配置されてヒエラルキー（階層）が存在し，なおかつ成員間の関係が親密であるほど家族機能が高いと評価されます。親子に上下関係がなかったり，関係が疎遠だったり断絶していたり，逆に密着している場合は機能不全をとらえます。図解を用いた家族システムのアセスメントは，家族集団に生じるシステミックな問題を可視化し，家族療法の問題解決力を飛躍的に高めました。

　一方，経営学においても組織の問題は構造と関係から評価されます。家族療法では，家族というプライベートな集団の問題を主にコミュニケーション機能からとらえるのに対し，経営学での構造と関係は，組織での目的達成の手段として考えられています。

　ドラッカー（Peter F. Drucker, 1993）によると，構造とは組織で定められた職務の分化で，指示－報告経路が明確で，職務分担と役割遂行課題が明瞭であるほど機能にすぐれ，目的達成的にはたらきます。役割や遂行課題に対する方法論が曖昧な場合は，曖昧性に比例して遂行力は個人の能力に依存し，バーンアウトのリスクが高まります（Brown & Peterson, 1993; 大里・高橋, 2001）。

　職務上の関係とは，目的達成に必要な情報の循環で，良質な情報が漏れなく双方向に伝達されるほど職務課題が円滑に達成されるのです。良質な情報とは，職務遂行を促進する情報で，個人的なおしゃべりのことではありません（Drucker, 1993）。

　さて，学校での支援チームは，生徒支援という目的達成のために組織された職業集団です。その構造は，組織として編成される役割分担によって理解できます。また，関係については職務情報の伝達が円滑であるほど機能が良好で，停滞しているほど機能不全が蔓延しています。

[2] チーム支援の機能分析：チーム構造と役割（表7-3）

　ジェノグラムを援用して支援チームを空間配置したものが図7-4です。

(1)学校マネジメント

　ヒエラルキーの頂点として校内支援体制のトップは管理職が担い，校長と教頭もしくは副校長が連携して管理システムを構成します。校内支援室の管理責任者として個別支援の決定とチーム形成ならびに管理運営を行ないます（常盤, 2009）。

(2)チームマネジメント

　コーディネーターとして主に生徒指導部の生徒指導主事や教育相談係に期待され，チームの統括者として，目的達成的な進行管理と管理職への報告を行います（津布樂, 2009）。担当者が困惑す

表7-3　役割分担と遂行課題

役割	役割期待	遂行課題
学校マネジメント	管理責任者	遂行目標を設定し，その達成のため学校内外の支援資源を組織し管理運営する
チームマネジメント	コーディネーター	チームとして目的達成的に支援できるように支援プロセスを評価・管理する
ケースマネジメント	コンサルテーション	対象生徒のアセスメントと支援方針を策定，支援の調整と進行を管理する
直接支援	寄り添い支援	活動や見守りを通して生徒の支援ニーズを把握，活動内容を調整し充実させる
	個別学習支援	対象生徒の能力や習得状況に応じて学習をすすめ，学習に対する達成感や効力感を獲得させる
	学級復帰支援	対象生徒と話しあい，復帰が選択されたら，段階的に学級環境に接近させる。級友の中にサポートグループをつくり，信頼関係が形成できるように生徒各人にはたらきかけ，関係を結びつける

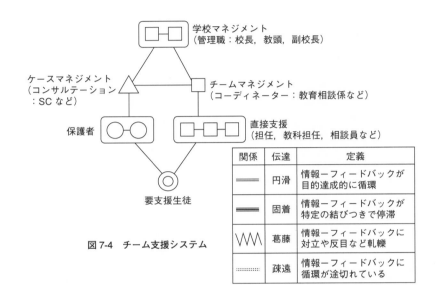

図7-4　チーム支援システム

る支援の停滞に対策し，支援者支援を担います。生徒指導主事と違い，校務分掌として中間管理職ではない教育相談係が担当するときは，校長からの権限委託と周知がないと，管理的役割に対する遠慮から情報伝達が疎遠になりやすく，コーディネーターへの支援も欠かせません。

⑶ケースマネジメント

　個別支援の専門職として主にスクールカウンセラーやスクールソーシャルワーカーに期待され，アセスメントと支援方針を策定します。支援の停滞場面ではコンサルテーションによってチームマネジメントを助け，コーディネーターの補完的な役割を担います。支援の進行につれて生徒の状況が変化するので，各場面に対応した方法論を提供します。

⑷直接支援

　教師や学校配置の相談員が担い，保護者とともに子供の適応を支えます。
　校内支援室での直接支援は以下の支援で構成されています。
ⅰ　寄り添い支援　主に相談員や養護教諭など，授業に拘束されない教職員に期待されます。
ⅱ　個別学習支援　主に教科担任に期待されます。
ⅲ　学級復帰支援　主に担任や学年主任，教科担任など学級とも別室の生徒とも親和的な関係形成ができている教職員に期待されます。

［3］ チーム支援の機能分析：情報経路

⑴指示－報告経路

　直接支援者は，中間管理者であるコーディネーターに支援内容を報告し，コーディネーターは進行状況を管理職に報告し，管理職の指示を直接支援者に伝える指示－報告経路が形成されます。

⑵相談－対策経路

　生徒の反応に対応できずに支援が停滞し，直接支援者が困惑するとコーディネーターに停滞が報告されます。コーディネーターが対応できない場合は，コンサルテーションによって方略を検討する相談－対策経路を活用します。支援チームの目的は子供への支援なので，支援の停滞に対策が得られない場合にチームは危機を迎えます。

［4］ チーム支援の機能分析：情報の伝達状況

　支援チームのメンバー間での生徒支援に必要な情報の送受信状態です。
　①円滑　情報の発信とそのフィードバックが目的達成的に循環している場合
　②固着　情報の発信とそのフィードバックが特定のメンバーの結びつきで停滞している場合
　③葛藤　情報の発信とそのフィードバックに対立や反目など軋轢が生じて停滞している場合
　④疎遠　情報の発信とそのフィードバックの循環が途切れている場合
　直接支援者がコーディネーターに困惑場面を相談しても対策が得られず意味がないと感じた場合も，コーディネーターがスクールカウンセラーに相談しても意味がないと感じた場合も，両者を結ぶ情報伝達経路が疎遠になります。コーディネーターが相談に応えられない場合は，コーディネーターから直接支援者に対する情報伝達経路も管理職に対する情報伝達経路も疎遠になります。そして，支援の停滞に対策されなければ情報経路だけでなく生徒の登校も途切れてしまいます。

［5］ チーム支援の機能と生徒支援

　第6章でのアカネさんへの支援事例を援用してチーム支援の機能分析を紹介します。当該校では，数年前から校内支援室を開設して不登校生徒を受け入れ，個別支援が行なわれていました。生徒指導部は，生徒指導主事と教育相談主任が中間管理職として並び，4人の講師が教育相談係に配置されていました。教育相談主任は，校内支援室運営のコーディネーターとして生徒への個別支援部隊を担う4人の講師を統括していました。困惑場面ではベテランのスクールカウンセラーに相談し，対策を講じていたそうです。

　ところが，その担当者が異動し，当該年度は教務主任が教育相談主任を担いました。ベテランのスクールカウンセラーも異動し，大学院新卒のスクールカウンセラーが配置されました。講師は1年契約で交代するため，校内支援室のチーム支援は前年同様に教育相談主任と4人の講師で構成されていましたが，個別支援の経験者は不在でした。

　支援室に登校する対象生徒は2年3人，3年1人の女子4人で，昨年度からの継続者が3人でした。当初は「やりたい課題で生徒自身が1日の時間割をつくる」という方針でしたが，6月の職員会議で秩序のなさを指摘されると，「きちんと学習させる」方針に転換され，これに反発した生徒は担当教師を共通の敵にして結束しました。教師たちは，結束した生徒の攻撃を避けるために教師は支援室を回避して，近寄らないようにしていました。

〈筆者介入の前年度〉（図7-5）

(1)チーム構造

　①学校マネジメント　新しく赴任した校長は前年度からの教頭と管理しました。
　②チームマネジメント　教育相談主任がコーディネーターとして統括しました。
　③ケースマネジメント　教育相談主任がスクールカウンセラーと協働しました。
　④直接支援　4人の講師が担っていました。

(2)情報経路と伝達

　①指示−報告経路　校内支援室の運営はすでに軌道に乗っており，校長は教育相談主任の報告を受け，その見守りをしていました。
　②相談−対策経路　困惑場面について，講師は教育相談主任に，教育相談主任はスクールカウンセラーに相談する情報経路ができていました。

〈当該年度の筆者介入前の9月〉（図7-6）

(1)チーム構造

　①学校マネジメント　支援室の立て直し可能なマンパワーは校内に不在と判断し，教務主任のバーンアウトを懸念して問題に触れず静観していました。
　②チームマネジメント　教務主任は，前年度同様に4人の講師の授業の空き時間を組み合わせて支援室での担当時間割を作成しました。しかし，その支援内容は，4月当初：「生徒が作成する時間割に合わせ，信頼関係を形成し自習の見守りをする」6月：「きちんと勉強させる」といういずれも曖昧なもので，具体的な支援は担当者に委ねられていました。そして，方針変更後に生徒の反発で教師が攻撃対象となりましたが，対策を講じられず，担当者の支援回避を容認し，最終的には教師が介入しない支援室となってしまいました。
　(3)ケースマネジメント　この役割が不在でした。そのため，個別支援にあたり，生徒の問題をアセスメントして支援方針を作成するという手続きがされておらず，方針変更も生徒本位ではなかったため，生徒を納得させる説得力がなく，困惑場面での対策も叶いませんでした。
　(4)直接支援　6月に2年のミドリさんの孤立が訴えられ，担任と学年主任がカオリさんとシズカさんに指導をしたら，生徒たちは結束して教師攻撃に転じ，2年の担任と学年主任が支援を回避しました。7月には教育相談部会でエツコ先生が支援の苦しさを訴えると，全員が共感し，支援の立

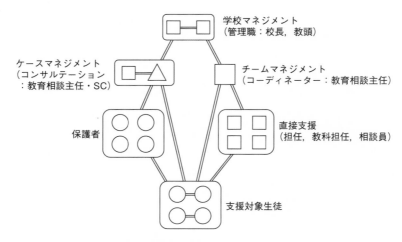

図7-5　前年度の支援チームシステム

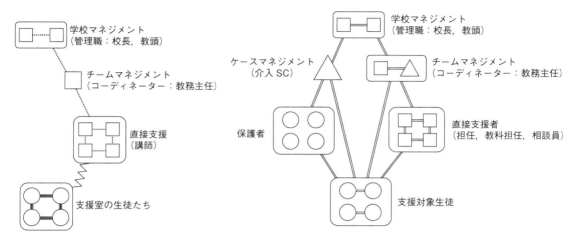

図7-6　当該年度9月の支援チームシステム　　図7-7　介入後10月の支援チームシステム

て直しではなく回避が選択されました。

　2）情報経路と伝達
　生徒支援について職務遂行のための情報はほとんど循環せず，とりわけ支援停滞後は回避されていたため，いずれも疎遠な関係となりました。

〈筆者介入後〉（図7-7）

(1)チーム構造

　①学校マネジメント　校長は，介入した筆者に支援体制の立て直しを依頼し，チームマネジメントとケースマネジメントの両方を担うことを要請しました。
　②チームマネジメント　支援担当者全員が生徒の攻撃に傷つき，回避を選択していたので，筆者が担当教師それぞれと話し合い，担当者ごとの支援内容を検討しました。生徒のアセスメントを済ませた筆者は，各教師の担当時間に同席し，4人の生徒を加えてお互いが納得できる支援内容について話し合い，担当教師ごとの支援計画を策定して生徒の承認を受けました。
　③ケースマネジメント　筆者が担い，生徒面接と学習支援での情報収集からアセスメントと支援方針を策定しました。この生徒情報を基に，支援室内で生徒を加えて担当教師ごとの支援計画を策定しました。
　④直接支援　4人の講師の他に，3学年主任とスクールカウンセラーが応援に加わりました。1人は対人関係ゲームでの集団活動，3人は学習支援，3学年主任は体育を行ない，相談室の秩序と学習が回復しました。1週1日勤務のスクールカウンセラーは講師の学習支援に加わり，緩衝地帯を担ってくれました。

(2)情報経路と伝達

　筆者の勤務日ごとに，講師たちはそれまでのできごとを報告し，困惑場面を相談してくれるようになりました。筆者は，支援室の様子を教務主任と校長に報告し，職務遂行に必要な情報が円滑に行き交うようになりました。

[6]　チーム支援の機能と生徒支援との関係

　支援の成否から支援チームの機能を検討すると，生徒の問題をどう読み解き，対策するかというケースマネジメントが行き詰まると，チームマネジメントも連動して行き詰まり，支援が停滞する

ことがわかりました。これに対し，校内資源にケースマネジメントの担い手が得られない場合，外部資源を動員するなどの学校マネジメントが作動しなければ，支援は停滞を余儀なくされ，生徒の不登校は長期化をたどることになるでしょう。

　上記の事例では，ケースマネジメントの機能の回復によってチームマネジメントも機能を回復し，職務遂行に必要な情報が円滑に流れるようになりました。この機能回復の最大の促進者は校長でした。校内マンパワーでは体制の立て直しが不可能と判断し，介入した筆者にその立て直しを託したのです。外部からの介入者である筆者は，校長からのこの役割委託がなければ短期間で教師の協力を集めることも困難で，上記のような大胆な展開ができるはずがありません。

　そして，筆者が介入した翌年度の当該校は，教務主任が専門性の欠如を理由に教育相談主任を辞退しました。校長は，校内支援室のマネジメントを担うマンパワーなしと判断し，支援室をクローズしました。

　不登校とは，子供の学校適応に対する支援の不全によって起こります。逆に，不登校に陥っている子供を支援するためには，個別の問題を読み解き，子供の状態に応じて支援を調整するケースマネジメントが不可欠です。そして，別室登校のようなチーム支援には，支援の一貫性と全体性を維持するためのチームマネジメントが必要です。

　チーム支援の実践では，学校マネジメント，チームマネジメント，ケースマネジメントという3次元のマネジメントが校内支援体制のコア（核）を担い，生徒支援を牽引するのです。

［7］日本の学校臨床でのスクールサイコロジストの担い手は誰なのか

　筆者は，2011年に提出した博士論文の構成論文である「チーム支援の機能分析」を論文化し，学会誌に投稿しました。しかし，当時の査読者がケースマネジメントを指して「現実の日本の学校臨床で，支援の停滞にコンサルテーションを提供できる個別支援の専門家は誰なのか」と発した質問に回答を見出すことができないまま頓挫し，修正再提出ができないまま現在を迎えてしまいました。

　たとえば，子供の異常心理や発達障害など個別支援について勉強を重ね，校内支援室のコーディネーターとしてチームマネジメントもケースマネジメントも直接支援もトリプルで対応できるスーパーティーチャーも実在しています。また，教育相談に精通した管理職が学校マネジメントを担いながら，ケースマネジメントもチームマネジメントも引き受ける事例にも遭遇してきました。また，1週1日勤務というハンディを乗り越えてあまりある実力派のスクールカウンセラーが，子供支援も保護者面接もケースマネジメントもチームマネジメントも担っている事例も実在します。それをスクールソーシャルワーカーが担っている場合もあるでしょう。しかし，そのような卓越したマンパワーは例外中の例外です。それゆえに日本の不登校率は上昇を続けていまにいたっているのです。

　「日本の学校臨床で，支援の停滞にコンサルテーションを提供できる個別支援の専門家は誰なのか」という，論文投稿で査読者に投げられたこの問いが本著の誕生につながりました。この役割こそ，日本型のスクールサイコロジストだといえるのではないでしょうか。

　「あなたの学校での個別支援の専門家は誰ですか？」という問いに，迷いなく固有名詞で「○○先生」と答えられる学校は，校内支援体制が整備されて生徒支援が機能していることでしょう。しかし，ケースマネジメントでのコンサルテーション役割が欠落している学校も決して少なくありません。この役割を育成する系統的な教育システムの欠落こそ日本の学校臨床が抱える最大の課題なのです。

別室登校法での集団社会化とうつ状態からの回復

第8章

1　校内支援室の開設と不登校に陥った生徒たち

[1]　潤沢で教育熱心な地区の学校で潜伏していた標的いじめ

　その中学校は，地域の中心にありながら住宅地が郊外に移るにつれて少子化し，単学級小規模校となって小学校からクラス替えがありませんでした。しかし，経済力に恵まれた地域柄を反映して教育熱心で，とりわけ3年生は小学校の頃から学力テストの平均点が高い優秀な学年でした。

　その3年生の女子生徒サキさんの母親が市教育委員会に転校したいと訴えたのは6月末のことでした。5月の修学旅行から泣きながら帰宅し，それ以来登校できず，本人が転校を望んでいるというのです。

　市教委の指導主事が学校に連絡すると，校長と教頭がすぐに駆けつけました。「学級は落ち着いていて学力も高く，体調不良で欠席の生徒もいるが，トラブルは認知されていないので，一人の保護者の言い分だけで判断されては困る」との主張でした。その学年は，35人学級でしたが約3分の1の生徒がいずれも体調不良で欠席していました。教育熱心で子供への期待値の高い地域なので繊細な子供は心を病みやすく，保護者から体調不良の届けも出ていて不登校とはいえないとの説明でした。

　市教委の指導主事と校長，教頭に市教委所属のカウンセラー（以下派遣SC；筆者）が加わり，善後策が話し合われました。筆者は，原因ともあれ欠席生徒の支援を最優先課題として校内支援室を開設し，別室登校を受け入れてはどうかと提案しました。一同の賛同が得られ，その支援に筆者が1週1日派遣されることになりました。

　当時の筆者は当該市教委に勤務して3年目で，当該校には2年前にも派遣され，校長と生徒指導主事とは別の事例で協働経験がありました。また，3学年の担任と学年主任および養護教諭とも別の学校での協働経験がありました。

　筆者の派遣が決まると，養護教諭が不登校生徒の家庭に連絡し，派遣SCへの相談を勧めてくれました。そして，担任とともに家庭訪問を繰り返し，保健室登校や派遣SCへの相談を勧めたところ，欠席していた11人のうち5人が再登校を決意し，学級に復帰しました。サキさん母子は筆者との継続面接を希望しました。

[2]　教育委員会から派遣された外部カウンセラーへの相談と抵抗

　筆者は，7月に当該校に派遣され，まずはサキさんとの面接が計画されました。筆者が事情を聞くと，サキさんはクラスのことを語り出しました。クラスは，小学校時代から成績優秀で，教師からは「落ち着いた良いクラス」と賞賛され，期待され続けてきたそうです。しかし，男女ともにクラスを支配するグループが存在し，級友は全員が一度ははずされ，孤立した経験がありました。女子の支配グループは，小学3年のとき自己主張の強いミズホさんを仲間からはずすために策を弄し，

小学校卒業まで孤立させ続けたというのです。そのため，誰もが戦々恐々として支配グループに逆らう者はいなくなりました。支配グループは，男女ともに頭が良くて「良い子」を上手に立ち回り，小学校の頃から先生にも目をかけられていたといいます。

　「でも，修学旅行から標的が自分に向けられました。話しかければ返事をしてくれるけれど，皆が絶妙によそよそしくて・・ずっとその中にいて自分もやってきたからわかります（涙）。皆と手を組んで仲間はずしをするのはゲームだったけれど，やられることにはとても耐えられません」と，サキさんは話の途中から涙を流し，テーブルに泣き伏せました。

　母親によると，サキさんは入眠が困難で朝は起きられず，食欲もバラツキが大きいといいます。食欲不振の一方で急激な体重増加があり，気分の落ち込みも5月以来2か月近く続いていました。それは，うつ状態の診断基準に該当しており，心理的な支援だけでなく，医療の力を借りるべき状態のように思われました。そこで，うつ状態の重症度を測定する日本版ベック抑うつ質問票（BDI-Ⅱ；Beck et al., 1987）を実施しました。すると，29点以上を重症とみなすスコアが40点と重篤だったため，筆者は地域の精神科クリニックに紹介しました。

　筆者は，クラスで起きている問題を学年部と管理職に報告しました。ところが，教師たちはクラス全体の優秀さや生徒たちの態度の折り目正しさを主張し，サキさんの思い込みではないかと取り合ってもらえません。校長は派遣SCに，学校への不満ではなく本人の内面的な苦悩や家族関係を聞き取り，癒しを与えて問題を鎮めることを求めました。筆者は，学校環境との関係を土俵に上げずに相談支援をすすめることは不可能だと反論しました。

　校長と教頭は市教委を訪ね，カウンセラーに対する役割期待は，本人の内面的な問題や家庭環境の変容をはかることにあるのに，派遣SCは学校の問題を掘り起こそうとしていてカウンセリングとはいえず，専門性が乏しいので協力継続は不必要だと申し出ました。指導主事は，現状の問題は，3学年の不登校や転校をどう食い止めるかにあり，学校体制を問われていると主張しました。指導主事は，市教委の施策としてカウンセラーの定期派遣を継続するので，3か月後に学校での支援体制と登校状況について報告するように指示したとのことでした。

[3] 教室に登校できなくなった生徒たち

　そんな成り行きで筆者は学校に派遣されましたが，翌週の出勤時は事務職員が取次いでも管理職は対応を回避し，職員玄関で佇んでいると偶然生徒指導主事が通りかかり，相談室に招き入れてくれました。小規模校でマンパワー不足のため，生徒指導主事は2学年の学年主任を兼務しており，3学年については不登校の多さが気になっていながら手を出しかねていたとのことでした。しかし，派遣SCから事情を聞けば，現状は3学年の問題にとどまらず，もはや学校危機なので，生徒指導主事としてコーディネーターを担いたいと申し出てくれました。途中から話に加わった養護教諭は，そのサポートを申し出てくれました。

　そのさなか，3年の女子が学級の中で手足を痙攣させて過呼吸発作を起こしていると養護教諭が呼び出されました。しばらくして養護教諭から，ヒステリー発作を起こしたのはサキさんの面接でも語られたミズホさんで，本人も面接を望んでいるので，少し落ち着いたら話を聞いてほしいと依頼されました。

　養護教諭に付き添われて相談室に入ってきたミズホさんは，すでに泣いていて，もうクラスの人間関係に耐えられないと泣き崩れました。養護教諭に背中をさすられながら，サキさんとほぼ同様のクラスの状況を訴えました。そして，「運動部の大会で敗退し，小学校の頃からずっと憧れてきた高校の推薦枠に食い込む見通しが立たなくなった。それなのに，攻撃グループのメンバーはこぞってその高校を受験すると聞き，世の中は不公平でもう生きていても仕方がないと思った」こと

が語られました。小学校からいじめられる度に登校したくないと両親を困らせてきて，せめて恩返しがしたいのに，成績が伸びないばかりに両親の期待を裏切り，そんな自分なら生きていても仕方がないというのです。

迎えにきた母親と面接をすると，母親は，ミズホさんが小学3年から女子の関係はずしの対象になってきたこと，小学校での担任に相談したらいじめが陰湿化して激化し，一時は不登校に陥ったこと，登校が再開してからのミズホさんは母親に弱音を吐かなくなったこと，ミズホさんの食欲が落ちるたびにハラハラし続けてきたことなどを語りました。「娘は勝ち気で主張が強く，集団の和となじめないところがあるのだと思います。標的になってきた他の子供たちも，どこかマイペースで集団と同調できないのかもしれません」。

ミズホさんにもBDI-Ⅱを実施すると42点と重篤だったため，サキさんと同じ精神科クリニックを紹介しました。サキさんとミズホさんは，ともに投薬治療が開始され，主治医からは「派遣SCに相談して精神的に安静を保てる学校環境を調整してもらうように」との指示を受けました。

[4]　保健室登校での不登校生徒の受け入れ

養護教諭は，サキさんとミズホさんを保健室に登校させられないかと考えていました。生徒指導主事も賛同し，養護教諭と筆者の3人で管理職に諮ると，「うつ症状の生徒対応は難しく，教員数が少ない小規模校では支援チームの形成は不可能なので，カウンセラーの派遣日だけを相談室登校に充てたい」との判断でした。校長と教頭がこれまでの勤務校で経験した相談室登校とは，スクールカウンセラーが1週もしくは2週に1時間程度の継続面接をするもので，それにならいたいというのです。

これに対し養護教諭は，派遣SCの指導助言を受けながら保健室で対応してあげたいと伝え，生徒指導主事も協力は惜しまないと申し出ました。派遣SCは，「受験を控えた生徒は進路不安で不安定になりがちで，登校を受け入れてくれる居場所があるだけで救われるはずなので，養護教諭に協力したい」と伝えました。しかし，判断は保留されたまま夏休みを迎えてしまいました。

派遣SCが市教委に相談すると，指導主事が学校訪問し，対策が協議されました。校長と教頭は，「不登校の背景にいじめがあるなら学級での指導が欠かせないが，トラブルが確認されない目下の状況での介入はむしろ不自然で，さらに担任と学年主任は人間関係の調整が得意でなく，バーンアウトも懸念される。指導的な介入をして，万一収拾がつかなくなると学級崩壊など深刻な学校危機にも直面しかねない」と，学級集団に対する指導についての懸念を語りました。そのため，学校事情に鑑み，不登校生徒に対する緊急の対応として学級の調整を前提にしない保健室登校の受け入れを行ない，学校課題として学級の人間関係の入念な行動観察を行なうことが決まりました。

保健室登校は，養護教諭の厚意で夏休みの間も1週2日の受け入れをすることになり，サキさんとミズホさんの希望ですぐに7月末から開始されました。そこでは，派遣SCとの週1回の面接の他，担任と生徒指導主事が自ら申し出て学習支援を行ないました。

サキさんとミズホさんはすぐに打ち解け，毎回欠かさず登校しました。その様子をサキさんの母親がワタルくんの母親に伝えると，派遣SCとの面接希望を養護教諭に申し出ました。

養護教諭によると，ワタルくんは非常に優秀で入学以来トップの成績を修め，学級委員を務めていましたが，中学2年の夏休みにうつ病を発病し，それ以来登校が途絶えてしまいました。「夏休み中の発病でもあり，発病をきっかけに母親が仕事を辞める教育熱心な家庭なので，過剰期待による息切れだろう」との教頭の判断にしたがい，教職員は家庭の問題に立ち入って精神的な負担をかけないように，登校刺激を控えて見守ってきたとのことでした。また，担任と学年主任は1年からの持ち上がりでした。

［5］校内支援室への登校を希望した母親たちの苦渋

　ワタルくんの母親は，2年の夏休みに微熱や身体痛，手足のしびれが続き，精密検査をしても原因不明で，2か月後にうつ病と診断されたことを語りました。それ以来薬物治療が続いていますが，朝は体調不良で起きられず，勉強などで根を詰めるとすぐに疲れ，身体痛が生じがちでした。

　原因として思い当たることといえば，小学3年からの継続的ないじめだといいます。皆が目の前で遊びの約束をしていても一人だけ誘われず，特定の級友から「ぼっち」とはやしたてられ，「休み時間はどうやって過ごしているのか聞くと，図書室やトイレで過ごしていると聞いて胸が詰まりました」。

　5年時の音楽集会ではピアノ伴奏者に推薦され，一生懸命練習しましたが集会が延期になり，再設定された時は人選のやり直しで級友のセイヤくんが選ばれたのだそうです。学級委員にも毎年選出されましたが，級友の協力は得られず，必要な作業は自宅に持ち帰り，母親が手伝っていました。

　女子も4人がいじめの標的にされ，ばい菌回しも頻発したそうです。「ミズホに回せ」と言われ，ワタルくんがタッチするとすかさず言いつけられ，担任に呼ばれて叱られました。経緯を話すと「学級委員は止めなければいけない役割のはずなのに」とさらに叱られ，しょげて帰宅したこともありました。母親が担任への口添えを申し出ると，「そんなことをするとよけいいじめられるから絶対に誰にもいわないで」と口止めされたそうです。

　男子ではショウタくんも標的の1人でしたが，どちらかをはずすときにはもう片方が誘われるので，2人の交流はほとんどなく，ショウタくんも2年の夏以来不登校が続いているのだといいます。

　中学1年時は，級友にニックネームをつけるゲームが流行したそうです。数人の男子に頼まれてユウダイくんのニックネームを考えたら，ユウダイくんは「ワタルくんにあだ名をつけられ，笑われて傷ついた」と担任に訴えたそうです。ワタルくんは経緯を担任に説明しましたが，「複数名の証言とくい違うのはおかしい」と逆に叱られ，ショックでしばらく学校に行けなくなりました。そのため，両親で担任に相談すると，担任がワタルくんに「いいすぎて悪かった」と謝り，登校が再開されたこともあったのだそうです。

　2年の夏には部活動の部長選がありました。1か月前から複数の同級生に「部長に選ぶから頑張れ」といわれていましたが，当日はセイヤくんが推薦されてあっさり決まり，帰宅したワタルくんは「小学校の時と同じだ」と何度も繰り返していたそうです。そして，翌朝から微熱が続き，過去の仲間はずし場面がフラッシュバックして手足がしびれ出しました。

　母親は，その様子を担任にも学年主任にも相談しましたが，「そのようなトラブルは部長選でありがちなこと」で，うつ病については「無理せずお大事に」とゆっくり休むようにいわれたそうです。息子ともども，これ以上学校に何を言っても級友の攻撃から身を守ることはできないと怒りがあきらめに変わり，無力感しか湧かなかったとのことでした。両親で話し合い，せめて母親が仕事を辞して家庭でワタルくんに寄り添う選択がされました。

　他方，塾の先生はワタルくんに好意的で，他生徒のいない昼間の塾で個別の学習指導をしてくれ，学力は高いまま維持されていました。高校進学を意識する場面でのワタルくんは，内申書を意識して「学校に行かなくちゃ」と母親に焦燥感を語りましたが，登校を考えると級友からの攻撃場面や無力感が湧き上がり，頭痛や顔面けいれんなどがぶり返しました。主治医には「精神的安静が大切」といわれているので，症状が発現するとワタルくんは登校について考えるのをやめました。母親はじめ家族も，無理させずリラックスできるよう配慮を続けてきました。

　両親は，転校も考えましたが，本人が学校のことは考えたくないというので，深追いを避けて現在に至ったのだそうです。母親は，学校生活そのものに希望を失い，無力感を抱いているワタルくんの様子に，将来を切り拓くパワーを回復することができるのだろうかと激しい不安に苛まれ続け

てきたことを語りました。

[6]　校内支援室への登校を希望した生徒たち

　母親を介してサキさんとミズホさんに登校を誘われたワタルくんは，2人の保健室登校日に参加を希望しました。夏休みの保健室登校の2回目でした。

　派遣SCが保健室を訪ねると，3人は数学の問題を解いていました。派遣SCが自己紹介をすると，緊張しているワタルくんに代わり，サキさんとミズホさんが「すごく優秀」「やさしい」「責任感が強い」などと紹介してくれ，ワタルくんはうつむきながらうれしそうにしていました。派遣SCは3人と一緒に何問かの数学の問題を解き，「こんな感じで学習をしながら，高校受験につながる無理のない相談室登校を計画したいので一緒にやりませんか」とワタルくんを誘いました。

　すると，ワタルくんが個別の面接を希望してくれ，別室で個別に向き合うと，緊張が高まったせいかワタルくんの両頬がひきつり，顔面がけいれんし始めました。そのため筆者は心理的な侵入を控え，相談室への登校計画を話し合いました。ワタルくんは，保健室での学習は気楽で励みになりそうだと積極的だったので，サキさんとミズホさんと一緒に夏休みに1週2日各2時間登校することを提案しました。学習以外にもゲームのようなリラックスできる活動を加えたいが何がいいかと問うと，「本当に好きなことをやっていいの？」と何度も問いながら「トランプがしたい」といいました。どんなゲームが好きなのか問うと，「大富豪がしたい」というので，保健室登校のルーチンとして数学とトランプの大富豪をすることになりました。

[7]　校内支援室への登校を甘受した担任と学年主任

　ワタルくんを送って保健室に行くと，廊下に担任が立っていました。職員室に戻ってから担任に理由を聞くと，「学習指導をしていたら，サキさんとミズホさんが不機嫌になり，そういう雰囲気は苦手なので廊下に避難していた」とのことでした。

　筆者が「人間関係のトラブルが苦痛だと，先生という仕事そのものにえぐられたりしませんか」と問いかけると，担任は真剣に向き合ってくれました。「その通りです。前の学校でもお世話になったのでわかっていると思いますが……今年は3年間担任したクラスから10人以上の不登校を出してしまい，教育委員会から指導されることも覚悟しています。でも，情けないけど指導されても人間関係を調整する自信はありません。担任に向かないといわれたら，甘んじて批判を受け止めますが，自分には向いてないんです。とはいえ，家族もいて簡単に辞めるわけにもいきません。だからせめて保健室で自分の教科の学習指導くらいはします。させてください」。

　筆者はこれを学年主任に伝えました。

　「そうでしたか。担任はそんなふうに語りましたか。担任が人間関係の調整が苦手なのはわかっていますから，追い詰めるわけにはいきません。そして，これほど複雑な問題があるときにクラスをなおざりにはできないので，学年では学級経営に専念したいと思います。この件で蓋を開けてしまったのは市教委と派遣SCなので，この問題には責任をもって対応してくれないと困ります」。

　筆者はこれを校長と指導主事に伝えました。指導主事が再度学校を訪問し，管理職と話し合いました。校長からは，年度末に管理職を含めた人事が決定され，与えられた人的資源のやりくりで校内の問題に対策することの苦難が語られました。「校長として，学校に配置された教職員は守らないわけにはいきません。教職員が破綻したら学校経営はできません。破綻させないように教職員を守っていくしかないのです」。

　指導主事は，別室運営を申し出てくれた生徒指導主事と養護教諭を校内支援体制の核にして，派遣SCを活用するように助言しました。

2　支援開始時のアセスメントと支援方針の策定

[1] 生徒のアセスメント

　サンプルとして，3人の生徒のうち，最もうつ症状の重症度が高いワタルくんのアセスメントを取り上げます（図8-1）。

⑴不登校になった経緯と気になっている問題・行動

　ワタルくんは，小学3年から継続的ないじめ標的になっていましたが，単学級でクラス替えがなく逃げ場がありませんでした。男子ではショウタくんも標的で，どちらかを外すときにはもう片方が誘われ，2人を交流させず孤立させるように仕組まれました。女子もミズホさんなど4人が攻撃対象になっていました。そして，級友たちは巧妙な情報操作を考え出し，担任の指導が標的児への攻撃になるように仕組みました。それは中学でも続き，2年夏の部長選の陰謀での落選後に身体痛を訴え，その2か月後にうつ病と診断され，不登校に陥りました。

⑵問題の経過と現在の学校生活の様子

　うつ病の報告を聞いた教頭は，「教育熱心な家庭での過剰期待による息切れ」だと判断し，家庭の問題に立ち入って精神的な負担をかけないように登校刺激をしない選択がされました。本人と家族は，学校の反応に対し「何を言っても級友の攻撃から身を守ることはできないと怒りがあきらめに変わり」登校を考えるとフラッシュバックから頭痛や顔面けいれんなどの症状がぶり返しました。しかし，夏休みにサキさんの母親に誘われ，保健室登校が開始されました。

⑶学校との関係

①**学び（学力，成績，学習への取組）**　小学校から飛び抜けて優秀で，成績はトップでした。しかし，2年の夏にうつ病になり，勉強などで根を詰めるとすぐに疲れ，集中力や根気が続きませんでしたが，不登校でも塾の学習指導で，学力は高いまま維持されていました。

②**級友との関係**　小学3年からショウタくんとともに攻撃対象になりました。学級委員やピアノ伴奏者などに選出しながら関係から外して攻撃する様子からは，高い能力に一目置きながらも異質をはじく集団社会化の課題が浮き彫りになりました。

③**教職員との関係**　級友の情報操作でいじめ被害ではなく加害の場面だけを抽出した指導が小学校から繰り返され，1年から持ち上がりの担任に対しては「怒りがあきらめに変わり」「級友の攻撃から身を守ることはできない」と無力感を抱いていました。

⑷個人の特徴

①**性格傾向（長所）**　温和でやさしく，まじめな人柄です。

②**心配なところ**　うつ病の診断を受け，投薬治療から10か月を経過しても回復せず，学校のことを考えるとフラッシュバックから症状がぶり返してしまいます。対面などで緊張すると，顔面が痙攣するなどの症状がみられます。

③**将来像（進路）**　保護者は高校進学を希望していますが，学校生活に失望し，無力感の強い本人が将来を切り拓く力を回復できるのか不安に思っています。

④**家族の状況**　会社員の父親，母親，高校3年の兄との4人家族。母親は，本生徒の発病で仕事を辞め，専業主婦としてワタルくんのサポートに専心しています。

個別支援アセスメントシート　記入日　令和　　年　　9　月　10　日

対象生徒　学年（　3　）氏名（　　ワタルくん　　　）

(1)不登校になった経緯と気になっている問題・行動

・単学級の小学校では，3年から標的いじめが潜行し，クラスでのバイ菌回しで担任が教室に入るタイミングで本生徒の順番が仕組まれるなどのできごとが頻発した
・ショウタくんも標的で，どちらかを外すときにはもう片方が誘われ，二人を交流させず孤立させるように仕組まれた。女子も4人がいじめ標的となっていた
・級友は巧妙な情報操作を考え，担任の指導が標的児への攻撃になるように仕組まれた
・2年夏の部活動の部長選の落選後に身体痛を訴え，2ヶ月後にうつ病と診断された
・それ以来，投薬治療が続いているが，体調が整わず不登校が継続している。

(2)問題の経過と現在の学校生活の様子

・過保護な家庭での過剰期待による息切れだと教頭が判断し，学校では家庭の問題に立ち入って精神的な負担をかけないように登校刺激をしない選択がされた
・本人は学校の反応に無力感を呈し，登校を考えると症状がぶり返すようになった
・サキさんの母親に誘われ，夏休みから保健室登校を始めた

(3)学校との関係

学び（学力，成績，学習への取組）
・小学校から飛び抜けて優秀で成績トップ
・うつ症状で，勉強などで根を詰めるとすぐに疲れ，身体痛が生じがち
・塾の学習指導で高い学力が維持された

級友との関係
・小学3年から折に触れ攻撃対象となった
・保健室登校はいずれも被攻撃生徒で，現在は親しくできている

教職員との関係
・担任と学年主任は1年から持ち上がり
・級友の情報操作で加害場面だけを抽出した指導が小学校から繰り返され，被害場面への指導には諦めと無力感があった

それ以外で気になる様子や問題
・1学期のクラスは約三分の一が欠席を選択していた

(5)関係機関等との連携

・2年夏は身体痛で起きられなくなり，何軒もの病院を受診後うつ病と診断され，投薬治療が続いている

(4)個人の特徴

性格傾向（長所）
・温和でやさしい
・まじめ

心配なところ
・投薬治療から10ヶ月を経過しても回復せず，フラッシュバックを繰り返すうつ病
・緊張すると顔面が痙攣する

発達の特性（障害等で苦戦しているところ）

将来像（進路）
・保護者は高校進学を希望しているが，本人が活力を回復できるか懸念されている

家族の状況
・父（会社員）
・母（本生徒の発病で仕事を辞め主婦）
・兄（高校3年）
両親は本人の将来を心配し，何とか高校に進学して通学できるように回復してほしいと願っている

図8-1　ワタルくんのアセスメントシート

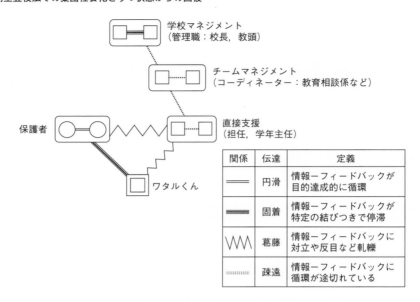

図 8-2　派遣 SC 介入前の支援チームシステム

[2] 第 1 回支援チームの機能分析

〈派遣 SC 介入前〉（図 8-2）

　(1)チーム構造

　①**学校マネジメント**　不登校を学校の問題としてとらえないようにして，「家庭の問題に立ち入って精神的な負担をかけないように」「教職員を破綻させないように」静観していたため，チーム支援は開始されず，体制も整備されていませんでした。

　②**チームマネジメント**　養護教諭は教育相談係でしたが，生徒指導主事との情報共有がなく，支援チームも存在していませんでした。

　③**ケースマネジメント**　存在しませんでした。

　④**直接支援**　担任と学年主任は「面倒な人間関係の調整は苦手」なため，クラスや部活動での人間関係への介入を避けていました。そのため，母親が発病について相談してもトラブルが一般化されて親身には感じられず，「これ以上学校に何を言っても攻撃から身を守ることはできない」と葛藤状態に陥りました。

　(2)情報経路と伝達

　学年の問題は各学年部で対応する不文律があり，2 学年主任と兼務の生徒指導主事には 3 学年の問題は伝わっておらず，校内支援体制そのものが整備されていませんでした。

〈派遣 SC 介入後〉（図 8-3）

　(1)チーム構造

　①**学校マネジメント（校長・教頭：50 代男性）**　市教委の支援で，不登校生徒に対する緊急の対応として保健室登校の受け入れを行なうことを決定しました。

　②**チームマネジメント**　生徒指導主事（30 代男性）がコーディネーターを，そのサポートを教育相談係でもある養護教諭（50 代女性）が申し出，保健室登校の中核を担いました。

　③**ケースマネジメント**　派遣 SC（40 代女性）が担い，コーディネーター，養護教諭と共にアセスメントと支援方針を策定しました。

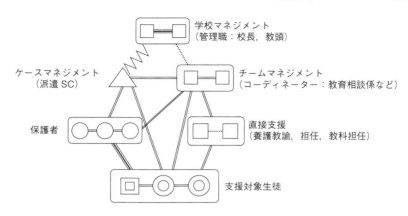

図 8-3　派遣 SC 介入後保健室登校開始時の支援チームシステム

④**直接支援**
　a 寄り添い支援：養護教諭
　b 個別学習支援：生徒指導主事（数学）担任（社会：40 代男性）

⑵**情報経路と伝達**
　生徒指導主事が養護教諭・派遣 SC と情報共有し，協働支援が開始されました。管理職は，従前の校内体制での活路を模索し，派遣カウンセラーの活用に葛藤を抱いていました。校内支援室の開設にも積極的とはいえず，管理職の承諾は得られましたが，自主的に支援を申し出た生徒指導主事と養護教諭および担任が実働部隊を担っていました。

⑶**支援構造（いつ，誰が，何を支援するか）**
　養護教諭が保健室に登校してくる生徒を受け入れ，生徒指導主事と担任が学習支援の応援に加わることになりました。対応に悩む問題は，プールして派遣 SC の出勤時に皆で検討することになりました。

[3]　支援方針の策定

⑴**生徒支援**
　保健室登校の 3 人の生徒は，いずれもうつ症状で薬物治療を受けており，朝は不調で時間の経過とともに活力が回復するものの夜は入眠困難で翌朝不調という，悪循環する日内変動の症状がありました。そこで，夏休みの間の 1 週 2 日の保健室登校は，比較的活力が回復する午後 2 時から 4 時に設定することにしました。また，3 人は高校受験を意識して学習支援を求めていましたが，うつ症状である易疲労感や集中力の低下などが目立ち，とりわけワタルくんは緊張や疲労が身体症状に転換しやすいので，無理をさせず 1 時間は学習をして，1 時間は集団活動としてトランプを行なうことにしました。

⑵**チーム支援体制**
　派遣 SC の勤務日に合わせて養護教諭と生徒指導主事が出勤することを申し出，さらに担任も加わりました。養護教諭が保健室で待っていて生徒に寄り添い，生徒指導主事が数学の学習支援をし，ここに担任と派遣 SC も加わることにしました。そして，生徒が緊張を緩和して内面を吐き出させる環境づくりとして派遣 SC と養護教諭とでトランプを囲むことにしました。

3　支援チーム形成と校内支援室での活動

[1]　不登校生徒たちのピアサポート

　4回目の保健室登校で，トランプをしながら筆者がふと「男子の仲間もいたらいいね」というと，普段寡黙なワタルくんが「ショウタがいたら……誘えないかな」と真剣に応答しました。自分もサキさんとそのお母さんに誘ってもらって保健室に登校することができたので，今度は自分がショウタくんを誘いたいというのです。

　筆者はショウタくんを知らないので，3人で作戦会議をしてどうやったらショウタくんが登校しようと思えるかを考えられないかと返すと，早速3人での話し合いが始まりました。3人は，それぞれ高い知性と判断力を備えていたので十二分に任せられるし，目的達成のために真剣に話し合ってくれれば本音が出し合えるので，一体感がつくられ，集団社会化が促進されると考えたのです。

　彼らは，想像以上に真剣に話し合いました。大勢で行くと緊張させてしまうので，まずはワタルくんと派遣SCの2人で家庭訪問し，カードゲームをしながらワタルくんが相談室の様子をショウタくんに伝えて誘うという計画が立てられました。派遣SCが「保健室に誘うので，養護教諭にも協力をお願いしたほうがいいのではないか」と助言すると揃って賛同し，サキさんとミズホさんが養護教諭に作戦を伝え，協力を取り付けました。

　養護教諭がショウタくんの自宅に電話をすると，母親が応答し，息子が会えるかどうかはわからないけれど是非来てほしいと歓迎してくれました。管理職の許可を得て，5回目の保健室登校でその家庭訪問が実行されました。

　ショウタくんの自宅は学校から近く，訪ねるとリビングに飲み物が用意されていましたが，ショウタくんは自室にこもっていました。母親と話していると，ワタルくんが「ショウタの部屋に行っていいですか？」と，持参のトランプを携えて自室に向かいました。

　母親は，外国から日本に働きに来て職場で知り合ったショウタくんの父親と結婚したこと，日本文化の中で育っていない上に日本語の読み書きが不自由で級友と同じように学校の用意をしてやれなかったこと，ショウタくんは小学校の頃から「ダンサー」「コンパニオン」などとかつての母親の職業をあだ名にされて泣いていたこと，外国人の母親だから学校でいじめられ登校できないのではないかと申し訳なく思っていること，そしてそのことを謝るたびに息子はむしろ心を閉ざし自室のドアが閉ざされていくことなどが語られました。

　1時間くらいして，ショウタくんがワタルくんとリビングに現れました。飲み物を勧められたワタルくんは，すかさずテーブルに人数分のトランプを配りました。筆者が母親もルールを知っているトランプの遊びを問い，皆でババ抜きをすることになりました。

　ワタルくん：「この人が教育委員会から来ている中村恵子先生」

　派遣SC：「はじめまして，中村恵子です。早速ですがジョーカーを持ってます！お願いですからジョーカーを引いてください」

　ワタルくん：「なっ，面白いだろ」

　養護教諭：「ショウタくん久しぶり！元気だった？私のカードにはジョーカーがないから安心して引いてね（爆笑）」

　母親：「あーっ，ジョーカーを引きました。私のジョーカーを引いてください」

　こうして笑いの中でババ抜きが行なわれました。筆者はカードゲームをしながら，一緒に作戦を考えたのはサキさんとミズホさんで，2人が保健室でショウタくんを待っていることを伝えました。養護教諭が保健室登校の日程を伝え，次から来てみないかと誘いました。ワタルくんが「今から行

こう」「1回でいいから皆で大富豪やろう」と誘うと，ショウタくんは自室に戻り，学校の体操服を着て引き返してきました。

3人での家庭訪問が復路は4人になりました。養護教諭が「みんなー，お土産連れてきたよー」と声を弾ませました。保健室で歓迎のトランプが始まりました。

[2] 生徒どうしの誘い合いでの不登校の解消

夏休み最後の保健室登校で，トランプの大富豪をしながらサキさんとミズホさんは，なお不登校が続いている女子生徒2人も誘いたいと言い出しました。派遣SCは，ショウタくんを加えた4人の生徒に誘い出し計画を考えさせることにしました。

4人は，2学期からも保健室になら毎日登校したいと口を揃えます。しかし，保健室に常時4人の生徒を抱えるのは養護教諭に負担がかかりすぎるように思われました。養護教諭は，保健室で過ごすと必ず3年の級友たちと顔を合わせてしまうので，どこか適切な居場所を確保できないものかと考えていました。生徒指導主事が相談室への移動を進言すると，管理職の承認が得られました。

新学期から4人は相談室登校を始めました。4人は3時間目半ばの11時に登校し，給食をはさんで5時間目の途中で下校することになりました。始業から数日後，その相談室にハナエさんとユリカさんが登校してきました。サキさんとミズホさんがメールや電話をしたり，自宅を訪ねて2人を誘い，女子4人で登校の相談をしたというのです。

2人とも小学校以来クラスの関係はずしの対象で，ハナエさんは中学1年から，ユリカさんは中学2年から不登校が続いていました。

こうして相談室登校は6人になり，3年生の不登校はゼロになりました。いずれも生徒どうしの誘い合いでの再登校の実現でした。生徒どうしの誘い合いは，なんと素早く再登校を決意させ，実行に移させることができるのでしょうか。

ハナエさんとユリカさんの登校は，学校にとって嬉しい悲鳴でしたが，混乱と困惑も伴いました。個別面談に使っていた相談室は，6人もの生徒を収容するには狭すぎたのです。当該校でかつて学級として使用されていた空き教室が充てられることになりました。それは校舎3階のはずれにあり，1階の保健室とは物理的な距離が離れていました。そして，6人もの生徒の受け入れは保健室経営と併存できないので，校内支援室を開設したらあらためて支援チームをつくりたいと，校長から生徒指導主事と養護教諭に提案されました。

校長と教頭は市教委に対し，懸案の不登校は11人からゼロになり，なお教室に登校できない生徒6人は，支援チームを形成して校内支援室で個別支援を行なう計画であると報告しました。9月半ばのことでした（図8-4, 5）。

[3] 校内支援室の開設と支援チームの形成

支援チームは，生徒指導主事と養護教諭と派遣SCで構想し，校長と教頭の承諾を得て，生徒指導主事と養護教諭が当事者に協力要請を行ないました。

（1）チーム構造

①**学校マネジメント**　6人の不登校生徒を受け入れるために校内支援室を開設し，チームを形成して支援することになったと職員会議で校長が周知しました。

②**チームマネジメント**　生徒指導主事がコーディネーターを，そのサポートを教育相談係でもある養護教諭が担うことになりました。

③**ケースマネジメント**　派遣SCが担うことになりました。

④**直接支援**

<u>個別支援アセスメントシート</u>　記入日　令和　　年　　9 月 20 日

対象生徒　学年（　3　）氏名（　　ハナエさん　　　　）

(1)不登校になった経緯と気になっている問題・行動

・小学校4年時に，コミュニケーションの苦手さやこだわりから，発達検査を勧められたが，母方祖父が地域の名士であることから，その体面に配慮して両親は検査を回避し発達の問題との直面を避けた
・小学4年頃から級友の中で孤立し，攻撃の対象となっていた
・中学1年の1学期から欠席がちで，中学1年の10月以降からほぼ不登校に陥った

(2)問題の経過と現在の学校生活の様子

・前任の養護教諭が保健室登校に誘うと登校できたが，数日登校が継続すると担任や学年主任に教室復帰を勧められ，すると欠席になることの繰り返しで，合唱コンクールの練習でのざわつきを嫌って不登校になった
・サキさんとミズホさんに誘われ，夏休み明けから相談室登校を始めた

(3)学校との関係

学び（学力，成績，学習への取組）

・家庭教師と勉強しており，四則演算はできたが，分数以降の単元はつまずいていた
・体育は極端に苦手で，特に球技が苦手だった
・絵は好きで，小学校から絵画教室には欠かさず通っていた

級友との関係

・小学校低学年から孤立ぎみで，4年生頃から攻撃の対象となった
・相談室登校はいずれも被攻撃生徒で，現在は親しくできている

教職員との関係

・担任と学年主任は1年から持ち上がりだが，あまり接点がなく，1年時の養護教諭は異動したため，親和的な関係を形成できている教師が学校に存在していない

(5)関係機関等との連携

・朝起きられないため近所の内科クリニックを受診して起立性調整障害と診断され，投薬治療を受けている

(4)個人の特徴

性格傾向（長所）

・マイペースでおっとりしている
・ほぼ絵を描いて過ごしており，気分を絵画の表現から読み取ることができる

心配なところ

・言語でのコミュニケーションは苦手なので，ストレスを表現できずに溜め込んでしまうかもしれない

発達の特性（障害等で苦戦しているところ）

・小学校ではコミュニケーションの噛み合わなさと，興味の限局を指摘された
・聴覚過敏で運動会や学習発表会のようなマイクを使う行事への苦手感を訴え，集団を避けていた

将来像（進路）

・絵が好きなので，専門学校のイラストレーターコースに進みたい

家族の状況

・父（会社員）
・母（パート）
同居していないが，母親の両親が近在し，物心両面の潤沢なサポートが与えられている

図8-4　ハナエさんのアセスメントシート

個別支援アセスメントシート　記入日　令和　　　年　　9　月　20　日

対象生徒　学年（　3　）氏名（　　ユリカさん　　　　）

(1)不登校になった経緯と気になっている問題・行動

・小学4年時に母親の再婚で祖父母に引き取られ，他県から当地に転校した
・転校後は欠席がちで，養護教諭に誘われて保健室に登校できるようになり，卒業まで保健室で過ごすことが多かった
・中学入学後も，1週に1〜3日くらい欠席がちだった
・養護教諭の申し送りで，中学校入学後も保健室を頼りにしていた
・2年の夏休み終了後，宿題ができておらず，提出を求められて以来不登校に陥った

(2)問題の経過と現在の学校生活の様子

・小学4年の終わりに，登校を渋って保健室登校をした級友と仲良くなり，教室にも登校できるようになった
・小学5年からバイ菌回しの対象になり，保健室登校を拠点に教室行事に参加していた
・中学校では，体調不良を訴えては保健室で休むことが多かった
・サキさんとミズホさんに誘われ，夏休み明けから相談室登校を始めた

(3)学校との関係

学び（学力，成績，学習への取組）
・学力には遅れが目立ち，中学1年での成績はほぼ最下位だった
・四則演算でも計算ミスが目立ち，応用問題はほとんど手がつけられなかった
・5教科は苦手だったが，実技教科は得意で，特に体育が得意だった

級友との関係
・小学4年の終わりに，保健室登校の級友と仲良くなり，教室にも登校できるようになった
・5年からばいきん回しの対象になった
・現在の相談室登校はいずれも被攻撃生徒で，親しくできている

教職員との関係
・担任と学年主任は1年から持ち上がりだが，あまり接点がなく，1年時の養護教諭は異動したため，親和的な関係を形成できている教師が学校に存在していない

それ以外で気になる様子や問題
・保健室登校のような個別指導を好み，集団との関係は好まない

(5)関係機関等との連携

(4)個人の特徴

性格傾向（長所）
・明るく，素直で人なつこい
・行事は大好きで，誘われると参加する

心配なところ
・感情の起伏が激しく，一度落ち込むとなかなか立ち直れない

発達の特性（障害等で苦戦しているところ）
・知的発達の問題が予測される
・小学校での転入後，不登校傾向があったため，環境の変化に対する心理的問題や登校支援が優先され，知的発達の観点からは対応されてこなかった

将来像（進路）
・高校進学を希望している

家族の状況
・祖父（67歳）
・祖母（63歳　パート）
・姉（21歳；一人暮らし）
母親は離婚後，二人の子どもを育てていたが，再婚を選択し，子どもは祖父母に引き取られ，小学4年時に他県から転校した。祖父は，昨年動脈硬化で入院後，片麻痺の後遺障害で自宅療養をしている
姉は高卒後専門学校を経て就職し，他県で一人暮らしをしている。
母親は他県に引っ越して子どもが生まれたこともあり，誕生日とクリスマスにプレゼントが送られてくる以外は会っていない

図8-5　ユリカさんのアセスメントシート

個別の指導計画

作成年月日　令和　　年 9 月 20 日

対象生徒学年（　3　）氏名（　　ワタルくん　　　　　）

段階	□登校目標期　☑登校開始期　□登校定着期　□学級復帰支援期　※現在の支援段階をチェックする
現在の問題	・夏休みに保健室登校を始め，2学期は登校が継続している。 ・夏休み中にショウタくんを誘い出し，9月には不登校のハナエさんとユリカさんを誘い出し，6人で話し合って8時に登校を始めたが，ワタルくんは顔色が悪く，いつも体力の限界のように見える ・約1年家庭にこもって寝たり起きたりしていたため体力がなく，いつも疲れきっている ・緊張すると顔面がけいれんし，給食はわずかしか食べられない ・帰宅後はほとんど横になって過ごしている

	目　標	具体的な手立て	成果（○）と課題（●）
登校継続支援	・無理をせず，短時間でも休みながらでも良いので，とにかく相談室登校を継続する	・保健室に登校し，養護教諭が寄り添って支援室に移動する ・9時半～15時勤務の市採用の支援員が校内支援室に寄り添う ・登校動機は，生徒どうしの誘い合いなので，6人の関係と自治を大事にする	○生徒の誘い出しで不登校生徒全員が登校を始めた ○9時半まで担当者不在のため，養護教諭が付き添った ○カードゲームをしたくて8時に登校が選択され，急速に生活習慣が整った ●そのため，体力的に無理がかかっているかもしれない
集団活動促進支援	・生徒が希望するカードゲームでの集団活動で，抑うつ状態にある子どもたちの緊張を解き，親和的な関係をつくる	・別室登校の学習を4時間目に設定し，3時間目までは自主的な集団活動の時間に充てる ・4時間目以外は支援員が寄り添い，一緒に活動する ・金曜日は派遣SCが「大富豪大会」に加わり，学校での①楽しいこと，②苦痛なこと，③達成感が得られたことなどを聞き取り，教職員と課題を共有し，対策する	○ショウタくんが保健室に登校した時も，ハナエさんとユリカさんの時も，自主的に歓迎の「大富豪大会」が行われた ○3時間目までを集団活動の時間に充てると，「大富豪大会」を行いたい一心で，自主的に登校時間が申し合わされ，10時から1時間ずつ延長されて登校時間が8時に設定された
学習支援	・各自で学習目標を設定する ・学習習慣を回復する	・5教科の教師が1週1時間ずつ担当する ・うつ投薬治療の生徒が3人いるので，学習は4時間目と5時間目に設定する ・4時間目は，基本的に全員が学習するが，5時間目は自習中心に緩やかに設定する	○全員が通塾しており，塾の課題を持参した ●学習に向かう集中力がないというので無理せず，休んでいても良いと伝えた ●保健室を勧めても，皆と同室で過ごすことを選択したが，顔色は悪く元気がなかった
家庭との連携	・家庭との連携で学校適応を促進する	・送迎の折々に養護教諭が声をかけ，母親の心配や不安を聞く ・毎週カウンセラーが母親から家庭での様子を聞き取り，学校での対応の擦り合わせをする	○登校は継続できても朝食は食べられず，帰宅後はほぼ横になっている家庭での様子を聞き，無理をさせないようにしようと教職員で申し合わせた

図8-6　登校開始期のワタルくんの指導計画シート

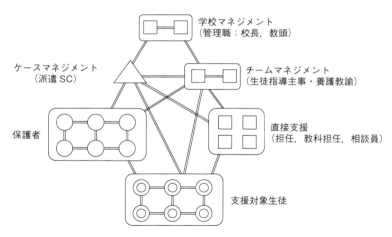

図 8-7　校内支援室開設時の支援チームシステム

　a 寄り添い支援：相談員（1 週 5 日 8 時半から 14 時半勤務の市教委採用職員：30 代女性）支援室に登校する生徒に寄り添い，保健室経営の合間を縫って養護教諭が協働することになりました。1 週 1 日勤務の派遣 SC もできるだけともに過ごして生徒理解に努めたいと希望しました。生徒指導主事も，1 週 1 時間の学習支援だけでは支援にはいたらないので，空き時間や昼休みなどをやりくりして極力毎日一緒に過ごす時間を捻出したいと申し出ました。
　b 個別学習支援：5 教科の教科担任が 1 週 1 時間担当することになりました。数学（生徒指導主事：30 代男性教諭），社会（担任：40 代男性教諭），英語（20 代女性講師），国語（40 代女性教諭），理科（30 代男性講師）

⑵情報経路と伝達
　①報告 − 指示経路の形成　直接支援者の情報はコーディネーターである生徒指導主事に集め，管理職への報告と，管理職からの指示の伝達を媒介することになりました。
　②相談 − 対策経路の形成　支援プロセスでの困惑場面については，授業に拘束されない養護教諭に情報を集め，派遣 SC に相談することになりました。

⑶支援構造（いつ，誰が，何を支援するか）
　生徒は，相談員が待っている校内支援室に登校し，そこで対人関係ゲームやおしゃべりなどで無理なく自由に過ごして登校リズムを養います。4 時間目は 5 教科の教科担任が日替わりで学習支援を担当し，5 時間目の途中で帰宅する緩やかな時間割が計画されました（図 8-6, 7）。

4　生徒支援と生徒たちの変容

[1]　支援室での対人関係ゲームと生徒たちの変容
　校内支援室は，元々は学級として使用されていた空き教室でした。養護教諭の采配で，部分的に畳を敷いて横になれるようにしたり，長机を組み合わせた大テーブルをパイプ椅子で囲んだり，ドアのガラス窓にカーテンをつけたり，担当教職員が自宅からクッションやボードゲームなどを持ち寄るなど，快適な空間になるように工夫が凝らされました。
　4 時間目は教科担任が担当する学習時間で，それまでの時間は生徒各人が体調に合わせて無理な

く参加し，活力を養い登校リズムに体を慣らしてくれるように，自由参加として枠組を設定しませんでした。しかし，生徒6人は前日のうちに登校時間を申し合わせ，ほとんど同時刻に登校してきました。4時間目までを自由な集団活動の時間に充てたところ，彼らはトランプの大富豪大会を計画し，連日興じていたのです。当初は10時だった登校時間が少しずつ早くなり，2週間後には8時半すぎに登校するようになっていました。

　相談員は，出勤するとすぐに支援室に向かい，生徒たちの登校を待っていてゲームに加わってくれました。4時間目は職員室で息抜きをしてもらい，給食から再度生徒と合流し，午後の帰宅までの時間も一緒にゲームを囲んでくれました。

　ワタルくんは，いかにも血の気のない青ざめた顔で毎朝8時半に登校し，「疲れた」とぼんやりする場面が散見されました。給食は，牛乳を飲む他はわずかにつまむ程度に手をつけました。母親に聞くと，起床後朝食を摂らずに母親の車で登校し，14時頃帰宅してすぐに昼寝をしていました。夕食を終えると横になってテレビを視聴し，22時頃就寝するとのことでした。筆者は，無理をさせないように登下校時間について修正の是非を問いましたが，十分満足しているので見直す必要がないとの返答でした。

　毎週金曜日は派遣SCが大富豪大会に加わりました。ゲームのルールがよく理解できずあたふたする派遣SCは，とりわけショウタくんのからかいの対象になりました。それは，小学4年からいじめ標的として劣位におかれてきたショウタくんが，攻撃のない安全な環境を得て無邪気な反応を楽しみ，はしゃいでいるように感じられました。

　そこで，「忘れんぼ」「だっせー」などの揶揄に派遣SCがさらにあたふたして自身の劣位を強調すると，ショウタくんはおもしろがって揶揄を重ね，やがてワタルくんも相乗りし，「負けっぱなし名人」「ブービー女王」などと派遣SCをからかうようになりました。ワタルくんとショウタくんが，それまで抑圧されてきた攻撃性を発散できるように，派遣SCがさらに劣位の強調を続けると，彼らはいっそう盛り上がり，いかにも賑やかにゲームが行なわれました。

[2] ゲーム場面での過去との直面とうつからの回復

　このようなやりとりが2週間繰り返されたあと，相談員が大富豪大会の中で揶揄され，精神的に消耗していることを派遣SCに打ち明けました。筆者が抱いていたゲーム場面での彼らの攻撃の意味の解釈を伝えると，相談員は納得しましたが，派遣SC不在時に一人で対応するのはしんどいと涙ぐみました。

　そこで派遣SCと相談員は申し合わせ，2人でゲームに参加しました。生徒たちの揶揄が始まったところで，相談員がからかいに苦痛と疎外感を感じていることを伝えました。そして派遣SCが，「本当に言いたい相手は級友たちだったんじゃないの」と問いかけました。

　沈黙のままトランプが続きました。サキさんが「そんなことクラスでは絶対に言えないよね」と口火を切ると，ミズホさんも「次から誘われなくならないように，嫌われないように，勝たないように負けないように必死だった」といいました。「昼休みの大富豪大会に誘われない奴が標的だったよな」というワタルくんに，ショウタくんが「誘われないとトイレしか行くとこなかった」といい，「オレも」とワタルくんが呼応すると，女子も異口同音にトイレや図書室で時間をつぶした孤独な昼休みなどいじめ被害体験を語り出しました。

　それを聞いて涙した相談員に全員が口々に詫び，感極まって相談員が声をあげて泣き出したのをきっかけに全員が号泣しました。その日，相談員は，これまでの生徒のつらさがよく理解できたので，仮に揶揄が続いても自分にできることは何でもしたいと派遣SCに語りました。

　それ以降6名の生徒はトランプを誘い合い，9月末には全員が1時間目から6時間目まで学校で

過ごすようになりました。ゲームをしながら，彼らは被いじめ経験を問わず語りしていました。誰かの語りに触発されて自分の経験を語り，ときには泣いたり笑ったり，各場面の級友や担任に怒ったりしながらゲームが繰り広げられました。

　学習時間は，それぞれの学力に応じた課題が用意され，個別指導が行なわれましたが，教師が誰かに対応していると生徒たちはワタルくんに質問しました。ていねいでわかりやすい説明に生徒たちの質問が相次ぐようになり，ワタルくんは多くの時間を解説に費やしました。

　筆者は，学習時間に自分の勉強そっちのけで質問に対応することにストレスが溜まらないか心配になりました。ワタルくんとの面接では，小学3年から学級委員だった自分がはずされてしまい，仲間がいじめられていても何もできず，悔しく情けなかったことが語られました。しかし，今回は仲間が誘いに応じて再登校を始めてくれたことと，その関係が深まったことへの喜びが報告されました。

　母親によると，ワタルくんは仲間の質問に応えたい一心で家庭でも学習を再開したそうです。そのため就寝が遅くなりましたが，むしろ朝は自分から起きられる日が増え，登校前に牛乳とバナナを食べられるようになりました。給食の摂取量も少しずつ増えました。放課後は，学校からショウタくんの家に遊びに行ったり，逆にショウタくんが遊びに来ることもありました。日曜はワタルくん宅に集まり6名で賑やかにカードゲームをしたそうです。彼らは，小学校で奪われたギャンググループを取り戻しているようでした。

　その翌日の月曜日に受診すると，経過順調と寛解が告げられました。精神疾患は全快といわずに寛解と呼ぶのだとワタルくんが教えてくれました。養護教諭にもワタルくんの主治医から電話があり，「何をするとこんなに症状が改善するのか」と驚いていたそうです。主治医は違いますが，Bさんとそさんも9月末に寛解が告げられました。

　仲間との関係と自己効力感の回復が生徒たちの行動を拡大させていました。人間の行動動機は，楽しいという感情と自己効力感が生み出してくれるのです。

5　チームマネジメントと支援体制の変容

[1] ゲームの禁止と生徒たちの反乱

　養護教諭から報告を受けた校長と教頭は，「うつ病が治ったのなら学級に復帰させることがより教育的ではないか」と派遣SCに支援計画の再考を要請しました。教頭からは，「症状が回復した生徒に1日何時間もゲームをさせるのは，他生徒の学校生活との差が大きく，集団統制を阻むので見直してほしい」と説明されました。派遣SCは，ゲームを媒介に過去と向き合い，感情が表出されている現在のプログラムが彼らのうつ症状を回復させた意味を説明しました。トランプは，彼らの不安を拮抗制止して仲間づくりを促進し，「楽しい」という感情と「不登校と損なわれた仲間関係を自分たちの力で回復した」という自己効力感を生み出し，登校の定着と共同学習を促進していたのです。

　しかし，その自己効力感で病気から回復したのだから，もはや登校時間の大半をゲームに費やすことは不自然で教育とはいえないという管理職の主張と平行線をたどりました。そこで，「相談室でのプログラムは生徒や先生と協議しながら調整を重ねてきたので，来週話し合ってから報告したい」と回答を次週の金曜日まで保留しました。

　翌週派遣SCが出勤すると，相談室に生徒は不在で，サキさんとワタルくんとショウタくんの母親からの相談予約が組まれていました。

　養護教諭が先週以来の経緯を説明してくれました。火曜日に養護教諭と相談員が教頭に呼ばれ，

学校で禁止しているカードゲームを相談室で実施させ続けることの是非を問われたそうです。答えに窮していると，今日はゲームをやめてみたらどうかといわれました。養護教諭と相談員が生徒にそれを伝え，1時間目から自習課題を配布すると，ゲーム禁止の理由を問われたので，養護教諭が受験準備だと説明しましたが，ふと気づくと4時間目頃からワタルくんの顔面けいれんが再発していたそうです。

　生徒指導主事は，統括者である自分や派遣SCを飛び越してカードゲームを禁止したことに抗議しましたが，学校でのゲームの教育的意義を教頭に問われて答えに窮したということです。水曜日もゲームを禁止したところ，翌日から誰も登校しなくなったというのです。

　その経緯は校長と教頭からも派遣SCに伝えられました。「別室登校はもはや一過性の支援とはいえず，他の生徒や保護者に継続的な個別指導の不公平性を問われた場合，病気でなければどう説明すればよいのか。せめて指導内容を学習だけに絞るべきではないか。そうでなければ学校体制として別室登校を継続させることが難しい」との意見が述べられました。

[2] 生徒と保護者の結束

　派遣SCのところに3人の母親がやってきました。母親たちからも養護教諭と同様の経緯が語られました。水曜日の帰路，6人の生徒たちは，別室登校にあたり先生は相談室登校の生徒の意向を汲むと約束したのに，一方的にカードゲームが禁止され，異議を申し立てても取り合ってもらえないので，皆で派遣SCの勤務日まで登校しないと話し合ったのだそうです。それを聞いた母親たちも，昨夜ファミレスに集まって話し合い，本日都合をつけられるメンバーが集まって相談に来たとのことでした。

　サキさんの母親は，娘が学校の様子を話しながら怒っているかと思えば落ち込み，このままでは先生を信用できないので転校したいと落ち着かないことを語りました。ワタルくんの母親は，治っていた顔面けいれんが再発し，欠席した木曜日は「派遣SCも取り合ってくれなかったら……」と心配し，身体痛を訴えていたことを語りました。ショウタくんの母親は，2年での不登校の原因として学校にいじめを訴えていたのに取り合ってもらえず，せっかく再登校できて喜んでいた矢先，今度は先生からのいじめで登校しなくなったように思えること，1年ぶりに登校した子供の気持ちを考えてほしいことを語りました。

　筆者が校内支援室の運営の決定者は管理職なので，直接校長に伝えてほしいと提案すると，3人の母親は即座に校長室に向かいました。

　11時になると，生徒たちが申し合わせたように登校してきました。筆者は，養護教諭，相談員，生徒指導主事を交えて生徒と話し合いました。生徒にカードゲームの教育的意義を質問すると，「相談室登校の楽しみ」「仲間と過ごせていると実感できる」などがあげられました。筆者が「学級活動や特別活動と置き換え可能な教育的意義ではないでしょうか」と向けると，生徒指導主事が「生徒どうしが過去の人間関係を振り返り，今後の在り方を考えるのは道徳の授業意義にも匹敵する」とうなずきました。さらに筆者が「せっかくなので，相談室で他にやりたい教育活動はありませんか」と問うと，ワタルくんが「体育もやりたい」といい，賛同が集まりました。

　3人の母親が支援室に戻ってきました。校長は，校内支援室について現在は試行錯誤の最中で，今後は生徒指導主事と派遣SCを中心に手厚い支援を行なう予定だと説明したとのことです。

　これを受けて生徒指導主事と派遣SCが校長室に向かいました。生徒指導主事が校長に生徒から語られたカードゲームの教育的意義と体育科についての希望を伝えました。校長は，別室での実技教科の指導まで対応できないので，学活と道徳および実技教科の代替としてカードゲームを容認すると了承しました。

　生徒指導主事が校長の判断を生徒と保護者に伝えると，生徒たちは快哉を叫び，一同は拍手に湧きました。

[3]　チーム支援の危機とコーディネーターの嘆き

　生徒の帰宅後，生徒指導主事は本日の巻き返しがなければ，自分はコーディネーターを降りるつもりだったといいました。苦労して積み上げた支援室での成果を，管理職の鶴の一声で簡単に転換されては支援が成立しないし，チームの士気も保てないというのです。

　養護教諭も共感し，火曜日に一方的にカードゲームを禁じて自習監督をした情けなさや，ワタルくんの顔面けいれんの再発を発見したときの自責と悔しさを語りました。

　管理職のトップダウンによってカードゲームが禁止され，生徒が登校をボイコットした時の支援チームシステムは以下のように説明されます。

⑴チーム構造（図 8-8）
　①**学校マネジメント**　支援室でのカードゲームの禁止を決定しました。
　②**チームマネジメント**　カードゲームの禁止に反論しましたが，その教育的意義の説明に窮し，葛藤を伴いながら管理職の方針にしたがいました。
　③**ケースマネジメント**　派遣 SC 不在で機能しませんでした。
　④**直接支援**　生徒の登校ボイコットにより機能不全に陥りました。

⑵情報経路と伝達
　管理職から一方向の上位下達で，情報の循環はありませんでした。

[4]　支援チームの立て直し

　前任校での養護教諭は，教育相談主任として校長の信頼も厚く，校内支援体制を統括するとても有能なコーディネーターでした。養護教諭が当該校に異動したほんの数か月前まで，その前任校から市教委に派遣要請をして頻繁に派遣 SC を招いてくれていたその人なのです。養護教諭は，校長の価値観が異なると，これほどまでに教育相談のステータスも役割までも異なることに困惑と嘆きを語りました。

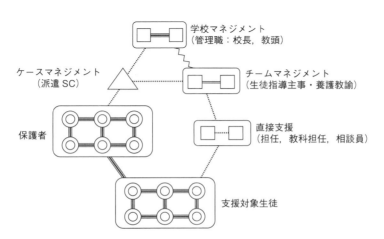

図 8-8　ゲームをめぐるトラブル時の支援チームシステム

　「学級での問題が報告されると，学年チームでの解決を迫られます。問題を克服することで実力をつけてもらおうと考えているのだと思いますが，担任と学年主任にすれば，自分たちで解決の見通しを立てられなければ，開き直るか問題に蓋をして気づかないことにするしかないんです。前任校の校長は，いつも担任は大変だから助けてやってと口癖のようにいっていました。担任や学年主任にも，生徒指導主事や養護教諭に助けてもらえ，市教委からも応援を呼んで皆で助け合おうといってくれたから，担任は問題に気づくとすぐに相談してくれたし，校内支援体制としてチーム支援ができました。でも，今年の校長は，担任のパワーアップを期待して，口癖のように改善の余地があるはずだと，個人プレイに檄を飛ばします。保健室利用も1時間の制限つきで，依存などを許さない仕組みです。改善の見通しが立てられない担当者は弱音を吐けないし，克服できない生徒は不登校を選択するしかないのだと思います。今回，校長の方針に逆らえなくなってみて，そのプレッシャーがよくわかりました」。

　校長は，その地域での教育相談のエキスパートでした。休日も返上して教育相談の研究会に通い，さまざまな理論や技法を身につけた努力の人でもありました。若い頃から夜遅くまで学校に残って仕事に励み，並はずれた精力を仕事に注ぎ込んできたパワーエリートだったのです。校長は，その背中を示すことで職員自身が教育相談を学び，問題に打ち勝ってパワーアップすることを願っていました。教育臨床を牽引してエキスパートと呼ばれてきた校長の学校から，市教委など外部に応援要請して弱音を吐けない苦境が伝わってきました。

　担任や学年主任のマルチプレイに期待する校長の支援観を変えるには，チームプレイの効果を実感してもらうしかないのではないかと，生徒指導主事と養護教諭と派遣SC3人での話し合いがまとまりました。そこで，毎週金曜の昼休みに支援チームの構成メンバー全員を招集して支援会議を実施することが提案されました。担当者が短時間でその1週間で行なった支援内容を報告し，全員で生徒の変化とそれに伴う新しい支援方針を共有するというものです。

　また，生徒支援については，彼らはすでに寛解の診断を受け，わずか2か月弱の支援ながら8月当初とは比べ物にならない安定感が獲得されたので，学習時間を4時間目に続けて5時間目も設定することになりました。5時間目にも担当教師の貼り付けが検討されましたが，無理をさせて再発を招くより，現在も行なわれている生徒どうしの共同学習をサポートすることが選択されました。そのため，4時間目を担当する教科担任が，5時間目の自習課題を準備することになりました（図8-9）。

　生徒指導主事がこの内容について校長にうかがいを立てると承認され，支援会議には校長と教頭も参加してくれることになりました。

［5］ 支援会議での支援者支援

　翌週から，昼休みに生徒指導主事が校長・教頭と支援チームメンバーを招集して支援会議が開催されました。派遣SCは，その日の午前に生徒たちからこの1週間で「楽しかったこと」「困ったこと」について，生活面と学習面から聞き取りました。支援対象の生徒たちは，学習能力も学習への取り組みも顕著な落差があり，同学年とはいえ同じ課題に取り組ませることができませんでした。

　ハナエさんとユリカさんは，数学の学習そのものが苦痛なことを訴えました。他方，英語のサッキ先生は，前の週に単語テストの予告プリントをくれ，そこにはカタカナで発音のルビが振られていました。そして，最初にテストをして，できなかった問題は，1問について10回ずつ練習し，それができた人から各自が持参する塾の問題集に取り組ませてくれました。いかにも同じ「英語」の学習なのに，中身は異なっていて，それぞれに達成感が得られるのだと絶賛の的でした。

　支援会議で，生徒指導主事に生徒の能力のばらつきを問うと，顕著な能力差を同時に扱う苦労が

個別の指導計画

作成年月日　令和　年 10 月 3 日

対象生徒学年（　3　）氏名（　　ワタルくん　　　）

段階	□登校目標期　□登校開始期　☑登校定着期　□学級復帰支援期　※現在の支援段階をチェックする

現在の問題	・うつ病は寛解と診断された ・学校での学習時間は 4 時間目だけに設定されているが，増やすことはできないか

	目　標	具体的な手立て	成果（○）と課題（●）
登校継続支援	・1時間目から6時間目までの相談室登校を継続する	・9時半〜15時勤務の市採用の支援員が校内支援室に寄り添う ・6人の関係と自治を大事にする	○6人の生徒が誘い合い，8時に集合，15 時解散を申し合わせ，登校が定着して生活リズムも安定した
集団活動促進支援	・カードゲームでの共通体験を通し，能力や家庭環境が異質な6人の集団同一化を促す	・支援員が支援室で一緒に活動する ・4時間目以外は支援員が支援室で一緒に活動する ・金曜日は派遣SCが活動に加わる ・生徒指導主事と養護教諭は空き時間に活動に加わる	○「大富豪大会」を楽しみに生徒の在校時間が延長された ○「大富豪大会」でのリラクセーション場面で，かつては直面できなかった被いじめ経験を吐露して共感しあうピアサポートが行われ，その継続約 10 日で寛解を告げられた ○共有された被いじめ経験で同質性を確認しあい，集団社会化が促進されて仲間として結束した ○小学校で損なわれたギャンググループの追体験ともいえた
学習支援	・4時間目に加え5時間目も学習に充てる	・4時間目を担当する教科担任が，5時間目分の自習課題を準備し，5時間目は生徒どうしの共同学習を行う ・数学科の生徒指導主事と社会科の担任が5時間目の空き時間に担当する	○学習時間に他生徒が質問で頼ってくれることが自己効力感を回復させた ○質問に応えるために自宅での学習が回復した
家庭との連携	・家庭との連携で学校適応を促進する	・送迎の折々に養護教諭が声をかけ，母親の心配や不安を聞く ・派遣SCと時間を合わせられる母親の合同面接を行い，保護者の心配や不安に応じて学校環境を調整する	○症状が改善し，寛解となった ○朝食が食べられるようになった ○派遣SCとの面接は毎週3〜4人の母親が集まり，その後ピアサポートで母親どうしの親密な関係が形成された

図 8-9　登校定着期のワタルくんの指導計画シート

語られました。ワタルくんは優秀で，サキさんとミズホさんとショウタくんも平均以上の能力でしたが，ハナエさんは，四則演算はできても分数が苦手で，中学1年の途中からは不登校で授業を受けていませんでした。ユリカさんは，中学2年からの不登校でしたが，四則演算にもケアレスミスが目立ち，計算はできましたが式が立てられず，抽象的な問題は理解ができませんでした。

　支援会議で，筆者がサツキ先生の授業の工夫に対する生徒の好評価を伝えると，すかさず養護教諭がその労苦をねぎらいました。サツキ先生は，それぞれの生徒の「やる気スイッチ」の押し方を説明してくれ，他の先生や管理職の賞賛を集めました。

　その翌週，生徒たちは学習支援でのやる気が一気に高まったと嬉しい報告をしてくれました。教師が各教科でサツキ先生方式を取り入れ，共通の説明の時間と個別の課題の時間を設定してくれるようになりました。

　生徒が賞賛と感謝を寄せる学習支援の方略を派遣SCが支援会議で報告すると，担当教師がそのやり方を披歴し，教師の指導方略が共有されていきました。さらに，このような生徒の反応にどう対応したらよいのだろうかとの発問に，このような場面にこう対応したらうまくいったとか，うまくいかなかったなどの教師の経験知も共有され，支援会議は，支援者支援の場となりました。

　支援会議開催以降の支援チームを図解したものが図8-10です。

(1)チーム構造
①**学校マネジメント**　学校マネジメントとして校内支援室の運営管理が行なわれました。
②**チームマネジメント**　支援会議で担当者の成果や課題を共有し，対策を立てました。
③**学校マネジメント**　担当者が直面する困惑場面の対策を検討しました。
④**直接支援**　支援場面での手応えや困惑を支援会議で共有しました。

(2)情報経路と伝達
支援会議で支援内容と生徒の変化および問題を共有しました。

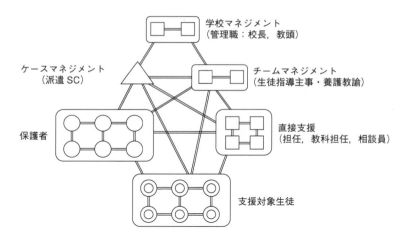

図8-10　終結期の支援チームシステム

6　支援室での集団社会化の達成と混乱

[1] 揺れ動く思春期の多感な子供たち

　3年のハルナさんは，両親とのいさかいでリストカットし，救急搬送されてから2週間近く欠席していました。母親は養護教諭に勧められ，派遣SCとの面談を希望していました。

　10月に筆者が出勤し，校長室に挨拶に行くと，そこにハルナさんの両親がいて話しこんでいる最中でした。筆者は，校長に招き入れてもらい，紹介されて話に加わりました。

　ハルナさんは，SNSで知り合った他県の高校生と交際を始め，休日に待ち合わせてデートをしていましたが，受験前の頻繁な遠出に両親が反対を唱えました。反発したハルナさんと両親の言い合いはエスカレートし，「どうしても止めるなら死ぬ」という娘に「それなら死んでみろ」と父親

が応答したところ，化粧台のカミソリで思い切り手首を切ったというのです。高校生の姉娘が電話で救急車を呼び，母親と姉が付き添ったそうです。

　傷は処置されて大事にいたらず，その夜のうちに父親の車で帰宅しました。それからほぼ2週間が経過しましたが，それ以来ハルナさんはほとんど自室に閉じこもっているそうです。ほぼ唯一顔を合わせるのは夕食ですが，具合を聞くと母親を睨みつけました。ため息をつくなどの些細なやり取りで口論に発展し，とりわけ姉娘が間に入ると，あっという間に逆上して激しく食ってかかるのだそうです。

　躾を問われている場面のようでもあり，割って入ると，母親や父親とのいさかいになって激しい口論に発展し，夜は興奮して眠れず，朝は起きられずに眠っているハルナさんを置いて出勤する悪循環に陥っているとのことでした。「勝手に救急車なんか呼ぶから」「どうして止めたのよ」「あのとき死んでしまえばよかったのに」「せっかく死のうと思ったのに」「私なんか産まずにお姉ちゃんだけでよかったのに」などなど，すぐに暴発して激しく号泣するハルナさんにどう対応していいかわからないのだと母親は涙を流しました。

　姉娘について聞くと，姉娘が優秀で落ち着いているのに比べ，ハルナさんは幼少期から落ち着きがなく衝動的で，小学校時代からの成績も行動評価も落差があり，姉が通っている高校にはとても受験できそうにないことがわかって自暴自棄になっているようだとのことでした。

　ハルナさんの自己効力感の低さは交際相手との関係の問題だけではなく，幼少期からの姉との比較で蓄積されてきた根深い問題で，高校の選択以降も進路を巡ってむしろこれから大きな落差を生み出すように思われました。いかにも同質に扱われながら兄弟間での能力や容姿が異質な場合，誰に比較されるまでもなく劣位側のコンプレックスは計り知れなく，自虐や他虐をエスカレートさせやすいのです。

　筆者はハルナさんに ADHD を疑いましたが，まずは現状の興奮状態を医療の力を借りて鎮静し，それから生活の立て直しをしてはどうかと助言しました。両親が受診の紹介を希望したので，筆者がサキさんとミズホさんの主治医に電話をしてみると，予約なしでも緊急ケースとして受け入れ可能とのことでした。両親が，せっかく仕事の休みを取った本日のうちに連れて行きたいと申し出ると，校長が派遣 SC と養護教諭にも付き添ってもらえば心強いだろうし，保健室や支援室への登校につながるのではないかと提案してくれました。

［2］仲間との関係で回復した安定感とその波紋

　派遣 SC と養護教諭は一足先にクリニックに向かい，主治医に事情を伝えました。両親に連れられて無事に受診したハルナさんには安定剤が処方され，主治医は「精神的に安静にするのが大切だけれど，それはストレスを減らすことで身体的安静ではないから勘違いしないでね。受験前に学校を休んで家にいると，ストレスの塊になって家族ともぶつかるはずだから，精神衛生のためには学校に行った方がいいよ。エネルギーは発散できないと澱んで悪玉のストレスになるから，発散して新しいエネルギーと入れ替え続けているのが精神的な安静になるんだよ。保健室登校とか，相談室登校とか，いろいろ考えてくれる先生が応援に来ているよ」と助言してくれました。

　両親に対しては「今は壊れものなので，できるだけ触らずそっとしておけば，回復につれて本人から話しかけてくるので，それに平和的な応答をするように。壊れ物と感じたら離れ，相手が接近してきたら応答して子供に巻き込まれないように」と助言してくれました。

　ハルナさんは社交的で，初対面の筆者とも親しく会話ができ，養護教諭と保健室登校の約束をして別れました。翌日から早速保健室登校を始めたハルナさんは，数日後に保健室を訪ねたサキさんと交流して支援室への参加を希望し，合流することになりました。

　7人になったメンバーで賑やかにトランプの大富豪大会が行なわれました。ハルナさんは，皆と笑い転げたりはしゃいだり，エネルギーを発散して活力が回復されていきました。支援室では，4時間目の学習時間に加えて5時間目も自習中心の学習にあて，それ以外の時間を集団活動にあてていました。

　ところがハルナさんが元気を取り戻すにつれて別の問題が起きました。ハルナさんはショウタくんを「ショウダンサー」「ショウパニオン」などと呼び，連呼されているうちにショウタくんの登校が途絶えてしまったのです。また，学習時間になるとハルナさんは気分不良を訴え，学習時間短縮に女子の同調を求めるようになりました。

　支援チーム会議では，言動を注意すると抑うつ感を訴えるハルナさんへの困惑とショウタくん欠席後の士気の低迷が口々に語られました。派遣SCは，相談室の秩序を脅かしているハルナさんへの指導の必要を問いかけました。すると校長は，ハルナさんへの指導後，抑うつやリストカットなどが生じた場合の混乱を懸念し，対応を派遣SCに一任したいといいました。ハルナさんの登校から2週間が経過していました。

［3］　せめぎ合う攻撃と防衛と衝動性

　もし，派遣SCがハルナさんへの指導を担うなら，その日の午後に実行しないと翌週の金曜日までチャンスを逃してしまいます。指導の遅延は，支援室全体の秩序を脅かすことになるように思われました。支援室は，すでにショウタくんの欠席からバランスを崩し，生徒たちの活力が低下していることが報告されていました。バランスの立て直しがはかられなければ，ショウタくんだけでなく他生徒の欠席や症状の再発を招くでしょう。

　市教委の指導主事に電話で相談すると，派遣SCが対応できなければ，収束は困難だろうとの結論にいたりました。そこで，保護者と主治医も含めた支援チーム全員に指導後のリスクを伝え，放課後ハルナさんと相談室で対峙しました。

　筆者はハルナさんがショウタくんに発した呼称を確認し，それは攻撃であることを告げました。ハルナさんは「その呼び方をするのは自分だけではないし，小学校の頃から皆が呼んでいる習慣にすぎない」と反論しました。筆者は，それがショウタくんだけでなくお母さんや家族を深く傷つけてきたことを伝えました。ハルナさんは「皆が呼んでいるから習慣的に呼んだだけなのに，自分だけが怒られるのはおかしい」と応戦し，気分不良を訴えましたが，筆者はそれをやめられないなら支援室への出入りを禁じることになると告げました。「それは学校に来るなということですか」とハルナさん。「そうではなくて，ショウタくんを傷つける呼び方は許されないということよ」と筆者がいうと，ハルナさんはそれならもう二度と支援室には行かないと泣きながら帰宅しました。

　養護教諭がハルナさんの両親に電話で状況を伝えてくれました。母親は家庭でハルナさんのサポートを優先してもらい，夕方遅くに父親が学校に駆けつけてくれました。

　今後は保健室で個別支援を継続したいと申し出ると，父親は筆者の指導に対し「仮に登校できなくなってもそれは本人が学ぶべきことだ」と納得を示してくれました。筆者は，衝動性の高さや見通しの欠如，学習場面での集中力の続かなさと注意転動性など学校での行動観察を伝え，注意や集中力の持続性に課題を抱えているのではないかと問いかけました。父親は，幼児期から落ち着きがなくじっとしていられず，叱っても叱っても同じ失敗を繰り返し，父の弟によく似たタイプだと思っていたことを語りました。筆者が紹介した主治医が発達の歪みや偏りの問題に明るいので相談を勧めると，極力早期に受診したいとのことでした。

　早速月曜にハルナさんはクリニックを受診し，ADHDの治療薬を処方されました。そして，その足で母親と保健室に登校しました。養護教諭に諭されたハルナさんは，派遣SCを怖れており，

保健室できちんと学習しないと今度は保健室にもいられなくなると学習に励んでいたそうです。そして，その2週間後に教室復帰を果たしました。

　母親によると，投薬から1週間くらいで「体から湧き上がっていたムズムズした興奮状態が鎮まってきたのがわかる」とハルナさんが語ったそうです。近眼のメガネをかけ出した時のように，授業が頭に入るようになったそうで，母親からみても以前とは集中力が異なり，注意の転動が減って落ち着いたのだそうです。主治医から説明され，さらにあらためてインターネットなどでADHDを学んでみて「これまで娘に抱いてきた困惑が，まるでジグソーパズルのピースがはまっていくように全部符合した」と父親ともいい合っているとのことでした。

　また，ハルナさんは派遣SCの指導について，教職員に対して言い逃れできなかった経験は初めてで，小学校の頃からこのような明瞭な指導が行なわれていたらいじめはなくなっていただろうと母親に語ったそうです。そして，それは両親から謝罪とともに校長に伝えられました。

7　それぞれの進路選択と教室への復帰

[1] 支援室の管理人

　ハルナさんが母親と保健室に登校した月曜の夕方，養護教諭と生徒指導主事とで家庭訪問をして状況を伝えると，ショウタくんくんは翌日から登校を始め，支援室は秩序を取り戻しました。

　支援室の6名の生徒は，級友からの攻撃に対して初めて納得できる指導が得られたと，教科担任全員に毎日繰り返し熱く語っていたことが支援会議で伝えられました。

　派遣SCは支援室の「管理人」で，ときどきしかいなくても問題を伝えると対策が講じられ，支援室は「必ず守ってもらえる」居場所だと思えたそうです。それは，小学校での関係はずし以来，初めて得られた安心感で，学校環境そのものがこれまでとは異空間であるかのように変化したというのです。

　支援会議でこの話を聞いた生徒指導主事は，教室での授業参加を提案しました。数学の教科指導で生徒たちが積極的に取り組んでくれるのが嬉しくて，担当時間だけでなく5時間目の自習時間にちょくちょく顔を出して数学の問題に取り組ませてきたとのことです。彼らは，教室での授業でもやっていく力があるので，誘いたいと生徒指導主事の思い入れが語られました。

　確かに次のステップに進むターニングポイントかもしれないと派遣SCも考えました。しかし，支援室でのエネルギーが充実したからといって教室への復帰はハードルが高すぎるように思われました。その一方で，生徒指導主事の数学の授業だけという部分復帰は，教室との接点をつくる格好の機会とも思われました。生徒指導主事という強力な守りに伴われて6人が一斉に授業に参加すれば，生徒たちはピアサポートの守りのバリアを感知し続けることができるかもしれません。

　数学の授業なら，自分の机と黒板とノートだけを見ていれば間が保たれ，級友との交流は求められません。事前に支援室で授業内容の予習をしてもらえば，学力の高い生徒は劣位を感じずに自己効力感を保つことができるでしょう。

　派遣SC：「不安材料は，ハナエさんとユリカさんの学力ですが，彼らは大丈夫でしょうか。他の4人は能力が高いので，本人のポテンシャルの高さが守りになると思いますが」

生徒指導主事：「いやー，確かにそこがネックなんです」

　派遣SC：「彼らは，いまお互いの家に集まってトランプをしたり，勉強したりしていて，小学校で妨害されたギャンググループのやり直しをしている感じなので，おそらく2人を置き去りにする選択はしないでしょう。そうなると……」

　相談室の6人の生徒は，担任と生徒指導主事の2人で個別面談を行ない，進路を絞り込んで学習

に対するモチベーションを高めることになりました。また，学級の中からサポートグループを選出して昼休みなどに支援室での交流をはかり，段階的に学級環境に馴染んでもらうことになりました。

[2]　教室復帰をめぐる生徒と教師の温度差

　その翌週，生徒指導主事は数学の授業での教室復帰の構想を支援室の生徒に伝え，教科書の予習を始めました。生徒たちは戸惑い，「いつからですか？」「強制ですか？」などと先生に問いかけ，「エゴイスト」と罵倒したショウタくんに生徒指導主事が怒声をあげたのだそうです。「お前らの将来のためを考えてるんだぞ」と怒鳴った生徒指導主事に，ショウタくんが「勝手に決めるな」と怒鳴り返し，「先生は俺らを教室に戻して手柄を立てたいだけじゃないか」と机に伏せたのだそうです。

　憤慨した生徒指導主事が4時間目の途中で職員室に戻ると，ショウタくんも鞄を持って家に戻り，それから2日間登校していないとのことでした。生徒たちはショウタくんの家庭訪問をしたいので同行してほしいと派遣SCを待っていました。

　校長に諮ると，学校からも養護教諭が付き添うことを条件に，特別活動の自然散策ということで許可が与えられました。養護教諭が母親に電話をして許可を受け，一同でショウタくんを訪ねました。リビングでのカードゲームが始まりました。生徒たちがゲームをしながら，それぞれに再登校を誘いかけると，ショウタくんは誘いに応じ，仲間たちに囲まれて登校しました。

　すると，生徒指導主事が相談室に駆けつけ，「この間はすまなかった」とショウタくんに頭を下げました。「ショウタも謝れよ」「こっちも悪いんだから」と生徒たちに促され，ショウタくんが謝ると生徒指導主事は握手を求めました。2人の握手に拍手が湧きました。

　その日の午後，生徒指導主事は管理職に諮り，支援室に卓球台を運びこみました。また，お絵描きが好きなハナエさんとユリカさんを意識してワタルくんが絵しりとりを始め，それは「美術」と名前がついて定番遊びになっていました。「美術も体育もあって，教室みたいになってきたね」「教室以上だよ」と生徒たちは喜び合いました。

[3]　支援室と教室の架け橋

　それにしても支援室の生徒たちの健全性の回復ぶりは目を見張るばかりでした。支援室でのトラブルがむしろ彼らの結束と回復力を引き出し，成長させているようにも思われました。

　筆者は，生徒指導主事と養護教諭と諮り，その日の昼休みにハルナさんを相談室に呼びました。そして，力を貸してほしいと頭を下げました。支援室の生徒たちが高校に進学したときのために，集団生活にも慣れてほしいし，それ以前にクラスとの関係の修復は不可能なのだろうかと，ハルナさんに投げかけました。

　ハルナさんは，級友の中には，本当は攻撃にかかわりたくない中立的なメンバーも存在しているといいます。筆者がハルナさんに，何か良い方法はないだろうかというと，マミさんが，成績も良くて敵をつくらず中立しているクラスの1軍女子なので，彼女を誘って支援室に遊びに行こうかと提案してくれました。そして，それがうまくいったら，男子にもキーマンをやれる生徒がいるというのです。

「マミがこっちに来てくれたら，セイヤも来るから。マミとセイヤなら誰も文句つけないから」。

　同席していた養護教諭が賛同しました。その子たちならきっとうまく彼らと教室との架け橋をやってくれるというので，この作戦を養護教諭とハルナさんに一任しました。

　その日の放課後，ハルナさんはチャイムとともに支援室を訪ねてきて，ショウタくんに謝罪しました。支援室には再び拍手が湧きました。すると，ハルナさんは涙ぐみ，皆に向かっても謝罪しました。「小学校からいろいろごめん」語尾は涙で聞き取れませんでした。

「ハルナさんは攻撃されなかったの？」と筆者が問うと，サキさんが「こっちだってごめんね」と頭を下げました。ミズホさんも謝ると，全員がそれに続いて頭を下げました。立ち会っていた養護教諭と相談員が彼らに拍手を贈りました。一同が拍手に加わり，支援室は3度目の拍手に包まれました。

翌週，派遣SCが出勤すると，支援室には休み時間に級友たちが出入りするようになっていました。月曜の昼休みにハルナさんが予定どおりマミさんと支援室を訪れてトランプに加わり，火曜はさらにセイヤくんとダイキくんが加わったそうです。金曜の昼休みは，その4人の級友を交えた10人の生徒たちが支援室にいて，卓球チームとトランプチームに分かれてゲームに興じました。

その午後，トランプをしながらショウタくんが生徒指導主事の教室での数学の授業に加わってもいいと申し出ました。他のメンバーもうなずいています。

「それは，先生は喜ぶけど，ハナエさんとユリカさんはそれでもいいの？」

ユリカさんは「皆が行くなら私も行ける」とニコニコしています。ハナエさんは「皆もいるし，数学の先生（生徒指導主事）なら信用できるし」とのことでした。

[4]　教室への復帰計画

その翌週，支援室の6人は生徒指導主事と一緒に教室での数学の授業に参加しました。机は，廊下側後方にまとめて配置され，その周辺をハルナさんがつくってくれたサポートチーム4人が固めました。

彼らは，月曜から毎日教室の数学の授業に参加していました。また，水曜には生徒指導主事と担任がチームを組んで支援室の生徒と保護者の進路相談を行ない，志望校を決定しました。11月のことでした。

ワタルくんは，地域のトップ高校を第1志望にしました。サキさんとミズホさんとショウタくんは，中堅の同じ高校を志望しました。ハナエさんは，集団が苦手で，自分のペースややり方に統制を加えられることが嫌いなので，通信制高校を志望したそうです。祖父母に養育されているユリカさんは，定時制高校を志望し，日中はアルバイトをして家計を助ける選択をしました。

金曜に筆者が出勤すると，生徒指導主事と養護教諭から6人との話に加わるように促されました。生徒指導主事は，中学校生活があとわずかしかないので，この勢いで6人が団結して教室に復帰したらどうかと提案しました。6人は顔を見合わせました。

「教室に戻らない？」というサキさんに，「うん」とミズホさんが応じました。それ以外の生徒は黙っています。

筆者は，ワタルくんに教室と支援室のどちらが受験勉強に集中できそうか問いかけました。ワタルくんの志望校は，受験時の得点重視で内申点の比重が低い高校でした。ワタルくんは，教室復帰するとそれだけで疲れて家では何もできないことが予想されるので，受験勉強を考えると，支援室で自習していたいと答えました。養護教諭も，そのような疲労や焦燥から再発のリスクを負うなら，支援室で自習した方がいいのではないかと助言しました。

サキさんとミズホさんは，ワタルくん同様にうつ症状で投薬治療を受けていましたが，発症期間が浅く，深刻度が異なるので，教室復帰は現実的な選択のように思われました。筆者が「サキさんとミズホさんは，2人で守り合えれば教室でもやれるんじゃないの？」というと，「守り合おう！」と腕を固く組み合いました。「ハルナさんたちも守ってくれるよ」と養護教諭も目を細めました。

ショウタくんは，ワタルくんとともに支援室で過ごす選択をしました。「ワタルが誘ってくれなかったら今でもゲームに逃げていたから，ワタルと同じ高校は無理だけど，それまで一緒に過ごしたい」とのことでした。ショウタくんやサキさんたちの志望校は，内申点の比重が高いから，戦略

作成年月日　令和　年 10 月 25 日

対象生徒学年（　3　）氏名（　　ワタルくん　　）

段階	□登校目標期　□登校開始期　□登校定着期　☑学級復帰支援期　※現在の支援段階をチェックする		
現在の問題	・進路指導で志望校を決定させ，受験に備えて学習に向かわせる ・数学の授業で教室に部分復帰することはできないか		
	目　標	具体的な手立て	成果（○）と課題（●）
登校継続支援	・数学の授業だけ教室に復帰する	・生徒の復帰意志を確認する ・数学科の生徒指導主事が教室での授業の予習をして備える ・級友にサポートチームを形成し，相談室での交流を促す	●生徒の意志を確認する前に教室復帰を前提に教科書の予習を始めたら反乱が起きた ○サポートチームが教室との緩衝地帯を担い，抵抗を除去してくれた
集団活動促進支援	・カードゲームや卓球で相談室の6人とサポートチーム4人との関係を親和的に結びつける	・ハルナさんと養護教諭がマミさんとセイヤくんに事情を伝え，昼休みに相談室に誘い，カードゲームや卓球で一緒に遊び，6人との親和的な関係をつくる ・同席の相談員や養護教諭が関係を結びつける	○ハルナさんとマミさん，セイヤくん，ダイキくんが休み時間に相談室に遊びにきて，親和的な関係がつくられた ○活動のレパートリーに卓球が加わり，相談室が活気づいた
学習支援	・受験に備えた学習をする	・担任と生徒指導主事とで進路指導を行い，志望校を決定する ・進路に合わせて学習計画を作成する	○受験勉強の効率を優先し，再発のリスクを避けて数学と社会の授業以外は相談室で学習することを選択した ○ショウタくんも同じ選択をしていっしょに過ごし，共同学習をした
家庭との連携	・受験が迫り，ストレスが増大するので，学校と家庭での様子を共有し，状態に合わせて環境を調整する	・派遣ＳＣと時間を合わせられる母親の合同面接を行い，保護者の心配や不安に対策し，学校環境や家庭環境を調整してもらう	○受験勉強に煮詰まると，お互いの家を行き来して合同勉強会をしていた

図 8-11　学級復帰支援期のワタルくんの指導計画シート

としては教室復帰の方が有利かもしれないと生徒指導主事が助言しましたが，ショウタくんの決意は揺らぎませんでした。

　ハナエさんは，集団の中でのざわつきが耳の中でこだまするので，教室には戻りたくないと，支援室での自習を選択しました。

　ユリカさんは，これほど自分が大切にされた環境は支援室が初めてだし，教室での学習にはついていけないと，支援室での個別学習支援を希望しました。ユリカさんは相談員を慕って臨席を定位置にして，相談室を「マイホーム」と呼んでいたのです。

　皆の選択を聞いていたワタルくんが，数学の他にも担任の社会の授業なら教室に復帰できると発案しました。学習支援での担任の説明は面白く，社会が好きになったので，授業に出てもいいというのです。サキさんが同意し，模試での社会の得点が上がったというと，ショウタくんも賛同しました（図 8-11）。

　ハナエさんは，教室に戻るのは数学だけにしたいといい，ユリカさんも数学以外は支援室で過ご

す選択をしました。

　その翌週からサキさんとミズホさんが学級復帰を果たしました。休み時間になると，サキさんとミズホさんを加えたサポートグループが支援室に遊びに来るようになりました。

[5]　支援室登校は不公平なのか

　担任と生徒指導主事は，クラスのリーダーグループから「自分たちも試験前は授業に縛られずに自習ができる環境を与えてほしい」と，支援室の生徒だけ特権が与えられる理由の説明が求められているそうで，彼らへの対応が依頼されました。そこで，筆者はその回答を求めているという生徒を相談室に集めました。すると，男女３人の生徒たちがやってきました。

　相談室での３人は，担任や生徒指導主事に向けた問いを筆者にも向けました。

　生徒：「どうして支援室の生徒だけに特権が与えられているのか教えてください」「支援室と教室の不公平性について説明してもらうように父にもいわれました」

その生徒の父親は保護者会長なのだそうです。

　派遣SC：「それは，彼らの不登校に償わなければいけない人がこの学校の生徒にも先生にもたくさんいて，その人たちが理由を知っているはずなんだけど」

　生徒：「……自分たちのせいってことですか」

　派遣SC：「どう思う？」

　生徒：「先生にもいるって，誰のことですか」「父にも報告しなければいけないので」

　派遣SC：「どう思う？」

　筆者と生徒３人は，しばらくの間無言で見つめ合っていました。

　派遣SC：「公平っていうのは，バランスが取れている状態のことだよね。だけど彼らはバランスを崩して不登校になってしまったから，そのバランスを立て直すために教室ではなく支援室に登校してもらってサポートしてるつもりなんだけど。……バランスを崩していない生徒と崩してしまった生徒に同じことをするのは公平っていうの？」

　沈黙が続いた後，小さな声で男子生徒が答えてくれました。

　生徒：「いいえ。それは公平とはいえません」

　派遣SC：「では，納得いただけたってことでしょうか。他にも質問があったらなんでもしてくださいね。……これから授業だけでなく，卒業式の練習とかいろいろお世話になると思うので，よろしくお願いします。仲間を助けられるのは仲間だけなのよ」

　生徒：「わかりました。お忙しいところお時間をとっていただきありがとうございました。失礼します」

　３人の生徒たちは，折り目正しく頭を下げて帰っていきました。

　筆者はこれを生徒指導主事と担任に報告し，養護教諭とともに支援室の生徒たちに伝えました。

　「管理人の勝ちだ」とワタルくん。

　「すげー」とショウタくん。

　養護教諭の拍手に皆が唱和し，快哉が叫ばれました。

　ハナエさんは，ネコたちに胴上げされるネコの絵を黒板に描きました。その絵は卒業まで消されず，メンバーがそれぞれに絵や文字でメッセージを書き足し，支援室のシンボルとなりました。

　１月になると，６人のうち４人の生徒は私立高校を受験し，全員が合格しました。３月には公立高校入試があり，ワタルくんとサキさんは第１志望に，ショウタくんは直前に志望校を変更して第２志望の公立高校に合格しました。ハナエさんとユリカさんもそれぞれの志望校に合格しました。ミサキさんとハルナさんは同じ私立高校に通うことになりました。

　公立高校受験後，生徒たちは全員が学級に復帰し，派遣SCは支援を終結しました。卒業式も全員が参加し，無事に終えることができたと聞きました。

[6]　チーム支援についてのメンバーの感想

　支援終結にあたり，筆者は主だったメンバーに支援プロセスの感想についてインタビューをお願いしました。

　校長：これまで学んできた教育相談では，愛着形成や家庭の問題を掘り下げた。とりわけ身体症状が伴う不登校での登校刺激は禁忌で，家庭環境を安定させて焦らず見守ることになっていた。ところが，派遣SCは，うつ病の生徒対象でも，学校との関係を問題にして登校刺激をするので，とても乱暴に思われた。しかし，深刻な状態の生徒が次々に登校し，家庭環境が大変な生徒も相談室で回復していくのをみて，家庭を変えるより，学校環境を変えることに意味があると認めざるを得なかった。また，学校には校務分掌があり，良くも悪くも学級での子供の問題は担任と学年主任で対応することが原則だ。しかし，本事例では，3学年の別室登校のコーディネーターを生徒指導主事とはいえ2学年主任が担い，担任は脇役だった。これは学校組織の中にいる教員には考えつかないチーム形成で，このようにして職員の得意部分だけ生かして役割分担をすすめれば，専門的な人材が揃っていなくても校内支援体制が整備できることがある意味ショックでした。

　教頭：別室登校について，生徒が自習する居場所以上のイメージがなかった。そこに仲間がいて，ゲームをさせればたまり場になって学校の秩序は崩壊すると思っていた。だが，支援会議で様子を聞くと，予想外に生徒たちは堕落せず建設的な助け合いが育っていることに驚いた。2年前に教頭として赴任し，保健室利用を1時間に制限することを徹底させてきたが，振り返ると，それはバランスを崩した生徒の居場所を取り上げて不登校を増やしていたかもしれない。日本の教育の根幹は集団指導だが，それだけではやれない時代が来ているのかもしれない。

　生徒指導主事：コーディネーターを申し出たのは，派遣SCと組めれば問題解決できるという信頼があったからだ。2年前に担任として手が出せなかった不登校生徒への協働経験が決断の決め手で，校内マンパワーだけなら引き受けていなかった。本事例を通して，自分が開けてしまったり，ふさげなかった穴は派遣SCが埋めてくれた。当事者的には，穴を開けても繕ってもらえると思えたからリスクを恐れずにやれていた。そして，自分に繕えない穴がふさがれる度に視野が広がり，スキルアップできた。こうやって自力で対応できる事例を増やし，ステップアップして将来に備えたい。

　養護教諭：投薬治療の生徒たちの受け入れは，心理の専門家の定期派遣なしには対応できなかった。問題に対して明確にビジョンを示す人がいないと支援は成立しないし，チームも成り立たないと実感した。校内体制として支援チームを形成する場合，校長の意向が強く反映するので，校長が支援会議に参加して支援を評価してくれるまでは，校長の意向に背いているような心細さが払拭できなかった。管理職を動かす力がないと，チーム支援は砂上の楼閣でしかないと実感している。管理職を動かすためには，経験や直感ではなく論理的に説明する力が必要なので，コンサルテーションができる専門家が必要だと思う。

　学年主任：学年部で対応していたら，生徒は不登校のままだっただろう。このような大規模な支援を成立させるために最も必要なのは，チームの核を誰が担うかで，その人の能力やビジョンへの信頼がなかったらこんなに大変なことは絶対にやれない。普通には，3学年の問題なので学年主任が中核を期待されるのだろうが，そうなっていたら自分にはできないし，病気になったと思う。派遣SCと生徒指導主事と養護教諭が手を組んだコアチームだったから，皆が納得して任せられたし，ついていけたのだと思う。

　担任：生徒の欠席に無頓着だったのは，人間関係に対する指導が苦手だからで，どうかかわって

よいのか目を背け続けてこんな事態を招いてしまった。社会科が好きで目指した教師だったが，実際に担任にあてられると教科指導より生徒指導の比重が高く，特にトラブル対応で力量が評価される。それは自分が不得意な領域だが，すでに家族もいて責任があるので，いまさら教員を辞めるわけにもいかない。ハルナさんとショウタくんのトラブルも，不公平を訴えた生徒たちも，担任の対応ではうまくいかなかったと思うし，そうなると教育熱心な保護者たちに潰されていたかもしれない。このチーム支援で依頼されたのは教科の学習支援で，生徒や保護者との人間関係は派遣SCや養護教諭や生徒指導主事が引き受けてくれた。支援室の生徒たちと関係を回復できたのは，教科指導に専念できたおかげだ。感謝に尽きる。

　サツキ先生（英語科）：最初は教頭に呼ばれ，校内支援室を開設することになったので，学習支援をしてほしいといわれた。生徒6人の激しい学力差と学習意欲のムラに戸惑いながら手探りで担当していた。昼休みに支援会議が始まり，他の先生が何をしているのかを知り，初めて役割の全体像がつかめた。担当者それぞれの個人プレイは，つなぎ合わされてチームプレイとして行なわれているのだと実感することができ，他の先生とのバランスを考えるようになった。派遣SCが生徒たちに達成感があった学習内容を聞いてくれ，それが支援会議で紹介され，自分の苦心を校長や他の先生が称賛してくれると，嬉しくてもっと学習支援を工夫しようと励みになった。合唱コンクールで中断された時は，全体が把握できなかったので，チーム支援会議は必要なのだと実感した。

　相談員：無資格で時給が低いポストなので，校内での期待もステータスも低く，これまでは生徒のおしゃべりの相手と印刷の手伝いやお茶汲みをしていた。でも，相談員という職名に応募したので，やがて相談も受けられるようなスキルや専門性を身につけたかった。支援室では，やりがいのある充実した役割だったが，難しい生徒たちで気分の変動も激しく，活動によって症状の出る生徒もいたので，養護教諭や派遣SCへの相談なしには怖くて対応できなかった。日常的にサポートしてくれる先生がいてくれたから，自分は支援者を担えたのだと思う。

　ワタルくん：活動内容が，生徒との話し合いで決められるので納得できた。もしトランプがなかったらこんなに皆と仲良くなれなかったし，つまらなかった。ショウタくんが時々ふざけすぎて女子に怒られ，それも楽しかった。トランプをしながら皆で愚痴を言い合うようになり，一緒に遊ぶ先生には本音が言えた。トランプの愚痴大会で，心のどこかで思っていることを誰かが言ってくれるとすっきりして，以前は臆病で人と話すのが苦手だったが，今は好きになった。自分でも性格が変わったと思う。担任は，頼りにできないと思っていたが，勉強を教わると歴史はそうやってできていたことがわかり，学習支援の先生として見ると良い先生だった。派遣SCは支援室の管理人だった。普段は来ないが何か問題が起きると解決策を探ってくれた。大概の先生は上の先生のいうことを聞いて生徒を我慢させるのに，派遣SCは校長にも生徒の言い分を伝えて戦ってくれた。だから，ショウタくんのトラブルのときも，皆が親身にショウタくんを心配できたし，仲間という感じで盛り上がれたのだと思う。管理人がいなければ支援室登校を続けられたかどうかわからない。ハルナさんとか級友や保護者にも反論して支援室を守ってくれることがわかったから，安心して仲間をやれたし，担任も良い人だと思うことができたのだと思う。

8　別室登校の成否を決めるもの

[1] 別室登校でのチーム支援の条件と校内支援体制の変容

　別室登校に対するチーム支援での校内体制を整備するには，(1)学校マネジメント，(2)チームマネジメント，(3)ケースマネジメントの3次元のマネジメントが必要です。それは，チーム支援構造のコア（核）を担う三者で，このいずれが欠けてもチーム支援が機能不全に陥ります。

　(1)学校マネジメントは，校長による別室登校での個別支援の決定と支援チーム形成ならびにその運営管理です。校長の決定と運営責任の明確化によって，はじめてチーム支援が校内体制に位置づけられるのです。

　(2)チームマネジメントは，コーディネーターによるチームの統括と進捗管理で，メンバーの困惑場面に対策して生徒支援の停滞を防ぐ支援者支援です。

　(3)ケースマネジメントは，対象生徒のアセスメントと支援方針を策定し，支援プロセスを通して変化を遂げる生徒の状態に応じた支援内容の調整と進捗管理を行ないます。

　当該校では，学年部で発生した問題は学年部で対策することが大前提にあり，学年部を縦断する校内支援体制は形成されていませんでした（図8-2）。

　保護者からの相談を受けた6月に，当該校での別室登校の受け入れを決定したのは市教委の指導主事でした。そのため市教委から派遣SCが介入し，ケースマネジメントのコンサルテーションを担うことになりました。これを受けて，生徒指導主事と養護教諭が自発的にコーディネーターを申し出，コア支援チームが形成されました。また，直接支援者として自発的に担任が加わり，保健室登校の受け入れが実現しました。一方，承諾は得られたものの，管理職との間には軋轢が生じがちで，校内支援体制の整備には至りませんでした（図8-3）。

　9月になると，生徒どうしの誘い合いで不登校に陥っていた6人が別室登校を始め，当該校の不登校はゼロになりました。すると，管理職は学校マネジメントとして校内支援室開設と支援チーム形成を行ない，校内支援体制が組織されました（図8-7）。

　しかし，生徒のうつ病が回復したことから，管理職が支援室でのカードゲームを禁止すると，生徒たちが登校をボイコットして支援チームは機能不全に陥りました。また，管理職の一方的な方針の決定は，それまで構築されてきた報告－指示経路や相談－対策経路を断絶させ，情報経路の中枢を担っていたコーディネーターに強い葛藤が生じました（図8-8）。

　管理職のチーム支援認知を変えたものは，10月から開始されたチーム支援会議での支援者からの報告でした。生徒評価が高い教師のやり方が披瀝され，それに触発されて翌週は別の教師が新たな工夫を披瀝するなど，チーム内での支援者支援が教師個人の生徒理解と支援方略をスキルアップさせていました。情報の共有は，それぞれの得意不得意を可視化させ，教師各人が全体のバランスを意識して相互に補完し合うチームプレイを始めるようになりました（図8-10）。

　以上のように，支援チームの構造として，(1)学校マネジメント，(2)チームマネジメント，(3)ケースマネジメントが整備され，その関係が円滑になるとチームが機能を高め，支援が奏効して好循環を始めることがわかります。逆に，構造が整備されていない場合，支援チームは機能にいたりません。また，必要な情報を伝え合う関係も，経路のいずれかに断絶や葛藤があると，支援が停滞し，チーム支援が機能不全に陥ります。本事例では，毎週金曜昼休みに支援会議を開催し，チーム全員での情報共有が図られたことで個人プレイからチームプレイに転換されました。

［2］現状体制での支援の限界に対するアセスメントと介入

　本事例では，当該校に対する支援的介入を促した2つの要因がありました。最初のきっかけを作ったのは，サキさんの母親が転校の相談を学校の上位組織である市教委に持ち込んだことでした。市教委への相談にあたり，サキさんの母親はワタルくんの母親に相談したそうです。すると，ワタルくんの母親は，学校に相談しても進展の見通しが得られないから直接教育委員会に駆け込むべきだと助言したとのことでした。

　本人と保護者が望んでいるものは，ひたすら問題の解決でした。しかし，彼らの不登校の背景には学級での標的いじめが所在し，それは学校では「認知」されておらず，市教委にいじめ認知の報

告はあげられていませんでした。市教委は、認知に解釈の余地のない「不登校」だけを問題にして介入し、これが解決の道筋をつくりました。

　また、派遣SC介入後の校内支援体制の整備を促進したのは、学年主任が学年部での対応の限界を訴え、明瞭に支援要請をしてくれたことにありました。もし、初動時に学年部が曖昧な姿勢を示していたら、間違いなく誰もが彼らの立場を配慮し、担任や学年主任を飛び越してよいものかどうかの忖度が加わり、事態は膠着を続けたことでしょう。そもそも学年部で起きた問題は学年部で対応するという校務分掌ゆえに、簡単には対応の難しさを訴えることができず、問題の所在を曖昧にせざるを得なかったのです。そして、この曖昧性こそ問題を悪循環させ、担当者のバーンアウトを招く元凶です（Maslach & Jackson, 1981）。

　チーム支援では、支援の可能性とともに限界をアセスメントし、現実に起きている不適応の問題を土俵に上げることが大切です。そして、現実的に達成可能なチーム形成や支援方針を選択することの重要性が示唆されたといえるでしょう。

[3]　不安の拮抗制止による不登校からの回復

　生徒支援に際して、筆者が心掛けていたことの第一は不安の除去でした。精神疾患は、不安が高いと症状が増幅されるので、とにかく不安の除去を最優先に支援方針を考えました。校長の懸案対象となった発病時の登校刺激について、本事例の支援対象はいずれも中学3年で、高校受験の内申書を意識して不登校自体が不安と焦燥の種となり、受験不安を募らせていました。そこで、その不安を弱めるために、負担をできるだけ除去した受け入れ環境を提供できるように支援デザインを調整しました。それが登校時間や学習時間、人的配置などの支援構造と支援内容の調整でした。

　また、いうまでもなく不安は行動動機を阻害しますから、不安と真逆の感情である「楽しい」場面が演出されるように対人関係ゲームを導入しました。集団活動として導入されたトランプの「大富豪大会」は、不安を拮抗制止しただけでなく、支援室での仲間形成に重要な役割を果たしました。

　拮抗制止とは、直接的な不安刺激への直面を避け、不安と対極のリラクセーションによって緊張を緩め、不安を減弱させる方法で、摂食や呼吸法の他に発声による主張反応や身体運動反応、ユーモア、笑いなどの効果が報告されています（Wolpe, 1969）。カードゲームは、カードを切ったり配ったり並べたりする身体運動反応を伴い、対人緊張が高まっても手札に視線を向けたり並べ替えるなど不自然にならずに注意を紛らし、緊張を緩和できました。さらに、ゲームに興じるうちに会話が生まれ、歓声があがったり、会話にからかいや冗談が混じったり主張反応やユーモアを伴う「楽しい」場面が共有されました。介入当初、対面すると顔面けいれんを起こしたワタルくんが、カードゲームをはさむと症状がおさまったのは、このような身体運動反応や主張反応ならびに「楽しい」という感情が不安を拮抗制止したからです。

　なお、特筆すべき点は、うつ状態だったワタルくん、サキさん、ミサキさんの3人が、ショウタくんを誘い出すツールとして自らカードゲームを選択したことです。不安の拮抗制止効果が実感されていたことがうかがわれます。

　そして、9月のいじめ被害を生徒どうしで語り合った場面では、過去の体験を回想しながら生徒たちはゲームを止めようとせず、号泣しながらゲームが続けられました。それ以降も生徒たちはゲームをしながら被害体験を繰り返し語り合いました。ゲームは、エクスポージャー（現実直面）時の緊張を緩和するリラクセーションの役割を果たし、相談室の生徒たちは過去のいじめ経験に対する現実直面を共同体験したのです。過去のできごとについて怒りや悲嘆を仲間とともに吐露し合い、お互いに認め合うことで心的損傷の回復が図られ、不安が低減したのだといえるでしょう。筆者は、その濃密な共同体験を認知行動療法としてカウンセラーが行なった場合、何年分のセラピー

に匹敵するものかと舌を巻き，集団社会化療法の効果にひたすら感動していました。

　このような濃密な情動体験を共有した後，彼らは在校時間を自主的に延長し，お互いの家に集まってカードゲームに興じるようになりました。また，ゲームを禁止されると結束して権威に反抗したり，希望が叶うと拍手で快哉を叫んだり，力を合わせて仲間のトラブルを仲裁しました。それは遊びを媒介に発達するギャンググループ（保坂，2000）の成熟プロセスをみるようでもありました。その後の進路選択時に3組のペアが形成されたのは，このようなギャンググループとしての集団体験を経て，チャムグループが成立したとも解釈できるでしょう。

[4] 自己効力感獲得による行動の拡大

　自己効力感は，「楽しい」感情と並ぶ行動動機の原動力です。それは，(1)自己コントロール，(2)対人関係のコントロール，(3)学業習得力という3次元の課題から獲得されます（Bandura,1977）。

　多くの不登校児童生徒は，学級集団からの逸脱によって(1)自己コントロールに対する自己効力感を著しく低下させています。また，本事例の6人の生徒はいずれも小学校からいじめの対象で，(2)対人関係のコントロールに対する自己効力感を深く損傷していました。これは，集団社会化理論に置き換えると，帰属集団に対する同一化の失敗で，この集団不適応は(1)自己コントロールと(2)対人関係のコントロールの両面での効力感を失い，深いダメージを与えていました。

　そのため，カードゲームを媒介に被いじめ経験と不登校経験を吐露し合い，お互いの同質性を確認し合った彼らは，急速に仲間集団としての同一性を高め，学習能力に極端なばらつきがあったにもかかわらず自主的な共同学習が行なわれました。集団への同一性獲得によって集団社会化が促進され，ワタルくんとサキさん，ミサキさんが取り組んでいた学習という集団規範が取り込まれたのです。

　その結果，支援室での集団活動を通して(2)対人関係のコントロールと(3)学業習得力に効力感が獲得され，その好循環で(1)自己コントロールに対する効力感も獲得されました。抑うつ状態で家庭学習が手につかなかったワタルくんが，仲間との共同学習後に家庭学習を回復したのは，(2)対人関係と(3)学業習得力に対する効力感の獲得によって(1)自己コントロールができるようになったからです。そして，これら3次元の自己効力感の回復が意欲を回復させました。その結果として，校内支援室で充実感を獲得した彼らの意欲と行動動機は拡大し，教室への部分復帰を遂げ，最終的に教室復帰を果たすことができたのです。

　なお，本事例を通して特筆すべきは発達障害の問題です。ハナエさんは，コミュニケーションやこだわりに加えて聴覚過敏があり，発達の歪みが予測されました。ユリカさんは，具体思考はできましたが抽象思考になると2桁以上の掛け算の意味をイメージできず，式を立てることが困難でした。ハルナさんは，ADHDの治療が開始されると注意転動性や衝動性がおさまり，自分でも別人のようだと語りました。発達の歪みや偏りによる自己効力感の損傷は，どれほど彼らを苦しめてきたことでしょう。

　アメリカのように小学1年時に発達障害がスクリーニングされ，治療や就学指導や合理的配慮が開始されていたら，彼らの学校生活も学級での関係も，そして人生の展開も異なったものになっていたはずです。日本版のスクールサイコロジストの育成が渇望されるところです。

[5] 学校を支援する教育委員会

　本事例での校内支援体制構築のキーマンは，市教委の指導主事でした。学校体制の立て直しを主眼においた一貫した指導助言が，校内支援体制の整備を実現させました（図8-12）。

　当該校のように，学校マネジメントが機能不全を起こしている場合，学校での問題膠着に指導的

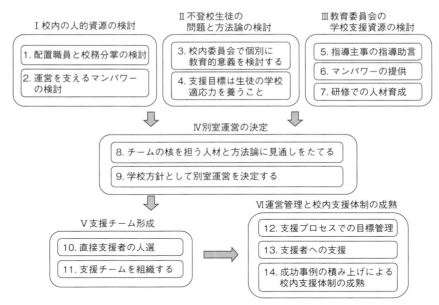

図 8-12　別室運営の管理プロセス（中村, 2017）

介入が行なえるのは，その上位組織である教育委員会以外にありません（常盤, 2021）。不登校の長期化は子供個人の危機であるとともに，時間が経過してなお支援できない学校の支援体制の危機と表裏一体の関係にあるのです。膠着事例では，上位組織の介入による体制立て直しが必須で，その介入者は具体的対策を講じる力量を問われているといえるでしょう。

　支援とは，入れ子構造でできています。支援室に集まった子供たちは，例外なく保護者に見守られ，その愛情で育まれていました。抑うつ状態の生徒たちを守り，保健室登校に誘った養護教諭は，市教委から介入した派遣 SC とコーディネーターを申し出た生徒指導主事とのチームワークで支え合っていました。単独で学校に介入した筆者にとっても，養護教諭や生徒指導主事が受け入れ環境をつくってくれなければ，とうてい機能できなかったでしょう。また，当初こそ軋轢がありましたが，支援チーム会議開催後は，管理職に守られている実感がありました。担任はじめ直接支援者も，チームとしての支援者支援に守られて実現したピアサポートであり，生徒支援であったといえるでしょう。そして，そのシステムを真に守っていたのは市教委の指導主事や管理主事であり，教育長でありました。

　ところで，教育委員会の設置も第二次大戦後の GHQ の教育改革の柱の一翼でした。しかし，和製スクールカウンセラーとして創設された生徒指導主事の役割同様，指導主事についても，その配置人数や役割にガイドラインはありません。日本の指導主事もまた手探りでその役割を自らつくり出し，教育行政でのパワーエリートとして，学校組織と教師を育成するさまざまな施策を生み出してきたのです。

　たとえば，富山県教育委員会は，学校現場で教育相談業務を担当する教師の中に「カウンセリング指導員」というリーダーを創設し，その育成に努めてきました。筑波大学や富山大学への内地留学を経験した教師が校内支援室の運営に当たり，不登校生徒の支援を通して担任のスーパーバイザーを担うことで校内支援体制が整備されました（豊岡・石津, 2017）。県内各校のカウンセリング指導員の育成システムとして，毎月 6 時間もの事例検討会を開催して専門家にコンサルテーションを求め，その専門性の向上が図られています。それは，富山県教育委員会独自の和製スクールサ

イコロジストの養成ともいうことができ，このようなシステムを構築した富山県は2014年以来不登校が最も少ない地域であり続けています。

　宮城県教育委員会も2020年から学び支援教室事業という校内支援室を開設して，不登校の子供支援システムを創設しました。それは，子供支援と同時に担当教師を教育相談のエキスパートとして育てる人材育成事業でもあります。

［6］ 子供たちの未来を開く支援職の未来

　アメリカ精神医学会（American Psychiatric Association, 1980）の診断基準（Diagnosis and Statistical Manual of Mental Disorders-Ⅲ；DSM-Ⅲ）編纂によって，知的障害（MR）以外の発達障害の存在を認知した日本の医学会は，蜂の巣をつつくような大騒ぎになったそうです（杉山，2011）。高橋ら（1982, 1996）のDSM訳出を得た厚生労働省は，2005年に発達障害者支援法を施行しました。その法律で，DSM-Ⅳ（American Psychiatric Association, 1994）に記載された自閉症・アスペルガー症候群（2013年改訂DSM-Ⅴから自閉スペクトラム症／自閉症スペクトラム障害（ASD）に変更），LD（学習障害），ADHD（注意欠陥多動性障害）などが「発達障害」と定義されました。

　これを受けた文部科学省でも2006年に学校教育法を改訂し，知的障害学級の他に自閉症・情緒障害学級を加えた特別支援教育へと制度が改正され，その推進者として特別支援教育コーディネーターが創設されました。

　筆者はDSMを読み，不登校という不治の病だと称された一群の子供たちの症状がASDに該当する発達障害であることを知りました。そのような子供たちが学級集団から逸脱しないようにと，保健室利用の制限をはじめ，教師はどれほど心の鬼や仏を奮い立たせて苦心を重ねてきたことでしょう。

　一方，日本の学校の生徒指導主事がGHQの指導で民主主義教育の象徴として創設された和製スクールカウンセラーであり，教育相談がカウンセリングの訳語であったことは第1章で述べたとおりです。他方，スクールカウンセラーやスクールソーシャルワーカーも日本の教育制度の中に導入され，チーム支援の一員として法的にも明示されました。

　GHQの教育改革以降，いずれの支援職もアメリカの専門職をモデルに導入され，日本型の教育システムの中で独自の発展を遂げてきました。しかし，これらの支援職は，日本の教育史の中だけでなく，専門職としての世界の潮流の中で十分な成熟を遂げているということができるでしょうか。

　さて，不登校は集団不適応の結果として起こります。集団との同一化は同質性が高いほど達成されやすく，それゆえに集団は異質をはじく性質をもっています。本章で取り上げた事例では，同調を好まない性格的な異質性の他に，外国人の親をもつ民族的な異質性と，学力の突出した高低および MR, ASD, ADHD など発達障害での生物学的な異質性をもつ子供たちが不登校に陥り，校内支援室に集いました。

　そして本事例では，30代で新進気鋭の生徒指導主事の荒削りなパワーがチームの牽引力を果たしました。教師の専門性とは情熱にある（佐野，2021）ことがあらためて胸に迫ります。問題を解決させようとする教師の情熱こそ日本の教育を牽引する熱源です。しかし，熱量だけで問題が解決するわけではありません。情熱を胸に教職に就いた教師や支援職を育成するシステムと理論がいまこそ求められているでしょう。

引用文献

American Psychiatric Association （1980）．*Diagnostic and statistical manual of mental disorders* （3 rd ed.）（DSM-Ⅲ）．Washington, DC: American Psychiatric Association.（The American Psychiatric Association（編）　高橋　三郎他（訳）（1982）．DSM-Ⅲ　精神障害の分類と診断の手引　医学書院）

American Psychiatric Association （1994）．*Diagnostic and statistical manual of mental disorders-Ⅳ*. Washington, DC: American Psychiatric Association.（American Psychiatric Association（編）　高橋　三郎・大野　裕・染谷　俊幸（訳）（1996）．DSM-Ⅳ　精神疾患の診断・統計マニュアル　医学書院）

American psychiatric association （2013）．*Diagnostic and statistical manual of mental disorders* （5th ed.）（DSM-Ⅴ）．Washington, DC: American Psychiatric Association.（American Psychiatric Association（編）　高橋　三郎・大野　裕（監訳）（2014）．DSM-Ⅴ　精神疾患の分類と診断の手引　医学書院）

American School Counselor Association （2003）．*The ASCA national model: A framework for school counseling programs*. Alexandria, VA: American School Counselor Association.（米国スクールカウンセラー協会　中野　良顯（訳）（2004）．スクール・カウンセリングの国家モデル──米国の能力開発型プログラムの枠組み　学文社）

安藤　寿康 （2011）．遺伝マインド：遺伝子が織り成す行動と文化　有斐閣

朝日新聞 （2013）．発達障害の子は通常学級に 9.1 %（2013 年 12 月 12 日朝刊）

朝日新聞山形支局 （1994）．マット死事件──見えない "いじめ" の構図　太郎次郎社

Bandura, A. （1977）．*Social learning theory*. Englewood Cliffs, NJ: Prentice Hall.（バンデューラ，A. 原野　広太郎（訳）（1979）．社会的学習理論　金子書房）

Beck, A. T., Steer, A. S., & Brown, K. B. （1996）．*Beck depression inventory* （2nd ed.）. San Antonio, TX: The Psychological Corporation.（ベック，A. T. 他 小嶋　雅代・古川　壽亮（訳）（2003）．日本版BDI-Ⅱ──ベック抑うつ質問票──　日本文化科学社）

Berkowitz, G. S., Skovron, M. L., Lapinski, R. H., & Berkowitz, R. L. （1990）．Delayed childbearing and the outcome of pregnancy. T*he New England Journal of Medicine*, 322, 659–664.

Brown, A. S., Schaefer, C. A., Wyatt, R. J., Begg, M. D., Goetz, R., & Bresnahan, M. A. （2002）．Paternal age and risk of schizophrenia in adult offspring. *American Journal of Psychiatry, 159*, 1528–1533.

Brown, S. P., & Peterson, R. A. （1993）．Antecedents and consequences of salesperson job satisfaction：Meta-analysis and assessment of causal effects. *Journal of Marketing Research, 100*, 63–77.

文春オンライン （2021a）．《名古屋中 1 いじめ自殺》元市教委職員が実名告発「調査前から "家庭の問題" と決めつけていた」〈https://bunshun.jp/articles/-/48722〉（検索日 2021 年 12 月 25 日）

文春オンライン特集班 （2021b）．娘の遺体は凍っていた: 旭川女子中学生イジメ凍死事件　文藝春秋社

中日新聞 （1994a）．中 1 男子首つり自殺 岡崎父経営の工場で（2014 年 12 月 13 日朝刊）

中日新聞 （1994b）．岡崎・自殺の中 1 いじめ被害　同級生ら次々証言「入学直後から複数生徒に」（2014 年 12 月 14 日朝刊）

Drucker, P. F. （1993）．*The practice of management* （First Harper business edition）．New York: Harper.（ドラッカー，P. F. 上田　惇生（訳）（1996）．現代の経営（上下）　ダイヤモンド社）

ＦＮＮ プライムオンライン （2021）．マンションから飛び降りた愛娘「子供が死なない世界を」3 年前のいじめ一転認定 真相究明訴えた父の願い（2021 年 8 月 12 日）〈https://www.fnn.jp/articles/-/222414〉（検索日 2021 年 12 月 26 日）

藤枝　静暁・相川　充 （2001）．小学校における学級単位の社会的スキル訓練の効果教育心理学研究, *49*, 371–381.

古市　裕一・玉木　弘之 （1994）．学校生活の楽しさとその規定要因　岡山大学教育学部研究集録, *96*, 105–113.

不登校情報センター （2021）．名東区中学女子いじめ自殺事件〈http://www.futoko.info/zzmediawiki/〉（検索日 2021 年 12 月 25 日）

Harris, J. R. （1995）．Where is the child's environment? A group socialization theory of development. *Psychological Review, 102*, 458–489.

Harris, J. R. （1998）．*The nurture assumption: Why children turn out the way they do*. New York: Free Press.（ハリス，J. R. 石田　理恵（訳）（2017）．子育ての大誤解：重要なのは親じゃない（新版上下巻）　早川書房）

Hill, C. E. （2004）．*Helping skills: Facilitating exploration, insight, and action* （2nd ed.）. American Psychological Association.（ヒル，C. E. 藤生英行（監訳）　岡本　吉生・下村　英雄・柿井　俊昭（訳）（2014）．ヘルピング・スキル：探求・洞察・行動のためのこころの援助法　金子書房）

本村　雅宏（2008）．宇奈月小学校フライ教室日記：先生，釣りに行きませんか　フライの雑誌社　文藝春秋社

保坂　亨（2000）．子どもの心理発達と学校臨床　近藤　邦夫・岡村　達也・保坂　亨（編）子どもの成長　教師の成長（pp. 333-354）　東京大学出版会

石隈　利紀（1999）．学校心理学　誠信書房

鹿嶋　真弓（2010）．田上　不二夫（編）　実践グループカウンセリング──子供が育ちあう学級集団づくり（pp. 211-214）．金子書房

河合　隼雄（2008）．河合隼雄のスクールカウンセリング講演録

川喜田　二郎（1967）．発想法──創造性開発のために　中央公論社

川喜田　二郎（1986）．KJ法──渾沌をして語らしめる　中央公論社

河村　茂雄（1998）．崩壊しない学級経営をめざして──教師・学級集団のタイプでみる学級経営　学事出版

岸田　優代（2010a）．発達障害　田上　不二夫（編）　実践グループカウンセリング──子供が育ちあう学級集団づくり（pp. 142-154）　金子書房

岸田　幸弘（2010b）．田上　不二夫（編）　実践グループカウンセリング──子供が育ちあう学級集団づくり（pp. 215-220）　金子書房

岸田　幸弘（2015）．子供の登校を支援する学級教育システム　福村出版

小玉　正博（2014）．へこんでも折れないレジリエンス思考: 復元力に富む「しなやかな心」のつくり方　河出書房新社

小玉　正博（2019）．折れない心しなやかな心をつくるレジリエンス　合同出版

小池　良江（2010）．言い争いの絶えない中学1年生の学級　田上　不二夫（編）実践グループカウンセリング──子供が育ちあう学級集団づくり（pp. 183-186）　金子書房

小泉　英二（1973）．学校教育相談-──その考え方と実践　学事出版

國分　康孝（1996）．エンカウンターで学級が変わる　小学校編──グループ体験を生かした楽しい学級づくり　図書文化社

國分　康孝（2006）．臨床心理士だけがカウンセラーか　医学界新聞　医学書院〈https://www.igaku-shoin.co.jp/paper/archive/old/old_article/n2000dir/n2375dir/n2375_02.htm〉（検索日 2022年1月1日）

国立教育政策研究所（2019）．教員環境の国際比較：OECD国際教員指導環境調査(TALIS)2018調査報告書　ぎょうせい

国立教育政策研究所（2020）．教員環境の国際比較　専門職としての教員と校長：OECD国際教員指導環境調査(TALIS)2018報告書(第2巻)　明石書店

厚生労働省（2019）．妊産婦の診療の現場と課題　第2回妊産婦に対する保健・医療体制の在り方に関する検討会

厚生労働省（2021）．人口動態統計

毎日新聞（1994）．"見逃されていたSOS　今年9月保健室へ大河内清輝くんがサイン──中2いじめ自殺"（1994年12月3日朝刊）

毎日新聞（2012）．〈大津・中2自殺〉校長「けんかと思った」いじめ認識否定（2012年7月14日朝刊）

Martin, R. H.（2008）．Meiotic errors in human oogenesis and spermatogenesis. *Reproductive BioMedicine Online, 16* (4), 523–531.

益子　泰志（2021）．コーディネーターに必要な専門性　田上　不二夫（監修）　中村　恵子（編）学校カウンセリング──問題解決のための校内支援体制とフォーミュレーション（増補第3版, pp. 76-79）　ナカニシヤ出版

Maslach, C., & Jackson, S. E.（1981）．The measurement of experienced burnout. *Journal of Occupational Behaviour, 2,* 99–113.

松澤　裕子（2007）．通常学級における特別な教育的支援を必要とする児童の学級親和促進の検討──対人関係ゲームによる学級介入の効果　信州大学大学院教育学研究科修士論文（未公刊）

McGoldrick, M., & Gerson, R.（1985）．Genograms in family assessment. New York: W. W. Norton.（マクゴールドリック, M.・ガーソン, R. 石川　元・渋沢　田鶴子（訳）(1988)．ジェノグラムのはなし──家系図と家族療法　東京図書）

水谷　章一・高原　晋一（2018）．名古屋市における学校援助職の常勤化　名古屋市教育委員会〈https://www.city.nagoya.jp/kyoiku/cmsfiles/contents/0000074/74050/gakkouennzyosyokunozyoukinnka.pdf〉（検索日 2021年12月24日）

Moffit, T. E.（1993）．Adolescence-limited and life-course-persistent antisocial behavior: A developmental taxonomy. *Psychological Review, 100,* 674–701.

文部省（1965）．生徒指導の手びき　大蔵省印刷局

文部省（1981）．生徒指導の手引　大蔵省印刷局

文部科学省国立教育政策研究所生徒指導研究センター（2004）．不登校への対応と学校の取組について　小学校・中学校編　ぎょうせい

文部科学省初等中等教育局（2008）．平成18年度「児童生徒の問題行動等生徒指導上の諸問題に関する調査」について

文部科学省初等中等教育局特別支援教育課（2011）．特別支援教育資料

文部科学省初等中等教育局特別支援教育課（2012a）．通常の学級に在籍する発達障害の可能性のある特別な教育的支援を必要とする児童生徒に関する調査結果について

文部科学省初等中等教育局（2012b）．平成 22 年度「児童生徒の問題行動等生徒指導上の諸問題に関する調査」について

文部科学省初等中等教育局（2013）．いじめ防止対策推進法　資料 2「重大事態の解説（案）」

文部科学省初等中等教育局（2015）．特別支援教育資料

文部科学省初等中等教育局（2016）．義務教育の段階における普通教育に相当する教育の機会の確保等に関する法律

文部科学省初等中等教育局（2017a）．特別支援学校における教室不足に関する意見交換の結果について

文部科学省初等中等教育局（2017b）．平成 27 年度「児童生徒の問題行動等生徒指導上の諸問題に関する調査」について

文部科学省国立教育政策研究所生徒指導研究センター（2003）．中 1 不登校生徒調査[平成 14 年 12 月実施分]不登校の未然防止に取り組むために(中間報告)

文部科学省初等中等教育局（2018）．児童生徒理解・教育支援シートの作成と活用について

文部科学省初等中等教育局（2020a）．特別支援教育資料

文部科学省初等中等教育局（2020b）．令和 2 年度公立学校教職員の人事行政状況調査について

文部科学省初等中等教育局（2021a）．令和元年度高等学校及び中等教育学校における「通級による指導」実施状況調査の実施について(結果)

文部科学省初等中等教育局（2021b）．令和 2 年度「児童生徒の問題行動等生徒指導上の諸問題に関する調査」について

森 政弘（1969）．ロボット——その技術と未来　NHK ブックス

森 政弘（2001）．初めて学ぶ基礎制御工学(第 2 版)　東京電機大学出版局

森嶋 昭伸（2004）．学習指導要領の改訂と「ガイダンスの機能の充実」　高橋 哲夫・森嶋 昭伸・今泉 紀嘉（編）「ガイダンスの機能の充実」によるこれからの生徒指導，特別活動(pp. 1-11)　教育出版

中村 恵子（2004）．スクールカウンセラーによる学習援助を中心にしたひきこもり生徒への登校援助　カウンセリング研究, 37, 336-344.

中村 恵子（2008）．ルールに従えない児童へのチーム援助と校内支援体制の成熟　学校心理士会年報, 1, 79-88.

中村 恵子（2015）．チーム援助における役割曖昧性と青年期・中年期の教師の援助行動及び情緒的消耗感の関連——援助役割と課題の明確化によるチーム援助への介入　教育相談研究, 52, 11-24.

中村 恵子（2017）．再登校支援のための別室運営の管理プロセスとその促進要因　学校心理士会年報, 10, 113-121.

中村 恵子（2019）．不登校生徒の別室登校に対するチーム支援プロセスとその促進要因　カウンセリング研究, 52, 11-21.

中村 恵子（2021）．日本の学校カウンセリングの歴史的変遷と課題　田上 不二夫(監修) 中村 恵子(編)　学校カウンセリング——問題解決のための校内支援体制とフォーミュレーション(増補第 3 版, pp. 19-36)　ナカニシヤ出版

中村 恵子・田上 不二夫（2005）．チーム援助での援助構造の明確化による効果　カウンセリング研究, 38, 416-425.

中村 恵子・田上 不二夫（2008a）．適応指導教室充実感尺度・適応指導教室からの部分登校充実感尺度の妥当性と信頼性の検討　カウンセリング研究, 41, 119-128.

中村 恵子・田上 不二夫（2008b）．相談室登校の中学生の相談室での充実感と教室登校との関係　カウンセリング研究, 41, 254-265.

中村 恵子・田上 不二夫（2018a）．うつ症状を伴う不登校生徒に対する別室登校での学校環境調整と対人関係ゲームの効果　カウンセリング研究, 51, 114-124.

中村 恵子・田上 不二夫（2018b）．小学校生活充実感尺度の妥当性と信頼性の検討　東北福祉大学感性福祉研究所紀要, 19, 93-102.

中村 恵子・田上 不二夫（2018c）．中学校生活充実感尺度の妥当性と信頼性の検討　東北福祉大学感性福祉研究所紀要, 19, 103-114.

中村 恵子・田上 不二夫・小玉 正博（2011）．適応指導教室での充実感と登校行動との関係　カウンセリング研究, 44, 28-37.

中村 恵子・小玉 正博・田上 不二夫（2013）．教育委員会に所属する学校カウンセラーの介入が不登校生徒への校内支援体制に及ぼす影響　カウンセリング研究, 46, 43-52.

National Association of School Psychologist（2021）．Who are schoolpsychologist? 〈www.nasponline.org.〉（検索日 2021 年 10 月 28 日）

National Center for Education Statistics（2021）．Students with disabilities: Condition of education. 〈https://nces.ed.gov/programs/coe/indicator/cgg〉（検索日 2021 年 12 月 4 日）

日本少子化対策機構（2021）．平均初婚年齢の推移と傾向について
〈https://birthrate.jp.net/605.html〉（検索日 2021 年 12 月 23 日）

野村 華子・本村 雅宏・上田 昌寛・北上 功臣・宝田 幸嗣・田上 不二夫 (2015). 対人関係ゲームによる学級の人間関係づくり (78) ——対人関係ゲーム・プログラム構成ノートの作成について—— 日本カウンセリング学会第48回大会発表論文集, *147*.

Nybo Andersen, A.-M., Hansen, K. D., Andersen, P. K., & Davey, G. S. (2004). Advanced paternal age and risk of fetal death: A cohort study. *American Journal of Epidemiology, 160*(12), 1214–1222.

大熊 輝雄 (2013). 現代臨床精神医学 第12版改訂委員会(編)現代臨床精神医学 金原出版

大野 精一 (1997). 学校教育相談——理論化の試み ほんの森出版

大津 英子・宇都宮 隆史 (2016). 1PN臨床応用への指針(特集 異常受精卵の取り扱い)日本卵子学会誌, *1*, 31–33.

大津市立中学校におけるいじめに関する第三者調査委員会 (2013). 調査報告書

大里 大助・高橋 潔 (2001). わが国における職務満足研究の現状——メタ分析による検討 産業・組織心理学研究, *15*, 55–64.

岡安 孝弘・嶋田 洋徳・丹羽 洋子・森 俊夫・矢冨 直美 (1992). 中学生の学校ストレッサーの評価とストレス反応との関係 心理学研究, *63*, 310–318.

Reichman, N. E., & Teitler, J. O. (2006). Paternal age as a risk factor for low birthweight. American Journal of Public Health, 96(5), 862–866.

Saha, S., Barnett, A. G., Foldi, C., Burne, T. H., Eyles, D. W., & Buka, S. L. (2009). Advanced paternal age is associated with impaired neurocognitive outcomes during infancy and childhood. *PLoS Med, 6*(3), 40.

坂野 雄二・岡安 孝弘・嶋田 洋徳 (2007). PSI小学生用・中学生用・高校生用マニュアル 教育評価研究所

佐野 英男 (2021). 担任に必要な専門性 田上 不二夫(監修)中村 恵子(編)学校カウンセリング——問題解決のための校内支援体制とフォーミュレーション(増補第3版, pp. 72–74) ナカニシヤ出版

Sartorius, G. A., & Nieschlag, E. (2009). Paternal age and reproduction. *Human Reproduction Update, 16*, 65–79. 〈https://doi.org/10.1093/humupd/dmp027〉(検索日2021年12月24日)

澤田 慶輔 (1987). 生徒指導基本用語解説第1回 指導と評価4月号(p. 38) 図書文化

Shelton, J., Tancredi, D. J., & Hertz-Picciotto, I. (2010). Independent and dependent contributions of advanced maternal and paternal ages to autism risk. *Autism Research, 3*, 30–39.

杉山 登志郎 (2011). 発達障害のいま 講談社現代新書 講談社 田上 不二夫(監修)伊澤 孝 (2015). 学級の仲間づくりに活かせるグループカウンセリング 金子書房

鈴木 由美 (2010). 宿泊学習プログラムの要点 田上 不二夫(編)実践グループカウンセリング——子供が育ちあう学級集団づくり(pp. 72–75) 金子書房

鈴木 渉・大沼 ひとみ・細川 剛・木村 亜由美・若山 洋 (2019). 中学校における通級による指導の充実を目指して——「通級指導教室サポートパック」の作成を通して 宮城県総合教育センター 〈http://www.educ.pref.miyagi.jp/midori/tokushi/tsykyu/img/6_digest1.pdf〉(検索日2021年12月5日)

高原 晋一 (2006). 一人の子供のニーズに応えるシステム アメリカのスクールカウンセリング ほんの森出版

高原 晋一 (2016).「なごや子供応援委員会」の取り組み 日本教育経営学会紀要, *58*, 69–73.

高原 晋一 (2017).「なごや子供応援委員会」の仕組みと活動 法政大学教職課程センター・キャリアデザイン学部共催 シンポジウム いじめ問題を考える3：いじめ防止実践の未来像 法政大学教職課程年報, *15*, 61–65.

田上 不二夫 (2003). 対人関係ゲームによる仲間づくり——学級担任にできるカウンセリング 金子書房

田上 不二夫 (2010). 実践グループカウンセリング——子供が育ちあう学級集団づくり 金子書房

田上 不二夫 (2017). 不登校の子供へのつながりあう登校支援——対人関係ゲームを用いたシステムズ・アプローチ 金子書房

田上 不二夫・今田 里佳・岸田 優代 (2007). 特別支援教育コーディネーターのための対人関係ゲーム活用マニュアル 東洋館出版社

田上 不二夫(監修) 伊澤 孝 (2015). 学級の仲間づくりに活かせるグループカウンセリング 金子書房

滝 充 (2009). 中1不登校調査再考——エヴィデンスに基づく未然防止策の提案 国立教育政策研究所紀要, *138*, 157–167.

常盤 厚一 (2009). 管理職に必要な専門性 田上 不二夫(監修) 中村 恵子(編) 学校カウンセリング——問題解決のための校内支援体制とフォーミュレーション(増補第3版, pp. 83–84) ナカニシヤ出版

東京新聞 (2012). 社説 "いじめ自殺" 隠すことが教育なのか(2012年7月10日朝刊)

東京新聞 (2021). コロナ禍が要因か, 子供の自殺が過去最多に 前年度比31％の大幅増加(2021年10月14日朝刊)

豊岡 崇志・石津 健一郎 (2017). 教育相談体制の充実についての検討：カウンセリング指導員の役割に注目して 教育実践研究：富山大学人間発達科学研究実践総合センター紀要, *12*, 53–68.

豊田 充 (1995). いじめの深層は 大海社

津布樂 光恵 (2021). コーディネーターに必要な専門性 田上 不二夫(監修) 中村 恵子(編)学校カウンセリング——

問題解決のための校内支援体制とフォーミュレーション（増補第3版, pp. 76-79）　ナカニシヤ出版

Wikipedia（2021）．旭川女子中学生いじめ凍死事件

Wolpe, J.（1969）．*The practice of behavior therapy*. Oxford, NY: Pergamon Press.（ウォルピ, J. 内山　喜久雄（監訳）（1971）．行動療法の実際　黎明書房）

読売新聞（2012a）．"いじめた側にも人権・・・「自殺練習」真偽確認せず"（2012年7月6日朝刊）

読売新聞（2012b）．"複数同級生が手足縛り口塞ぐ？・・・中2いじめ自殺"（2012年7月12日朝刊）

Yoshizaki, K., Kimura, R., Kobayashi, H., Oki, S., Kikkawa, T., Lingling, M.,…Osumi, N.（2021）．Paternal age affects offspring via an epigenetic mechanism involving REST/NRSF. *Embo Reports, 22*, e51524. 〈https://doi.org/10.15252/embr.202051524〉（検索日2021年12月23日）

連携　けいどろ

1）集団を警察と泥棒の2グループに分ける

2）警察は泥棒を追いかけ，相手にタッチしたら，あらかじめ決めた牢屋スペースに入れる

3）つかまった子どもは，泥棒チームの子どもにタッチしてもらえれば牢屋から逃げられる

4）泥棒チームを捕まえたら警察チームが勝つ

＊警察チームは，泥棒を捕まえる役と牢屋の見張り番など作戦をたてる
＊泥棒チームは，仲間を助け出すためにおとりや時間差など連携作戦をたてる
＊遊びを繰り返すほど役割分担や連携プレイが功名になる

連携　王様（王女様）ドッヂ

1）2チームに分かれ，それぞれ王様（王女様）を一人決める

2）内野・外野の人数に関係なく，相手チームの王様（王女様）に当てたら勝つドッヂボール

3）王様を複数にしてもOK

4）男子は全員ガードマン，女子は全員王様などバリエーションも工夫次第

折り合い　割り箸スタンド

1）グループに分かれ，割り箸30膳と輪ゴムを好きなだけ配る

2）30分間でグループごとに本を乗せられる台を作る

3）最初にリーダーを選出し，作戦会議を2回以上行う

4）最も高い割り箸スタンドを作ったチームが優勝

5）同じ高さの場合，多く本を乗せられたグループの勝ち

＊シリコンバレーの7年生理科の授業のアレンジ版
＊＊作戦会議と役割分担が勝敗の鍵になるでしょう

折り合い　ストロータワー

1）給食のストローを洗って貯める

2）グループに分かれ，ストロー各100本くらいとセロテープを配る

3）30分間でグループごとにストローとセロテープでタワーを作る

4）最初にリーダーを選出し，作戦会議を2回以上行う

4）グループ対抗，最も高いタワーを作ったチームが優勝

＊シリコンバレーの7年生理科の授業のアレンジ版
＊＊作戦会議と役割分担が勝敗の鍵になるでしょう

折り合い　スパゲッティタワー

・**準備物**：スパゲッティ20本，マスキングテープ90cm，ひも90cm，はさみ1つ，マシュマロ1つ

・**ルール**：制限時間20分

1）制限時間後にタワーが自立していること（接地面への接着は不可）

2）タワーの頂点にマシュマロを設置すること

3）マシュマロを食べる，ちぎる，分割するなどして質量を減らしてはならない

折り合い　新聞紙タワー

1）グループに分かれ，1日分の新聞紙を配る

2）30分間でグループごとに新聞紙タワーを作る

3）最初にリーダーを選出し，作戦会議を2回以上行う

4）のり，はさみ，ひもなどの道具は使わない

5）グループ対抗，最も高いタワーを作ったチームが優勝

＊作戦会議と役割分担が勝敗の鍵になるでしょう

折り合い　友達モンタージュ

1) 4～6人でグループを組み，リーダーを中心にどんな
ポーズをとるか話し合う

2) グループで教室の前に立ち，ポーズをとる

2) 皆はポーズを覚え，リーダーの合図で机に俯せる

3) その間に何人かがポーズを変える

4) リーダーの合図で，皆は顔を上げ，誰のどんなポーズ
が変化したのか当てる

心を通わす　誰のキーワード

1) 事前に，夏休みや行事の思い出などお題の内容を
カードに一言で書き，先生に渡す

2) 先生は一つずつを黒板に書いたり
紙に書き出し，黒板に貼る

3) 皆で誰のキーワードかを当て合う

4) 手を挙げ，指名されたら理由も加えて答える

5) 名前を言われた人は，「あたり」「はずれ」を告げる

6) 当たったら，その時の情景を短く伝える

「最近夢中なこと」「運動会のエピソード」など

心を通わす　良いとこさがし

1) グループごとに分かれて座り，人数分の付箋を配る

2) グループのメンバーそれぞれの良いところを思い浮か
べ，付箋にメッセージを書く

3) 「ホットシート」というゲスト席をつくり，そこに座るメン
バーに順番に近づき，相手の目を見てニコッとして付
箋に書いたメッセージを伝える

4) 各人用のカードを作り，付箋を貼り付けプレゼントする

5) 全員が伝え終わったら，グループで感想を言い合う

心を通わす　ありがとうシャワー

1) グループごとに分かれて座り，人数分の付箋を配る

2) グループのメンバーそれぞれのいいところ，いっしょに
過ごして楽しかったりうれしかったりしたことなどを思
い浮かべ，「ありがとう」の思いをこめて付箋に
メッセージを書く

3) 「ホットシート」というゲスト席をつくり，そこに座るメン
バーに順番に近づき，相手の目を見てニコッとして付
箋に書いたメッセージを伝える

4) 各人用のカードを作り，付箋を貼り付けプレゼントする

5) 全員が伝え終わったら，グループで感想を言い合う

心を通わす　背中にメッセージ

1) 全員がペンを持ち，背中にメッセージ用紙（厚めの画
用紙や色紙などに紐を通したもの）を背負う

2) 皆の背中の用紙に，ポジティブなメッセージを書く

3) できるだけたくさんの級友にメッセージを贈る

4) それぞれにメッセージを読み合う

＊「輝いていた場面」「最近のありがとう」「1年間のありがとう」
などテーマを決めると書きやすい

おわりに

　最初の謝辞は，拙書を手にとってくださった読者の皆様に捧げます。このような専門書に学ぼうとしてくださる皆様のおかげで，学校臨床での理論と実践が発展を遂げ，本著も出版が叶いました。

　本著の生みの親として，次に謝辞を捧げるのは 2001 年から 2010 年まで栃木県那須地区でスクールカウンセラーとして筆者を育ててくださった教育現場の先生方です。特に，その地で当時の教育界を牽引されていた元大田原市教育長の新江侃先生，元管理主事で現在は那須塩原市教育長を担われている月井祐二先生，元指導主事で現在校長先生としてご活躍の佐野英男先生，益子泰志先生を抜きに筆者の実践を語ることはできません。39 歳で主婦からスクールカウンセラーに転身した筆者にとって，学校臨床との出会いとはこれらの先生方との出会いであり，駆け出しの筆者は，学校現場での課題に行き詰まってはその深い知見にナビゲートされて問題解決にたどりついておりました。

　本文でも紹介しましたが，益子先生は，那須塩原市教育委員会の指導主事として筆者の配置校を訪問し，当時の校長だった荒井親寛先生や養護教諭の田代恵子先生とともにスクールカウンセラーとの協働システムを検討くださいました。

　また，隣接の大田原市では市教委採用のカウンセラーとして起用いただき，月井先生・佐野先生との非凡な学校危機介入の実践チームで薫陶を受けました。そのチームの中で協働させていただいた常盤厚一先生，津布樂光惠先生，楡木美智子先生は，2009 年編著の『学校カウンセリング：問題解決のための校内支援体制とフォーミュレーション（ナカニシヤ出版［第 3 版］2021 年)』の共著者として，市教委の先生方とともに卓越ぶりを発揮くださっています。そこでのチーム支援は実に目から鱗の連続で，カルチャーショックを伴う感動体験は，筆者を実践研究へと駆り立てるエネルギー源であり続けてくれました。

　そして，2004 年から 2005 年にかけて筆者が修士論文を作成した折には，当時大田原中学校で適応指導教室の運営を担われていた石田和美先生に多大な労をお取りいただきました。石田先生の卓越した識見とご尽力なしには，適応指導教室充実感尺度・適応指導教室からの部分登校充実感尺度や適応指導教室から原籍校への再登校モデルの開発は叶わなかったことでしょう。

　さらに，筆者は 2016 年から東北福祉大学に奉職し，東北の地でも出会いに恵まれました。2019 年には日本教育相談学会の宮城大会が開催されました。事務局長の中里和裕先生はじめ宮城県支部の皆さまが尽力された盛会で，筆者は研修講師として招かれ，「別室登校法」を紹介させていただきました。そこには，宮城県教育庁から心のサポート専門監の市岡良庸先生が参加しておられました。宮城県では，増加の一途をたどる不登校に対する施策の創設を模索しており，その構想の中に「別室登校法」の考え方を組み込むことができないか検討されていました。

　不登校支援の在り方について助言を求められた筆者が恩師の田上不二夫先生に相談すると，不登校支援で全国に先駆けた取り組みをしてきた富山県に学ぶことを勧められ，総合教育センター教育相談部主任研究主事の本村雅宏先生をご紹介いただきました。富山モデルの特徴は，不登校児童生徒への支援とともに，その担い手である教育相談のエキスパートを育てようとする人材育成スピリッツにありました。

　田上先生の采配で，10 月に長野で開催された対人関係ゲームの宿泊研修会に市岡先生と筆者が参加すると，本村先生が合流して富山県での取り組みをご伝授くださいました。また，主催者である田上塾の岸田幸弘先生，岸田優代先生，北原恵美先生，西澤佳代先生，松澤裕子先生，小池良江先生も，

宮城県モデルへのエールを込めた研修内容を惜しみなく盛り込んでくださいました。

　こうして宮城県教育委員会では，義務教育課を中心とした先生方のご努力で，2020年に学びにくさや生きにくさを抱える子どもたちのために「不登校児童生徒等学び支援教室充実事業」が立ち上げられました。

　一方，学校臨床の現場で直接支援に携わっていたいという筆者の思いが，多賀城市教育長の麻生川敦先生とのご縁につながり，そのご厚意で当地の相談臨床に携わらせていただいております。麻生川先生は，東北大震災での南三陸町立戸倉小学校長として，子どもの足にはやや遠い高台への避難を決断しました。その高台から校舎が津波に呑み込まれる様子を見て，さらに高台へと避難を重ね，保護者会から麻生川丸の大漁旗を贈られました。それなのに今なお本気で反省ばかりを語る英傑で，筆者は多賀城市教育委員会の佐藤英樹先生や尾口洋行先生をはじめとする優秀なクルーの皆さんと，麻生川丸に乗り組ませていただけたことを大変光栄にありがたく思っております。

　また，臨床での医療面からは，小児科医の岩城利充先生や心理師の赤間弘治先生にも支えていただいております。

　他方，筆者の研究について，まずは研究環境を提供くださる東北福祉大学の皆さまに厚く感謝申し上げます。そして，研究とは何かを身をもって教えてくださった筑波大学名誉教授の田上先生と小玉正博先生に心から感謝と尊敬を捧げます。本著の中核となった別室登校法は，筆者の学位論文で，小玉先生の深いご知見の指導下で生み出されました。また，田上先生がライフワークとして人生を賭して開発された「対人関係ゲーム・プログラム」は，本著での集団社会化療法の核心となりました。田上先生と小玉先生の妥協を許さない敢然たる研究姿勢そのものが，揺るぎない道標として研究の道を導いてくれたのだと思います。

　また，福島医科大学名誉教授の志賀令明先生は，卓越した心理臨床家でもあり，筆者が問題ケースに行き詰まるたび，とても凡人には思い及ばない的確かつ型破りなご助言をいただいております。本著の執筆中も，多面にわたり鋭く温かいご助言を頂戴しました。

　そして，夫は，1980年代の東京工業大学で森政弘先生と佐藤拓宗先生に学び，その畏敬の中でエンジニアとしての人生を開きました。ワークライフバランスなど完全度外視で，設計上の妥協を許さない開発姿勢は，筆者自身の価値観に強く影響を及ぼしてきました。もし研究をするなら，森先生が手がけられた名人芸の一般化のように，世の中に存在する価値に意味を与えるべきという夫の持論が筆者を質的研究に向かわせました。

　さらに，森先生の秘書を務められた越田陽子さんは，ご自宅の本棚から惜しみなく川喜田二郎先生のKJ法資料をご提供くださり，本著の執筆中もお心づくしの差し入れを宅配いただきました。どれほど心身が潤されたことでしょう。

　さて，41歳で大学院に入学した無謀な人生の選択で，最も犠牲になったのは3人の我が子でした。その長女が本著のイラストを担当し，娘の落書きが自分の本を飾ってくれる日がやってくるなど望外の幸せです。

　なお，2009年の初出から寛大かつ的確に編集の労をお取りくださった宍倉由髙氏にも厚くお礼を申し上げます。これらの皆さまのお力が，本著と筆者を育てる原動力となり，学校臨床という広くて深い大海原に漕ぎ出すことが叶いました。最後に，本著で扱った事例につきましては，複数の事例を組み合わせ，加工を施したフィクションであることを付記いたします。

　2022年8月

中村恵子

索　引

事項索引

人名・団体名索引

探偵ゲームシート

あなたは名探偵。
このクラスの中で、次の質問にあてはまる人を何人見つけられるかな？

1. 犬より猫が好き　　　　　　　　　　　　　（　　　　　　　　）
2. 国語より理科が好き　　　　　　　　　　　（　　　　　　　　）
3. 音楽より体育が好き　　　　　　　　　　　（　　　　　　　　）
4. 絵より工作の方が楽しい　　　　　　　　　（　　　　　　　　）
5. ドラマよりバラエティーが好き　　　　　　（　　　　　　　　）
6. ヨーロッパよりアメリカに行きたい　　　　（　　　　　　　　）
7. 旅行に行くなら、まず何を食べるかを決める　（　　　　　　　　）
8. やってみればよかったと後悔したことがある　（　　　　　　　　）
9. 笑い出したら止まらない　　　　　　　　　（　　　　　　　　）
10. 　体がやわらかい　　　　　　　　　　　　（　　　　　　　　）

クラスに合わせて自由に作成してください

0	もし、自由に透明人間になれるとしたら
2回目0	生きている間にこれだけはやってみたいこと
3回目0	いま、楽しみにしていることは
1	自分を動物にたとえると
2回目1	好きな人を動物にたとえると
3回目1	動物に生まれかわるとしたら
2	食料以外で無人島に持って行きたいものは
2回目2	宇宙旅行で、最もやってみたいと思うのは
3回目2	家族で旅行に行くとしたら
3	世の中で最もきらいなものは
2回目3	これがあるから世の中が楽しいと思えることは
3回目3	1千万円の宝くじに当たったら
4	できないけどやってみたいことは
2回目4	奇跡が起きて、ひとつだけ願いが叶うとしたら
3回目4	1日で100万円使わなければいけないとしたとき買うものは
5	今までなくしたものの中で最も大切だったのは
2回目5	これだけは是非なくなってほしいと思うものは
3回目5	なくしたことが、実はラッキーだったこと
6	やったー、生きててよかったと実感できるのはどんなとき
2回目6	最も恥ずかしかったできごと
3回目6	忘れられない目撃体験
7	人生で、これがないと困ると思うものは
2回目7	超おすすめのすぐれもの
3回目7	貧乏でおもしろい人と金持ちでつまらない人、結婚するならどっち
8	つきあい始めた直後に、以前好きだった人から告白されたら
2回目8	つきあってみたら、イメージが全然ちがっていたとき
3回目8	好きな人からのプレゼントが全然趣味と違うとき
9	死ぬ前に1回だけたらふく食べられるとしたら何を食べる
2回目9	食べ物をめぐるかなしい思い出
3回目9	ちょっと冒険して食べてみたいもの

たし算トーク
はなしの種

成人版なので
アレンジして
ください

適応指導教室充実感尺度・適応指導教室からの部分登校充実感尺度

適応指導教室でのあなたの普段の体験について最もあてはまると思うところに
○をつけてください。
相談員とは、あなたが通う適応指導教室にいる先生のことです

	苦痛	やや苦痛	どちらともいえない	まあまあ楽しい	楽しい
（1）相談員と話す	1	2	3	4	5
（2）相談員と1対1で相談する	1	2	3	4	5
（3）相談員に声をかけられる	1	2	3	4	5
（4）相談員といっしょに仕事をする	1	2	3	4	5
（5）相談員といっしょに遊ぶ	1	2	3	4	5
（6）相談員と進路や学校のことを話しあう	1	2	3	4	5
（7）適応指導教室のみんなと昼ご飯を食べる	1	2	3	4	5
（8）自由な時間の過ごし方を自分たちで決める	1	2	3	4	5
（9）行事や活動について話しあいをする	1	2	3	4	5
（10）適応指導教室のみんなといっしょに勉強する	1	2	3	4	5
（11）自分で勉強の計画をたてる	1	2	3	4	5
（12）家で自分なりに勉強する	1	2	3	4	5
（13）自分でたてた計画にしたがって勉強する	1	2	3	4	5
（14）勉強で難しい問題にとりくむ	1	2	3	4	5
（15）農園や園芸などの活動をする	1	2	3	4	5
（16）手芸や工作などものづくりをする	1	2	3	4	5
（17）適応指導教室での当番や係の仕事をする	1	2	3	4	5
（18）行事や活動のための準備をする	1	2	3	4	5
（19）テストの勉強をする	1	2	3	4	5
（20）学校の中間・期末テストなどに挑戦する	1	2	3	4	5
（21）適応指導教室で学校での宿題や課題に取り組む	1	2	3	4	5
（22）学校で担任の先生と話す	1	2	3	4	5
（23）学校で保健室・相談室の先生と話す	1	2	3	4	5
（24）学校の先生と適応指導教室で会う	1	2	3	4	5

以下を消してコピーしてご活用ください。
＊　　（1）～（18）が適応指導教室充実感尺度
　　　　　（1）～（6）が相談員との関係因子
　　　　　（7）～（10）が仲間との関係因子
　　　　　（11）～（14）が勉強因子
　　　　　（15）～（18）が活動因子
＊＊（19）～（24）が適応指導教室からの部分登校充実感尺度
　　　　　（19）～（21）が学校の勉強因子
　　　　　（22）～（24）が教師との関係因子

付録2 個別支援アセスメントシート : p. 91, 図 7-2 参照

<u>個別支援アセスメントシート</u>　記入日　令和　　年　　月　　日

記入者　　　　　　　　　　　　対象児童生徒　学年　　　氏名

(1)不登校になった経緯と気になっている問題・行動

(2)問題の経過と現在の学校生活の様子

(3)学校との関係

学び（学力，成績，学習への取組）
- ・
- ・
- ・

級友との関係
- ・
- ・
- ・

教職員との関係
- ・
- ・
- ・

それ以外で気になる様子や問題

(4)個人の特徴

性格傾向（長所）
- ・
- ・
- ・

心配なところ
- ・
- ・
- ・

発達の特性（障害，病気で苦戦しているところ）

将来像（進路）

家族の状況

(5)関係機関等との連携

出席状況	前年	4月	5月	6月	7月	8月	9月	10月	11月	12月	1月	2月	合計
学級													0
支援教室													0
学校外													0
欠席													0
遅刻													0
早退													0

個別の指導計画

作成年月日　令和　　年　　月　　日

対象児童生徒学年（　　　）名（　　　　　　　　　　　　）

段階	□登校目標期　　□登校開始期　　□登校定着期　　□学級復帰支援期　　※現在の支援段階をチェックする

現在の問題	
	※この欄は「個別支援アセスメントシート」(1)気になっている問題・行動に関連した現在の不安定さを記述する。

	目　標	具体的な手立て	成果（○）と課題（●）
登校継続支援	・	・	
集団活動促進支援	・	・	
学習支援	・	・	
家庭との連携	・	・	

著者紹介

中村恵子（なかむら けいこ）

東北福祉大学総合福祉学部福祉心理学科准教授

筑波大学大学院人間総合科学研究科生涯発達科学専攻博士課程修了
博士（カウンセリング科学）

主著に
実践 グループカウンセリング－子どもが育ちあう学級づくり（田上不
二夫（編） 金子書房 2010）
生涯発達の中のカウンセリング 子どもと学校を援助するカウンセリ
ング第2巻（石隈利紀・藤生英行・田中輝美（編）サイエンス社 2013）
学校カウンセリング［第3版］－問題解決のための校内支援体制とフォー
ミュレーション（田上不二夫（監修）中村恵子（編） ナカニシヤ出版
2021）

シリーズ 学校心理学プラクティス①

別室登校法
学校と適応指導教室での不登校支援と集団社会化療法

2022 年 10 月 20 日 初版第 1 刷発行 （定価はカヴァーに
表示してあります）

著 者 中村恵子
発行者 中西 良
発行所 株式会社ナカニシヤ出版
〒606-8161 京都市左京区一乗寺木ノ本町 15 番地
Telephone 075-723-0111
Facsimile 075-723-0095
Website http://www.nakanishiya.co.jp/
E-mail iihon-ippai@nakanishiya.co.jp
郵便振替 01030-0-13128

装幀・イラスト＝中村燿子／印刷・製本＝ファインワークス
Copyright © 2022 by Keiko NAKAMURA
Printed in Japan.
ISBN978-4-7795-1688-7 C3011